saur

Prinz-Albert-Studien
Band 10

Prince Albert Studies
Volume 10

Föderalismus im deutsch-britischen Meinungsstreit. Historische Dimension und politische Aktualität

The Federalism Debate in Britain and Germany. A Historical and Political Controversy

Herausgegeben von
Adolf M. Birke und Hermann Wentker

K · G · Saur
München · New Providence · London · Paris 1993

Die Deutsche Bibliothek – CIP-Einheitsaufnahme

Föderalismus im deutsch-britischen Meinungsstreit:
historische Dimension und politische Aktualität = The federalism debate in Britain and Germany/hrsg. von Adolf M. Birke und Hermann Wentker. – München ; New Providence ; London ; Paris : Saur, 1993
(Prinz-Albert-Studien ; 10)
ISBN 3-598-21410-3
NE: Birke, Adolf M. [Hrsg.]; PT; GT

Printed on acid-free paper

Satz: Fotosatz H. Buck, Kumhausen
Druck: Strauss Offsetdruck, Hirschberg
Binden: Buchbinderei Schaumann, Darmstadt
Printed in the Federal Republic of Germany

ISBN 3-598-21410-3

Inhalt / Contents

Einleitung

Die Europäische Union schrittweise zu verwirklichen und zunehmend handlungsfähiger zu machen, bleibt ein Gebot politischer und wirtschaftlicher Vernunft. Denn die globalen Probleme der heutigen Zeit – so die Wanderungsbewegungen aus ärmeren in wohlhabendere Regionen und die zunehmende Zerstörung der Umwelt – überfordern die europäischen Nationen, wenn sie im Alleingang handeln. Will Europa im Konkurrenzkampf mit der amerikanischen und der japanischen Wirtschaftsmacht bestehen, ist ein einheitlicher europäischer Binnenmarkt, in dem die Steuersätze angeglichen sind und in dem der Wettbewerb gesamteuropäischen Regeln unterworfen ist, unabdingbar. Schließlich wären Friede und Sicherheit in Europa ohne die supranationalen Zusammenschlüsse von NATO, EG und WEU elementaren Gefährdungen ausgesetzt.

Die EG-Staaten haben daher mit der Unterzeichnung des Vertrags von Maastricht einen entscheidenden Schritt auf dem Weg zu einer „immer engeren Union" getan. Dennoch gibt es wenig Grund zu Euphorie. Die weltpolitische Lage ist nach der Beendigung der sowjetischen Hegemonie über Osteuropa und nach dem Zerfall der Sowjetunion aus den Fugen geraten. Zwar wird die Sicherheit des Westens nicht mehr von einer militärischen Supermacht bedroht, das entstandene Machtvakuum in Ostmitteleuropa fordert indes den Ausbruch lokaler Kriege, deren Beendigung, wie der Fall „Jugoslawien" zeigt, die europäische Staatengemeinschaft überfordert. Eng mit dieser Entwicklung verknüpft ist die Renaissance des Nationalismus, die im östlichen Europa unübersehbar ist, aber auch im Westen des Kontinents registriert werden kann. Die wirtschaftliche Rezession und die mangelnde Handlungsfähigkeit der Organe der EG angesichts der neuen weltpolitischen Herausforderungen veranlassen einzelne westeuropäische Staaten, sich vom europäischen Integrationsprozeß zu distanzieren oder einzelne Bauprinzipien der europäischen Ordnung in Frage zu stellen.

Dies wurde deutlich, als sich Großbritannien beim EG-Gipfel in Maastricht im Dezember 1991 dem Willen der kontinentalen Partnerländer widersetzte, den föderalen Charakter der angestrebten Europäischen Union festzuschreiben, so daß in dem verabschiedeten Dokument nur von einer immer engeren Union die Rede ist. In der britischen Oppositionshaltung wird ein Föderalismusverständnis erkennbar, das sich von den deutschen Vorstellungen grundsätzlich unterscheidet. Während man in Großbritannien unter Föderalismus Zentralismus versteht, bei einem föderalistisch konzipierten Europa also die Übernahme, wenn nicht gar die Usurpation von Kompetenzen der Mitgliedstaaten durch die zentrale Bundesbehörde in Brüssel befürchtet, bietet nach deutschem Verständnis der Föderalismus die Gewähr für ein dezentrales System, das den nationalen Besonderheiten Rechnung trägt und es den Einzelstaaten ermöglicht, ihre Identität zu erhalten und ein wirksames Gegengewicht gegen eine übermächtige Zentralgewalt zu entwickeln.

Wenngleich die Worte „Föderalismus" und „Subsidiarität" in aller Munde sind, herrscht ein erhebliches Maß an Unklarheit und Begriffsverwirrung, nicht nur in der Öffentlichkeit, sondern auch bei den Politikern. Britische Äußerungen zu diesem Thema erwecken bisweilen den Eindruck, als diente der Begriff „Föderalismus" als Chiffre für all jene Befürchtungen, die Großbritannien vor einer dauerhaften Bindung mit dem Kontinent zurückschrecken lassen: Verlust der britischen Identität in einem vereinten Europa, Aufgabe der „special relationship" zu den Vereinigten Staaten und Einschränkung der Souveränität des Parlaments von Westminster. Auf deutscher Seite hingegen wird der eigene Föderalismus allzu selbstverständlich als Modell für das vereinte Europa gesehen.

Die Prinz-Albert-Gesellschaft verfolgte mit ihrer 11. Konferenz in Coburg vom 9. – 10. September 1992 zu dem Thema „Föderalismus im deutsch-britischen Meinungsstreit: Historische Dimension und politische Aktualität" das Ziel, den Ursprüngen dieser unterschiedlichen Sichtweisen nachzugehen, zentrale Fragen der gegenwärtigen Debatte zu erörtern und auf diese Weise einen Beitrag zur Versachlichung der Diskussion zu leisten.

Die dort gehaltenen Referate sind im vorliegenden Band versammelt. Er geht zunächst auf die historischen Erfahrungen ein, die in Deutschland und Großbritannien mit dem Föderalismus gemacht wurden. *Hans Boldt* (Düsseldorf) befaßt sich in einer vertiefenden und epochenübergreifenden Betrachtung mit dem Föderalismus als Strukturprinzip der deutschen Geschichte. Im Anschluß daran analysiert *Jörg-Detlef Kühne* (Hannover) die föderalen Elemente in der Verfassung des deutschen Kaiserreichs und der Weimarer Republik. *Kenneth Morgan* (Aberystwyth) wendet sich der Bedeutung von England, Schottland, Wales und Irland für die Geschichte des „Vereinigten Königreichs" im 19. Jahrhundert zu. *Peter Lyon* (London) zeigt, daß föderale Ideen auch im Zusammenhang mit der Ausdehnung und Konsolidierung des britischen Empire und seiner Umwandlung in das „Commonwealth of Nations" eine wichtige Rolle spielten.

Die Zeit nach 1945 war durch ein Wiederaufleben des föderalen Gedankens in Deutschland und Europa gekennzeichnet. Eine Besonderheit des westdeutschen Bundesstaates, den kooperativen Föderalismus, untersucht *Peter Haungs* (Trier) und stellt seine Bedeutung für das vereinigte Europa dar. Der Frage, warum sich Großbritannien gegenüber dem Gedanken einer europäischen Föderation sehr reserviert verhielt (und verhält), geht *Murray Forsyth* (Leicester) nach. Die gegenwärtigen Differenzen zwischen Großbritannien und Deutschland im Hinblick auf die Wirtschaftsstruktur des vereinigten Europa erläutert *Michael Hodges* (London). *Trevor Taylor* (London) schließlich zieht eine Bilanz der verteidigungs- und sicherheitspolitischen Zusammenarbeit in EG und NATO.

In der die Tagung abschließenden Podiumsdiskussion zwischen deutschen und britischen Experten (*Angelika Volle*/Bonn; *Günter Gillessen*/Frankfurt/M.; *Anthony Glees*/London; *Gordon Smith*/London) unter der Leitung von *Adolf M. Birke* (London/Bayreuth) wurden drei große Themen behandelt: der Föderalismus als Strukturprinzip eines vereinigten Europa, die Frage, ob die Bundesbank als Modell für eine europäische Zentralbank dienen kann und die grundsätzlich gewandelte Rolle Deutschlands in Europa nach der Wiederherstellung der deutschen Einheit. Eine Zusammenfassung der Podiumsdiskussion von *Hermann Wentker* (Bayreuth) schließt diesen Band ab.

Da die Föderalismusproblematik in Deutschland und Europa auch die deutschen Bundesländer elementar berührt, hielt der Ministerpräsident von Thüringen, *Dr. Bernhard Vogel* (Erfurt), im Rahmen der Tagung ein Referat über „Die neuen Bundesländer, die neue Bundesrepublik, das neue Europa". Der Staatssekretär im bayerischen Innenministerium, *Dr. Günther Beckstein* (München), äußerte sich auf der Konferenz zu dem Thema: „Das Europa der Regionen". Beide Beiträge sind am Beginn dieses Bandes abgedruckt.

Ohne die großzügige Unterstützung der Anglo-German Foundation for the Study of Industrial Society wäre diese Konferenz nicht zustande gekommen. Ihr sei an dieser Stelle ganz herzlich gedankt. Unser Dank geht auch an die Vereinigten Coburger Sparkassen und ihren Vorsitzenden, Klaus-Jürgen Leger, die zum Gelingen der Tagung wesentlich beigetragen haben. Dank gebührt nicht zuletzt denjenigen, die den reibungslosen Ablauf der Tagung ermöglichten; das gilt besonders für Renate Strüder in Bayreuth und Elisabeth Geelhaar in Coburg. Bei der Redaktion des Manuskripts waren Mitarbeiter am Lehrstuhl für Neuere und Neueste Geschichte der Universität Bayreuth und am Deutschen Historischen Institut London beteiligt; hier sei vor allem Maria Zurek und Angela Davies, die bewährte Hilfe bei der Übersetzung der Texte leistete, gedankt. Professor Hartwig Brandt hat das Vorhaben mit Rat und Tat unterstützt.

London/Bayreuth, im April 1993

Adolf M. Birke
Hermann Wentker

Introduction

Political and economic reason suggests the need gradually to make European union a reality, and to make it more effective. The European nations alone cannot deal with the global problems facing us today, such as population movements from poorer to wealthier regions, and escalating environmental damage. If Europe is to be successful in competition with the economic might of the United States and of Japan, a unified European single market with correlated tax rates and Europe-wide regulations governing competition will be indispensable. Finally, without supranational organizations such as NATO, the EC, and the WEU, peace and security in Europe would be exposed to fundamental dangers.

Thus in signing the Maastricht Treaty, the EC states have taken a decisive step on the path to 'ever closer union'. None the less, there is little reason for euphoria. Since the end of Soviet hegemony over eastern Europe and the disintegration of the Soviet Union, the international situation has been thrown out of joint. While a military super power no longer threatens the security of the west, the power vacuum that has been created in eastern central Europe is encouraging the outbreak of local wars. Putting an end to them places excessive demands upon the European community of nations, as the case of 'Yugoslavia' demonstrates. Closely connected with this is the resurgence of nationalism, which is assuming vast proportions in eastern Europe, but is also present in the west of the continent. The recession and the incapacity of EC agencies to act in the face of new international challenges have encouraged individual west European states to distance themselves from the process of European integration, or to place in question individual structural principles of the European order.

This became clear when, at the EC summit in Maastricht in December 1991, Britain opposed its continental partners' intention to define the federal nature of the proposed European Union so that the document adopted would speak only of 'ever closer union'. The British opposition reveals an understanding of federalism which differs fundamentally from that of the Germans. Federalism is equated with centralism in Britain, which fears that in a 'federal' Europe, the central authorities in Brussels would assume, or even usurp, the powers of member states. In the German view, by contrast, federalism guarantees a decentralized system which takes account of national peculiarities and allows individual states to maintain their identity and to develop an effective counter-weight to an all-powerful centre.

Although the words 'federalism' and 'subsidiarity' are on everybody's lips, lack of clarity and a considerable degree of terminological confusion are much in evidence, not only among the public, but also among politicians. British statements on this topic occasionally give the impression that the term 'federalism' stands for everything that makes Britain shrink from a permanent commitment to the Continent: loss of British identity in an united Europe, abandoning the special relationship with the USA, and a limitation of Westminster's sovereignty. The Germans, by contrast, all too self-evidently see their own type of federalism as a model for a united Europe.

The eleventh conference of the Prince Albert Society was held in Coburg on 9 – 10 September 1992, on 'The Federalism Debate in Britain and Germany: A Historical and Political Controversy'. The aim of the conference was to investigate the origins of these different views and to discuss central issues in the contemporary debate, thus helping to place the discussion on a more objective footing.

The papers given at the conference are collected in the present volume. It begins by looking at historical experiences of federalism in Britain and Germany. In a paper spanning a number of periods, *Hans Boldt* (Düsseldorf) deals with federalism as a structural principle in German history. *Jörg-Detlef Kühne* (Hannover) then analyses the federal elements in the constitutions of the Kaiserreich and the Weimar Republic. *Kenneth Morgan* (Aberystwyth) looks at the significance of England, Scotland, Wales, and Ireland in the nineteenth-century history of the United Kingdom, while *Peter Lyon* (London) shows that federal ideas played an important part in the expansion and consolidation of the British Empire, and its transformation into the Commonwealth of Nations.

The period after 1945 was characterized by a resurgence of the federal idea in Germany and Europe. A feature specific to the West German federal state, cooperative federalism, is investigated by *Peter Haungs* (Trier), who explains its significance for a united Europe. *Murray Forsyth* (Leicester) looks at why Britain was (and still is) so doubtful about the idea of a European federation. Existing differences between Germany and Britain with respect to the economic structure of a united Europe are discussed by *Michael Hodges* (London). *Trevor Taylor* (London), finally, surveys co-operation on defence and security in the EC and NATO.

To close the conference, German and British experts (*Angelika Volle*/Bonn; *Günter Gillessen*/Frankfurt/M.; *Anthony Glees*/London; *Gordon Smith*/London) took part in a panel discussion chaired by *Adolf M. Birke* (London/Bayreuth). The debate focused on three important topics: federalism as a structural principle in a united Europe; whether the Bundesbank can serve as a model for a European Central Bank; and the fundamentally different role of Germany in Europe since the re-establishment of German unity. A summary of the panel discussion by *Hermann Wentker* (Bayreuth) closes the volume.

As the problem of federalism in Germany and Europe also profoundly affects the German *Bundesländer*, the Minister President of Thuringia, *Dr Bernhard Vogel* (Erfurt), gave a paper on 'The new *Bundesländer*, the new Federal Republic, the new Europe'. The Secretary of State in the Bavarian Ministry of the Interior, *Dr Günther Beckstein*

(Munich) spoke on 'The Europe of Regions'. Both addresses are reproduced at the beginning of this volume.

Without the generous support of the Anglo-German Foundation for the Study of Industrial Society, this conference could not have taken place. We should like to take this opportunity to express our gratitude. Thanks are also due to the Vereinigte Coburger Sparkassen and their director, Klaus-Jürgen Leger for their important contribution to the success of the conference. Not least, we should like to thank those responsible for the smooth running of the conference, in particular, Renate Strüder in Bayreuth and Elisabeth Geelhaar in Coburg. Members of the staff of the Department of Modern History at the University of Bayreuth and of the German Historical Institute London assisted in editing the manuscripts; in particular, thanks must go to Maria Zurek, and Angela Davies, who helped translate the texts. Professor Hartwig Brandt has supported the project through all its stages.

London/Bayreuth, April 1993

Adolf M. Birke
Hermann Wentker

Bernhard Vogel

Die neuen Länder, die neue Bundesrepublik, das neue Europa

In der Tat, an einem Septembermorgen des Jahres 1992 von Gotha nach Coburg zu fahren, darin steckt viel Geschichte und viel Föderalismus. Zunächst bleibt die Freude darüber, daß es so einfach möglich ist, in knapp zwei Stunden von Gotha hierher zu fahren. Hier war der Eiserne Vorhang, hier war es zu Ende mit der Freiheit, und hier schien der Gedanke völlig abwegig, in zwei Stunden in der Landeshauptstadt Thüringens zu sein.

Es steckt auch viel Föderalismus in dieser Begegnung. Die Coburger wußten nicht, was sie taten, als sie nach dem Ersten Weltkrieg für Bayern votierten und sich damit vierzig Jahre DDR ersparten. Trotzdem ist die Verbindung von Gotha nach Coburg noch immer eng. Sie drückt sich auch darin aus, daß der heutige Prinz von Sachsen-Coburg und Gotha hier unter uns ist, worüber ich mich freue. Auch das ist ein Stück deutscher Föderalismus und deutscher Geschichte.

Es ist ebenso erfreulich, daß wir gerade jetzt über „Föderalismus im deutsch-britischen Meinungsstreit" sprechen können. Wegen der Auseinandersetzung der letzten Wochen ist es speziell notwendig zu sagen, daß wir keinen Streit zwischen Deutschland und Großbritannien wünschen. Schon das Wort vom „Krieg der Worte" ist verkehrt, und ich hoffe, daß der Meinungsstreit zufriedenstellend beigelegt wird.

Das Thema macht deutlich, daß es Unterschiede in den Auffassungen vom Begriff „Föderalismus" gibt, die ihre Ursachen auch in unterschiedlichen historischen Erfahrungen haben. Diese bestehen möglicherweise aber nur darin, daß wir unterschiedliche Worte für die gleiche Sache verwenden.

Ich möchte als deutscher Politiker und als Thüringer Ministerpräsident über die insgesamt guten Erfahrungen berichten, die wir in Deutschland mit dem Föderalismus als dem zentralen Gestaltungselement der Politik gemacht haben.

„Föderalismus", so hat Thomas Nipperdey formuliert, „ist kein statischer, sondern ein dynamischer Begriff. Er beschreibt nicht primär einen rechtlich fixierten Zustand, sondern einen Prozeß, eine Bewegung, in der sich zwischen Einheit und Vielfalt ständig neu wechselnd Integration und Desintegration und Gleichgewichtslage herstellen."

Wichtiger als Ideen und Theorien seien deshalb die politische Wirklichkeit der widerstreitenden Gebilde, die Normen dieses Streites und die politischen Bewegungen, die den Föderalismus geprägt, entwickelt und bekämpft haben. „Föderalismus ist ein politisches Ordnungsprinzip, das darauf abzielt", ich zitiere Carl J. Friedrich, „eine gewisse Einheit mit einer gewissen Vielfalt zu verbinden."

Föderalismus soll Autonomie und Eigenständigkeit ermöglichen, aber zugleich auch Kooperation und Integration. Föderalismus ist aber nicht nur ein innerstaatliches Gestaltungselement der Politik, sondern ebenso eine wichtige Funktion für die Entwicklung der europäischen Integration.

Spätestens seit dem „Vertrag über die Europäische Union", der in Maastricht beschlossen wurde, hat sich die Erkenntnis durchgesetzt, daß auch Europa föderal geordnet sein muß, und das heißt in den Worten des Vertrages, daß Europa subsidiär sein muß. Nur wo es nötig ist, soll eine größere politische Einheit Aufgaben übernehmen. Im Klartext bedeutet dies, daß Europa nicht zentralistisch geprägt sein soll.

Ich meine, Europa wird föderal sein, oder es wird die politische Einheit Europas nicht geben. Wir stehen auch in dieser Frage in einer epochalen Wendesituation. Es ist eine Zeitenwende, in der wir uns befinden, so vorsichtig man mit diesem Wort sein muß. Große, vielfältige Herausforderungen müssen bewältigt werden, und viele Entscheidungen stehen an. Von uns und von Europa wird viel erwartet:

- Solidarität innerhalb des Kontinents,
- Bereitschaft zum weltweiten Engagement,
- Aufbauhilfe für die ostmittel- und südosteuropäischen Staaten,
- Hilfestellung für die Nachfolgestaaten der Sowjetunion,
- Hilfen für die Entwicklungskontinente
- und nicht zuletzt auch, was uns Deutsche vor allem betrifft, die Bewältigung der Aufgabe der Integration der neuen Länder.

Es geht, wenn wir von Europa reden, nicht nur um die Europäische Gemeinschaft, sondern es geht auch um die osteuropäischen Staaten. Zu den eindrucksvollen Erfahrungen meiner Tätigkeit in Erfurt gehört, daß von Thüringen aus Portugal und Dänemark genauso zu Europa gehören wie Ungarn, die Tschechoslowakei und Polen. Es muß auch im Westen Deutschlands mehr Bewußtsein dafür entstehen, daß Deutschland jetzt eine lange unmittelbare Grenze mit Polen hat, so wie man in Westdeutschland daran gewöhnt ist, eine lange unmittelbare Grenze mit Frankreich zu haben.

Die Europäische Gemeinschaft ist ein erfolgreiches Modell: Die Staaten, die Mitglied werden wollen, drängen mehr nach einem Eintritt, als daß die, die bereits Mitglied sind, nach ihrer Vollendung drängten – wobei man sicherlich gewisse Zeithorizonte setzen muß. Aktuell bleibt das Ziel, den Vertrag von Maastricht zu ratifizieren. Die Diskussion der letzten Monate hat nach meiner Überzeugung keine Zweifel am Ziel aufkommen lassen, wohl aber Zweifel an der Vermittlung, an den Begründungen, warum dieses Ziel erreicht werden sollte.

Die deutschen Teilnehmer der Tagung kennen den Fahrplan in Deutschland. Für die britischen Gäste füge ich hinzu: Als Fahrplan ist festgelegt, daß vor Weihnachten die abschließende Ratifizierung nicht nur im Bundestag, sondern auch im Bundesrat erfolgt sein soll.

Wir müssen am Ziel festhalten. Aber die wichtigste Aufgabe ist jetzt, das Ziel überzeugender zu begründen. Dies vor allem angesichts einer öffentlichen Meinung, die – übrigens ähnlich wie in den Monaten der deutschen Einheit – dadurch gekennzeichnet ist, daß etwas, wovon man immer in allgemeinen Worten theoretisch sprach, was man sich immer irgendwann wünschte, nun den konkreten Vollzug erfährt.

Unsere tägliche Erfahrung in den neuen Ländern ist, daß jede konkrete Vorbereitung fehlte auf das, was wir nun zu tun haben. Niemand in West und Ost, niemand in der Wissenschaft, niemand in der Politik hat auch nur die geringste Vorbereitung für das getroffen, was jetzt in Sachen deutscher Einheit zu tun ist.

Bildlich gesprochen: Es gibt in keiner Schublade irgendein Stück Papier, wo Modelle entwickelt worden sind, wie man ein Land neu schafft, was da zu geschehen und welcher Schritt auf welchen zu folgen hätte. Ähnliches erfüllt sich jetzt in Europa, wo die Leute plötzlich merken, daß es ernst wird, und daraus regt sich Widerstand.

Wir müssen in Deutschland den Maastrichter Vertrag auch rechtlich umsetzen, weil er Bestimmungen enthält, die eine Änderung des Grundgesetzes zwingend notwendig machen. Darüber hinaus sehen die deutschen Länder aber auch völlig unvorbereitet die einmalige Chance, an föderaler Mitgestaltung zurückzugewinnen, was ihnen über dreißig Jahre, wie sie meinen, verlorengegangen ist.

Die Ratifizierung von Maastricht bietet die Chance, den Föderalismus in der deutschen Verfassung zu stärken. Es war zu erwarten, daß dies etwa eine bayerische Staatsregierung als Chance zur Änderung vieler grundgesetzlicher Bestimmungen nutzen würde. Es ist eine neue Erfahrung, daß die deutsche Sozialdemokratie den Föderalismus entdeckt hat, und die langen und intensiven Beratungen innerhalb der Ministerpräsidentenkonferenz und innerhalb des Bundesrates haben ein bis dahin in dieser Form nicht gekanntes Zusammenspiel zwischen den Sprechern der sozialdemokratisch geführten Länder, insbesondere der nordrhein-westfälischen Staatskanzlei, und der bayerischen Staatskanzlei gezeigt.

Die Änderungen des Grundgesetzes bestehen zunächst darin, daß man ein Bekenntnis zur Europäischen Union und zu einem vereinten Europa formuliert. Ich meine, es ist von einer gewissen Symbolkraft, daß man dafür den Platz des frei gewordenen Artikels 23 verwendet, dessen Gebot zur Vollendung der deutschen Einheit erfüllt ist und der nun einen Einigungsauftrag Europas erhalten soll. Er soll darüber hinaus die Mitwirkung und die Beteiligung der Länder an der deutschen Europapolitik sichern, also subsidiäre und föderale Aussagen festschreiben.

Außerdem muß der Artikel 24 des Grundgesetzes geändert werden, der die Übertragung von Hoheitsrechten auf zwischenstaatliche Einrichtungen regelt. Damit wird dafür gesorgt, daß künftig neben dem Bund auch die Länder in europapolitischen Fragen und bei grenznachbarschaftlichen Einrichtungen ein entscheidendes Wort mitreden können: Sowohl bei der Übertragung von Kompetenzen auf europäische supranationale Einrichtungen wie auch auf zwischenstaatliche Einrichtungen wird künftig der Bundesrat das Zustimmungsrecht erhalten.

Es wird darüber hinaus Artikel 28 des Grundgesetzes geändert, der regelt, daß innerhalb Europas ein aktives und passives Kommunalwahlrecht eingeräumt wird. Ein Franzose beispielsweise, der in Coburg lebt, kann dann hier den Stadtrat mitwählen.

Schließlich wird der Artikel 88 des Grundgesetzes so gefaßt, daß die Befugnisse der Deutschen Bundesbank der vorgesehenen Europäischen Zentralbank übertragen werden können.

Wir dürfen dabei nicht aus den Augen verlieren, daß deutsche Einheit und europäische Einigung die beiden Seiten ein und derselben Medaille sind. Es sei noch einmal ausdrücklich etwa an das Zehnpunkteprogramm des Bundeskanzlers vom November 1989 erinnert, als noch nicht klar war, daß die deutsche Einheit der europäischen Einigung vorausgehen würde, sondern wo auch die umgekehrte Vorstellung noch ihren Platz hatte.

Gleichzeitig ist bei diesem Prozeß auch zu sehen, daß wir zum ersten Mal als Mitgliedsstaat der Europäischen Gemeinschaft erhebliche finanzielle Leistungen der Gemeinschaft für einen Teil Deutschlands erhalten. Die entsprechenden Richtlinien gehen davon aus, daß die Förderungskriterien für die Gebiete der neuen Länder in etwa denen der geförderten Regionen Portugals, Griechenlands und Italiens entsprechen.

Aus intensiver Kenntnis bin ich andererseits der Überzeugung, daß sich die Entwicklung der neuen deutschen Länder von den genannten Vergleichsländern völlig unterscheiden wird. Denn trotz aller Schäden ist die Basis in den zu entwickelnden neuen Ländern nicht vergleichbar, sondern unvergleichlich besser als in einigen Teilen Portugals oder Griechenlands.

Die Zustimmung aller Nachbarländer zum deutschen Einigungsprozeß beruhte auf der deutschen Bekräftigung in den Jahren 1989 und 1990, daß das geeinte Deutschland ein Teil der europäischen Staatengemeinschaft ist und bleiben wird. Nur so sind das Vertrauen und die Zustimmung der Nachbarländer gewonnen worden, und wir müssen diese Erwartung jetzt auch erfüllen.

Wir sind dankbar dafür, daß uns in der jüngeren Geschichte nicht nur die deutsche Einigung gelungen ist, sondern daß es niemanden gibt, der einen Anspruch an uns stellt, und daß auch wir keinen Anspruch an irgendeinen unserer Nachbarn stellen. Selbstverständlich wissen wir, daß all diesen erfreulichen Entwicklungen zum Trotz bei vielen Nachbarn noch viele Vorbehalte gegenüber Deutschland bestehen und daß diese durch die Vollendung der deutschen Einheit und durch das größer gewordene Deutschland zugenommen haben. Wir tun gut daran, das nicht zu übersehen.

Unser Ziel bleibt die politische Einigung ganz Europas. Wenn uns dies jetzt, in dieser Umbruchsituation, nicht gelingt, dann wird sie für lange Zeit eine Vision bleiben. Ein bekannter britischer Historiker hat einmal zu Recht eine auffällige Schwäche der europäischen Idee beklagt. Er hat gesagt, daß sie nur so lange stark bleibe, wie die Bedrohung Europas stark bleibt. Es sei eine befristete Einheit, die auf einer zeitweiligen oder auch nur vermuteten Gemeinsamkeit der Interessen beruht und schnell verfällt, sobald der unmittelbare Zweck weniger drängend ist.

Das Wegfallen der Zwänge zur Einheit, der Bedrohung aus dem Osten, und damit der Gefährdung unserer Ordnung kann dazu führen, daß Gleichgültigkeit einkehrt. Allenthalben besteht meines Erachtens die Gefahr, daß der Zerfall der Nachkriegsordnung, der Wegfall des dominierenden Gegensatzes von Demokratie und Diktatur, die Voraussetzungen und die Vitalität der Idee der europäischen Einigung schwächen könnte. Einfacher gesagt: Die Feindbilder fehlen, und das Wegfallen der Feindbilder stellt so gesehen eine Gefährdung der Vitalität der Zukunftsvisionen dar.

Es bleibt aber die Vision Winston Churchills von den Vereinigten Staaten von Europa. Dabei muß immer wieder darauf hingewiesen werden, daß dies nur ein Wortspiel ist und damit nicht die Bauelemente der Vereinigten Staaten von Amerika als unsere Zukunftsvorstellung für Europa gemeint sind. Es muß die Vielfalt bewahrt werden. Es muß ein Europa entstehen, in dem die Franzosen Franzosen und die Engländer Engländer und die Deutschen Deutsche bleiben, aber sie alle Europäer sind. Europa ist mehr als ein institutionelles Gerüst und mehr als ein geographischer Begriff, und es darf keine Festung werden, obwohl wir hier nahe der sehr schönen Veste Coburg tagen.

Wenn die inneren Grenzen durchlässiger werden, dann darf das nicht heißen, daß die äußeren Grenzen höher gesteckt werden und dieses Europa sich abkapseln dürfe, zumal ja erfreulicherweise die einzelnen Glieder der Europäischen Gemeinschaft unterschiedlich intensive Beziehungen über die europäischen Grenzen hinweg haben.

Zu den zentralen europäischen Aufgaben zählt unter anderem die politische und wirtschaftliche Stabilisierung der östlichen Volkswirtschaften. Der Wunsch nach solcher Unterstützung ist bei allen östlichen Nachbarländern vorhanden. Diesem Wunsch widerspricht die tatsächliche Entwicklung der letzten Jahre. Der Osthandel ist so gut wie vollständig zusammengebrochen. Ich mache ausdrücklich darauf aufmerksam, wenn wir uns mit dem wirtschaftlichen Aufschwung in den neuen Ländern schwerer tun, als wir dachten, dann liegt es unter anderem auch an der Tatsache des totalen Zusammenbruchs des Handels mit den Nachfolgestaaten der Sowjetunion, insonderheit und am gravierendsten mit Rußland.

Allein für Thüringen bedeutet das im Herbst 1992, daß noch einmal etwa fünfzehn Großbetriebe mit jeweils mehreren tausend Beschäftigten in die Liquidation zu gehen drohen, weil wir nicht in der Lage sind, deren Märkte aufrechtzuerhalten; und die etwas mühsamen Versuche, zur Naturalienwirtschaft zurückzukehren, nämlich Maschinen gegen Holz zu tauschen, sind natürlich nicht geeignet, das wesentlich aufzuhalten.

Es bleibt langfristig selbstverständlich das Ziel, diese Wirtschaftsbeziehungen wieder aufzubauen, denn davon wird eines Tages die Stabilisierung der Verhältnisse in Osteuropa abhängen.

Europa befindet sich im Umbruch, der Westen und der Osten, und Deutschland befindet sich im Umbruch. Deutschland ist nicht nur territorial größer geworden, sondern es ist eine neue Bundesrepublik entstanden. Fast ein Viertel der Bürger kommen aus den jungen Ländern, mit über vierzig Jahren anderer gesellschaftlicher und ideologischer Erfahrung, die in diese neue Gemeinsamkeit eingebracht werden. Das Wort vom „Beitrittsgebiet" für die neuen Länder schildert meines Erachtens den tatsächlichen Prozeß, den wir gegenwärtig erleben, nicht richtig: Ich glaube schon, daß sich in den neuen Ländern vieles ändern muß. Aber auch in den alten Ländern kann nicht alles beim alten bleiben.

Wir wären schlecht beraten, wenn wir das Ziel nur darin sähen, in allen Lebensbereichen die neuen Länder auf das Niveau der alten Länder zu heben. Sondern es gibt eine ganze Reihe von Feldern, in denen wir eine gemeinsame Zukunft anstreben sollten, in der Lösungen nicht nur für die Probleme der neuen Länder, sondern auch Lösungen für eine ganze Reihe von Problemen der alten Länder gefunden werden.

Ich will ein paar knappe Beispiele nennen: Wie verwerflich immer auch die Politik war, die zur heutigen Situation der Landwirtschaft in den jungen Ländern geführt hat – es wäre ein elementarer Fehler, wenn wir die Landwirtschaft in Thüringen jetzt auf das Niveau der hessischen brächten, wo wir doch genau wissen, daß die Struktur der hessischen Landwirtschaft nicht die Zukunftsstruktur der Landwirtschaft innerhalb der Europäischen Gemeinschaft sein kann.

Oder lassen Sie mich ein ganz anderes Beispiel nehmen: Es ist doch nicht deswegen falsch, daß die Gymnasien in Thüringen jetzt in acht Jahren zum Abitur führen, weil das im Sozialismus auch so war, sondern es ist doch die einmalige Chance, die seit Jahrzehnten diskutierte notwendige Verkürzung der gymnasialen Schulzeit in Westdeutschland jetzt tatsächlich durchzuführen und in ganz Deutschland zu acht Jahren Schulzeit zu kommen.

Auch ist es gar keine Frage, daß über 95 Prozent der Frauen in der ehemaligen DDR ursprünglich aus ideologischen Gründen berufstätig sein mußten, später auch aus ökonomischen Gründen. Dies ist natürlich keine Rechtfertigung, auch kein Grund, sich in dieser Frage an 50 Prozent Berufstätigkeit in den westlichen Ländern anzupassen, wobei hier ebenfalls einem vorgegebenen Leitbild entsprochen wird, das vernünftigerweise auch der Überprüfung bedarf.

Ich glaube, es ist deswegen gerechtfertigt zu sagen: Vieles ist zu verändern in den jungen Ländern, aber einiges muß sich auch in den alten Ländern ändern. Dabei fällt es mir immer schwer, diese Begriffe zu gebrauchen: Denn es ist geradezu ein Witz, Brandenburg als ein junges Land und Rheinland-Pfalz als ein altes Land zu bezeichnen! Noch mehr Heiterkeit verdient eigentlich die Definition von West und Ost. Es ist wirklich ein Witz, Thüringen als ein ostdeutsches Land zu bezeichnen, mehr Mitte geht eigentlich nicht – das in Deutschland geographisch betrachtet am zentralsten gelegene Land ist Thüringen.

Nicht nur wir, sondern alle Welt, im wahrsten Sinne des Wortes, schaut darauf, ob es uns im Osten Deutschlands – ich verwende jetzt die Begriffe einmal hilfsweise – gelingt, den Umbau einer sozialistischen Zwangswirtschaft in eine freiheitliche und soziale Marktwirtschaft tatsächlich zu vollziehen. Und es ist selbstverständlich, daß wir den Ungarn und den Polen und den Balten und allen anderen Nachbarn die letzte Hoffnung rauben würden, wenn uns in Deutschland unter ungleich günstigeren Bedingungen dieser Umbau nicht gelänge.

So findet man in den Bibliotheken sehr viele Lehrbücher, wie man aus Kapitalismus Sozialismus macht, aber Lehrbücher, wie man aus einem sozialistischen Wirtschaftssystem ein System der sozialen Marktwirtschaft macht, sind leider kaum vorhanden. Diese Themen werden wohl erst im nachhinein als Doktorarbeiten vergeben werden.

Ohne Frage sind unter den ehemals sozialistischen Staaten die neuen Länder in der vergleichsweise besten Situation. Dies ändert aber nichts an der Tatsache, daß es bisher kein sozialistisches Land gibt, in welchem die Bevölkerung ungeduldiger die Veränderungen erwartet als im Osten Deutschlands. Denn nur in der DDR ist mit dem Zerfall der sozialistischen Idee die Begründung für die Existenz eines eigenen Staates entfallen.

Polen ist Polen geblieben als Nation, und Ungarn ist weiterhin Ungarn, aber in der DDR gab es keine andere Begründung für die Existenz als das Experiment eines sozialistischen Staates auf deutschem Boden. Insofern ist diese Umbauaufgabe, die wir gegenwärtig zu erfüllen haben, keine deutsche Privatangelegenheit, sondern eine Nagelprobe grundsätzlicher Art, wie man aus sozialistisch heruntergewirtschafteten Regionen wieder blühende Landschaften macht. Ich verwende das Wort „blühend" absichtlich und bewußt. Eine blühende Landschaft entsteht erst, wenn man pflügt und sät. Schon in den Psalmen des Alten Testaments steht, daß das Säen und Pflügen gelegentlich unter Tränen erfolgt, aber Voraussetzung dafür ist, daß eine blühende Landschaft entsteht. Manche haben gemeint, man brauche nicht zu säen und es blühe trotzdem.

Ich habe inzwischen gelernt, daß es länger dauert, daß es mehr kostet und daß es schwieriger ist, noch schwieriger, als ich anfangs meinte. Dafür gibt es Gründe: Auch ich habe mir den desolaten Zustand der Wirtschaft der ehemaligen DDR so nicht ausmalen können. Wenn das System nicht durch die Menschen zum Einsturz gebracht worden wäre, wäre es am inneren Zerfall der Wirtschaft zugrunde gegangen.

Den Zusammenbruch des Osthandels habe ich angesprochen, darüber hinaus ist auch das Schwächerwerden der Konjuktur in Westdeutschland eine Erschwernis für uns – was wohl nachvollziehbar ist. Bei den Kosten möchte ich noch einmal ausdrücklich darauf hinweisen, daß es eine Insensibilität und eine Schlampigkeit der deutschen Sprache ist, von „Kosten der deutschen Einheit" zu sprechen. Die Einheit kostet nichts, die Einheit bringt Gewinn. Was kostet, ist die Beseitigung der Schäden des Sozialismus. Allerdings sind es Beträge, die meines Erachtens gemeinsam aufgebracht werden müssen, denn sie sind nicht einseitig von denen zu verantworten, die 1920 in Gotha nicht abstimmen konnten, ob sie zu Bayern wollten, und von denen, die in einem System leben mußten, das diese bedrückenden Tatbestände schuf. Die Hauptlast muß gemeinsam getragen werden, sonst wird sie nicht bewältigt werden können.

Wobei ich mit Sorge sehe, daß eine Stimmung entsteht, bei der die einen meinen, sie müßten zu viele Opfer bringen, die anderen meinen, es würde nicht genügend für sie getan. Diese Konfrontation ist eine Gefährdung der Vollendung unserer Aufgabe, und ich kann nur dafür plädieren, daß man sie abbauen hilft. Das beginnt damit, indem man einander besser kennen- und verstehen lernt.

Entsprechend dem „Tal der Ahnungslosen" das einmal in Sachsen lag, wo man zu DDR-Zeiten kein ARD- und kein ZDF-Programm empfangen konnte, gibt es auch in vielen Bereichen Westdeutschlands „Täler der Ahnungslosen" über die wirkliche Situation in den neuen Ländern. Das fängt damit an, daß in Ostdeutschland noch zuwenig überregionale Tageszeitung gelesen werden, und es beginnt damit, daß es in Bonn wohl keine zwanzig Bezieher einer großen überregionalen ostdeutschen Tageszeitung gibt. Die Menschen in Stuttgart wissen zu wenig von den wahren Lebenssituationen in Erfurt, und die Menschen in Erfurt wissen zu wenig von den Tagessorgen der Menschen in Stuttgart.

Wir tun uns schwer, in wenigen Monaten eine leistungsfähige Verwaltung aufzubauen. Die Vitalität, neue Länder entstehen zu lassen – auch das ist ein Stück Geschichte des deutschen Föderalismus –, war ja unübersehbar. Im Jubel und in der Freude über den Fall der Mauer und die Vollendung der deutschen Einheit erschienen nicht nur die deutschen schwarzrotgoldenen Fahnen, sondern sofort auch die sächsischen, die thüringischen und die Brandenburger Fahnen. „Ein Traum wird wahr – Land Sachsen" war der Ruf gleich in den Tagen des Umbruchs.

Da mögen in noch so vielen Seminaren Überlegungen zur Länderneugliederung angestellt werden, die ich im Prinzip für dringlich notwendig halte – vor allem bei den kleinen Ländern Westdeutschlands, denn die kleinsten Länder liegen in Westdeutschland –, aber zu glauben, man könne in dieser Umbruch- und Wendesituation, in der die Sehnsucht nach Identifikation mit Thüringen, mit Sachsen, mit Brandenburg wieder erwacht ist, eine Neugliederung angehen, das wäre Schindluder mit den Empfindungen der Bevölkerung treiben.

Die Bevölkerung wollte die Abschaffung der Bezirke. Wir konnten in Thüringen nicht einmal Bezirksregierungen neu schaffen, weil es eine Identifikation mit den alten SED-Bezirken dargestellt hätte. Die Bürger wollten die neuen, die wiederhergestellten Länder. Wir sind aber nur mühsam in der Lage, die Verwaltungsstrukturen, die diese Länder brauchen, zu schaffen, und zwar nicht, wie gelegentlich gesagt wird, weil irgend jemand das nicht will oder irgend jemand das behindert, sondern weil man so etwas aus dem Stand in 24 Monaten – und das wiedererstandene Land Thüringen ist noch keine zwei Jahre alt – nicht schaffen kann.

Ich muß Ihnen ehrlich sagen: Ich bewundere mehr, daß die meisten derer, die plötzlich Landräte, Bürgermeister, Landtagsabgeordnete oder andere Funktionsträger wurden, es können, als daß ich mich darüber entsetze, daß es eine Minderheit nicht kann.

Der Landrat von Eisenach, der mit dazu beigetragen hat, daß in elf Monaten das modernste Automobilwerk Europas in Eisenach entstand, hat noch vor drei Jahren in einem Operationssaal Operationen durchgeführt. Ich bezweifle, ob ein westdeutscher Landrat in elf Monaten seinen Teil für die Errichtung eines so großen Automobilwerkes beitragen könnte. Es ist eine großartige Leistung. Sie wird auch dadurch nicht kleiner, daß ich hinzufüge, daß nicht alle, die da ohne jede Verwaltungserfahrung eine ähnliche Funktion übernommen haben, so erfolgreich waren.

Es ist richtig, daß es in den staatlichen Verwaltungen zwar auch dort Leute mit überraschenden Begabungen und Fähigkeiten gibt, aber das kann natürlich nicht zehn- oder fünfzehnjährige Vorbereitung auf eine Tätigkeit in einer obersten Landesbehörde ersetzen.

Die Hilfen aus dem Westen sind ein wesentlicher Beitrag, der das alles überhaupt nur möglich gemacht hat. Man muß den Bayern, was jetzt Thüringen betrifft, den Rheinland-Pfälzern und den Hessen auf Dauer dankbar dafür sein, vor allem in den Bereichen Verwaltungsrecht und Finanzwesen. Ohne sie wäre es gar nicht gegangen. Diese Hilfeleistung ist ein großartiges Zeichen der Solidarität.

Hinzu kommt noch, daß die Verwaltungskraft in den neuen Ländern nicht nur gleich, sondern besser sein müßte als die der westlichen Behörden. Nehmen Sie es mir nicht übel, wenn ich mein eigenes Beispiel anführe: Wenn sie nur Ministerien haben, die restlos überfordert sind mit der Erfüllung ihrer Aufgaben, dann bräuchten sie eigentlich eine Staatskanzlei, die doppelt so gut ist wie eine westdeutsche Staatskanzlei, damit sie in der Lage ist, einigermaßen die erkennbaren Fehler auszubügeln. Wenn sie aber selber in einer Situation ist, daß sie nicht weiß, wie sie ihre Aufgaben wahrnehmen kann, dann potenzieren sich die Schwierigkeiten.

Was ist zu tun? Einen Punkt will ich nennen: Es ist abzugehen von der gebetsmühlenartigen Forderung nach mehr Geld. Wir brauchen mehr Geld, wir brauchen sehr viel mehr Geld. Aber wir brauchen mindestens ebenso dringlich geeignete Instrumentarien für die Sondersituation, in der wir uns befinden: Es führt zu keinem guten Ergebnis, ein Gesetzes- und vor allem Verordnungsnetz, wie es sich nach vierzig Jahren relativ schrittweisen Aufbaus in den westlichen Ländern entwickelt hat, einfach zu übernehmen, sondern wichtig sind auch die Besonderheit und Pioniersituation der neuen Länder.

Hätte ich das vor zwei Jahren gesagt, wäre ich auf erbitterten Widerstand gestoßen. Damals war das Motto: „Wir wollen alles gleichmachen, mit allen gesetzlichen Bestimmungen." Heute, zwei Jahre später, wissen wir, daß wir beispielsweise im Bereich des Bauwesens unsere Aufgabe nicht meistern können, wenn wir nicht dazu kommen, in einer Reihe von gesetzlichen und verwaltungsmäßigen Bestimmungen Fristen und Wege zu verkürzen und damit Entscheidungen zu beschleunigen. Und ich glaube, daß es ein wesentlicher Beitrag sein wird, wenn uns dies für einen Katalog von Gesetzen des Bundes und der Länder in den nächsten Monaten gelingen sollte.

Ich könnte mir vorstellen, daß die westdeutschen Länder aufmerksam beobachten, ob uns das gelingt, und daß sie es uns – bei positivem Ergebnis – dann nachmachen, weil sie erkennen werden, daß sie hier auch ein bißchen zu umständlich geworden sind. Neben den Schwierigkeiten der Umstellung sind die Anzeichen einer neuen Modernität in den jungen Ländern nicht zu verkennen.

Es ist manchmal wie in einem Wechselbad. Man steht am Vormittag in einem Großbetrieb, einem ehemaligen VEB-Betrieb, in dem einmal zehntausend Leute gearbeitet haben und wo vom Ferienheim bis zum Kindergarten das ganze menschliche Leben mit einbezogen war, und findet dort die letzten tausend Arbeiter, die nun auch noch entlassen werden müssen. Und am Nachmittag in Zella-Mehlis, in einem Werk, in dem Compact Discs hergestellt werden, fragt man den Chef des Werkes: „Hält dieser Betrieb mit der Konkurrenz in München Schritt?" – und man bekommt zur Antwort: „Nein, unser Betrieb ist bei weitem moderner und leistungsfähiger!" Solchen Widerspruch erlebt man am gleichen Tag.

Trotzdem will ich zum Abschluß nochmals ausdrücklich sagen, daß die finanzielle Hilfe allein nicht reicht. Aber zum Thema hier gehört leider auch die Anmerkung, daß uns im wesentlichen die Bundesregierung und das Bundesparlament, der Deutsche Bundestag, geholfen haben und daß die Geschichte des deutschen Föderalismus im Zeitabschnitt der Vollendung der deutschen Einheit kein Ruhmesblatt des deutschen Föderalismus ist.

Es begann mit der für mich völlig unverständlichen Entscheidung, das Stimmengewicht der größten westdeutschen Länder am Vorabend des Beitritts der neuen Länder zu erhöhen, und das setzt sich bis in die Diskussion um den Länderfinanzausgleich fort, den es ab 1995 geben muß, und mit der Weigerung der alten Länder, sich an den Altschulden zu beteiligen.

Ich füge ausdrücklich hinzu, daß ich mich nicht so weit von Rheinland-Pfalz entfernt habe, daß ich die Probleme der relativ strukturschwachen Länder des Westens alle vergessen hätte. Ich weiß, daß etwa ein Land wie Rheinland-Pfalz aufmerksam verfolgen muß, wie sich die Achse Deutschlands jetzt verschieben wird, und ich weiß, daß ein Land wie Rheinland-Pfalz etwa die Folgen zu tragen hat aus der Tatsache, daß über hunderttausend amerikanische Staatsangehörige aus diesem Land abgezogen werden, daß man bei den eigenen Sorgen die der anderen nicht übersehen darf. Aber es fehlt mir im deutschen Föderalismus an der ernsthaften Bereitschaft der alten Länder, die neuen Länder zu wettbewerbsfähigen Konkurrenten zu entwickeln, und zwar in deutlichem Umfang. Ich hätte mir hier sehr viel mehr föderale Solidarität von seiten der Länder gewünscht.

Ich möchte zum Schluß ausdrücklich sagen: Es ist schwierig, aber es besteht für mich nicht der geringste Zweifel, daß wir diese Aufgaben bewältigen werden. Aber ich bin nicht bereit, eine Zeitangabe zu machen, denn es hängt zu viel von Faktoren ab, die wir nicht selbst bestimmen können. Wir wissen nicht, wie sich die Weltwirtschaft und die Hilfe der europäischen Nachbarn entwickeln.

Ich weiß nur eines: Die einzelnen Regionen werden sich unterschiedlich entwickeln. Ich habe mir sagen lassen, auch in Bayern gäbe es Unterschiede zwischen Neustadt und dem Bayerischen Wald. Es wird auch solche Unterschiede in den neuen Ländern geben, die Entwicklung wird in den beiden südlichen der neuen Länder schneller gehen als in Artern. Im übrigen ist es notwendig, daß unsere Freunde außerhalb Deutschlands verstehen, daß wir zum ersten Mal seit vierzig Jahren ein ernsthaftes eigenes Problem haben und daß wir die Solidarität erbitten, die wir auch in anderen Fällen geübt haben.

Unsere Freunde mögen bitte zur Kenntnis nehmen, daß unsere Kräfte im Augenblick zu einem erheblichen Teil auf die Lösung dieses nationalen Problems konzentriert sein müssen. Es ist ein bißchen wie früher in der Schule: Wir haben uns doch heimlich immer sehr gefreut, wenn der Klassenprimus mal eine Arbeit verhauen hat. Und so geht es Deutschland gegenwärtig auf vielen Konferenzen; nur geht es hier nicht um eine Schularbeit, sondern um die zentrale Aufgabe für uns Deutsche, die wegen der Rolle Deutschlands auch zu einer zentralen Herausforderung in Europa geworden ist.

Wenn wir sie bewältigt haben werden, werden wir die bessere Form dazu haben, auch in Osteuropa mit den Problemen fertigzuwerden, wobei mich hier weder Ungarn, Polen, die baltischen Staaten noch die Tschechoslowakei, auch nicht die geteilte Tschechoslowakei, besorgen. Sondern die eigentliche Sorge der Zukunft gilt Rußland und seiner inneren Verfaßtheit. Niemand weiß, wer morgen das Sagen haben wird in Rußland. Hier liegen unsere eigentlichen Sorgen. Aber sie können um so besser gemeistert werden, je besser wir zuerst unsere Aufgabe hier meistern.

Die föderale Ordnung, die subsidiäre Ordnung, wenn dieser Begriff leichter zu übersetzen ist, ist ein Bauprinzip Deutschlands. Im größer gewordenen Deutschland hat es eine zusätzliche Begründung gefunden. Man kann nicht Rostock und Berchtesgaden zentralistisch führen. Föderalismus muß aber auch ein wesentliches Bauelement der europäischen Staatenordnung von morgen sein.

Günther Beckstein

Das Europa der Regionen

Europa befindet sich seit einigen Jahren in einer dramatischen Umbruchsituation. Dieser Prozeß verläuft in Entwicklungssträngen, die nebeneinander herzulaufen scheinen, die in Wirklichkeit aber untrennbar miteinander verbunden sind.

Im *Osten* erleben wir, wie eine politisch bewußt gewordene und mutige Bevölkerung eine Ideologie abschüttelt, die den Menschen zum Gefangenen des Systems gemacht hatte. Gleichzeitig zerfällt ein durch wirtschaftliche, politische und vor allem militärische Zwänge zusammengeschweißter Block in seine Einzelteile. Dieser Zerfall endet nicht auf der Ebene der existierenden Einzelstaaten, wie das Beispiel der bisherigen Tschechischen und Slowakischen Föderativen Republik zeigt. Wohl zu keiner Zeit nach dem Zweiten Weltkrieg war das Denken und Fühlen in nationalen Kategorien so ausgeprägt wie gerade jetzt. Die Idee und die Bindungswirkung des Nationalen gaben den Ländern Mittel- und Osteuropas einen wesentlichen Impuls für das Abschütteln der kommunistischen Femdherrschaft. Sie führten gleichzeitig dazu, daß in den Vielvölkerstaaten die Kräfte nationaler Selbstbehauptung erstarkten. Kroatien und Slowenien, Estland, Lettland und Litauen geben hier ein deutliches Beispiel ab.

Im *Westen* wird seit einigen Jahren massiv am Weiterbau des europäischen Hauses durch die Vertiefung der Integration gearbeitet. Für jeden Bürger sichtbar wird dieser Weiterbau mit der Realisierung des Gemeinsamen Marktes in wenigen Wochen und bei der Umsetzung der Maastrichter Beschlüsse zur Einführung der politischen Union und der Wirtschafts- und Währungsunion. Gleichzeitig übt die Europäische Gemeinschaft eine steigende Anziehungskraft auf die umliegenden Länder aus. Augenscheinlich werden diese Tendenzen der Ausdehnung der Europäischen Gemeinschaft durch den Abschluß des Vertrages über den Europäischen Wirtschaftsraum sowie durch die Aushandlung von Kooperationsabkommen mit Ungarn, Polen und der Tschechoslowakei. Die EG-Kommission befaßt sich bereits mit den Beitrittswünschen von Österreich, Schweden, Finnland, der Schweiz, Zypern und Malta. Längst haben auch einige osteuropäische Staaten deutlich gemacht, daß sie noch in diesem Jahrzehnt mit aller Macht einen EG-Beitritt ansteuern.

Realistischerweise werden wir uns diesen Beitrittswünschen nicht verschließen können. Seit dem Abbau des Eisernen Vorhangs besteht in Europa ein Wohlstands- und Wohlfahrtsgefälle, das zu neuen sozialen und nationalen Spannungen führen kann. Die

Länder Mittel- und Osteuropas stehen vor einem schwierigen wirtschaftlichen Neuanfang, den sie nicht alleine bewältigen können. Wachsende soziale Spannungen und um sich greifende Anarchie können zu politischen Explosionen führen, die den ganzen Kontinent und damit auch uns in Mitleidenschaft ziehen. Westeuropa hat deshalb keine dringlichere Aufgabe, als zum Abbau dieses Spannungsgefälles beizutragen. Wir müssen unseren Nachbarn im Osten Signale der Hoffnung geben. Mir ist aus zahlreichen Gesprächen mit osteuropäischen Politikern bekannt, wie groß die Erwartung und Hoffnung in diesen Ländern auf eine Teilnahme am europäischen Integrationsprozeß ist. Wir dürfen diesen Hoffnungen nicht die Aussicht auf ihre Realisierung nehmen.

Für die Baumeister des europäischen Hauses wirft diese Entwicklung schwerwiegende Fragen auf. Die bisherige Struktur der Europäischen Gemeinschaft und das bisher vorherrschende Verständnis von der Aufgabenverteilung zwischen Gemeinschaft und Mitgliedsstaaten kann weder bei einer Erweiterung noch bei einer Vertiefung der Gemeinschaft zur politischen und zur Wirtschafts- und Währungsunion aufrechterhalten werden. Damit stellt sich schon jetzt die Aufgabe, auch die innere Struktur der Gemeinschaft zur reformieren.

Die Ergebnisse der Volksbefragungen in Dänemark und Frankreich haben das deutlich zum Ausdruck gebracht. Eines der wesentlichen Argumente der Maastricht-Gegner in diesen Ländern war der Vorwurf an die EG, zentralistische Strukturen aufzubauen und bürgerferne Entscheidungen zu treffen. Sie haben mit dieser Argumentation einen erheblichen Teil der Bevölkerung in beiden Ländern angesprochen. Auch bei den Abstimmungsteilnehmern, die sich im Ergebnis für die weitere Integration der EG ausgesprochen haben, sind derartige Bedenken feststellbar.

Ich kann diese Ängste und Vorbehalte gut nachvollziehen. Mit welchen Argumenten soll den österreichischen Bürgern erklärt werden, daß sie bei Eintritt in den europäischen Wirtschaftsraum auf ihre traditionellen Lebensmittelbezeichnungen verzichten müssen? Wie soll dem mittelständischen Metzger in Bayern klargemacht werden, daß er ein kompliziertes Verfahren durchlaufen muß, wenn er ein paar mehr Tiere als bisher schlachten will? Nach den Vorstellungen der EG soll über solche Einzelfälle in Brüssel entschieden werden. Mit welchen Argumenten kann man dem Bauherrn eines Eigenheims verständlich machen, daß sich der Bau zusätzlich verteuert, weil die EG die Bestellung eines Sicherheits- und Gesundheitsschutzkoordinators für die Baustelle vorschreibt?

Die Liste dieser zentralistischen Regelungsperfektionierung könnte man noch lange fortsetzen. Ich ziehe daraus die Konsequenz: Wir müssen Europa den Bürgern wieder nahebringen. Als überzeugter Europäer trete ich für ein föderalistisches Europa ein. Ein einiges Europa kann ich mir nur mit einer ausgeprägt förderalen Struktur vorstellen. Nur in einem föderalistisch gegliederten Europa, einem „Europa der Regionen", ist die Vielfalt an geistigen, kulturellen und ökonomischen Traditionen gewährleistet, die unseren Kontinent heute prägen und seinen Reichtum ausmachen. Ein zentralistisches Europa würde diese Vielfalt aufs Spiel setzen. Föderalismus schafft Bürgernähe und garantiert jedem einzelnen Bürger ein größtmögliches Maß an Freiheit und Mitsprache. Die bayerische Staatsregierung gehörte zu den Vorkämpfern für die Aufnahme föderalistischer Elemente in das Vertragswerk von Maastricht. Zurückschauend können wir feststellen, daß es gelungen ist, einige aus unserer Sicht wichtige Grundsätze im Vertrag über die Europäische Union zu verankern. Um das zu erreichen, war teilweise gegen harten Widerstand anzukämpfen.

Von besonderer Bedeutung in diesem Zusammenhang scheint mir die Verankerung des Subsidiaritätsprinzips im Gemeinschaftsrecht zu sein. Aus unserer Sicht sollte das Europa der Zukunft in drei Ebenen organisiert werden, nämlich

- auf der ersten Ebene die Europäische Gemeinschaft,
- auf der zweiten Ebene die heutigen Nationalstaaten
- und schließlich auf der dritten Ebene die Länder, Regionen und autonomen Gemeinschaften.

Zwischen diesen drei Ebenen müssen alle staatlichen Aufgaben und Zuständigkeiten unter strikter Anwendung des Subsidiaritätsprinzips verteilt werden. Subsidiarität bedeutet richtig verstanden, daß Normsetzung immer auf der niedrigstmöglichen Ebene zu erfolgen hat. Dadurch wird die Bürgernähe der Regelungen vergrößert und die Gefahr sachwidriger und bürgerferner Entscheidungen verringert. Nur über die strikte Beachtung des Subsidiaritätsprinzips bleibt den Ländern und Regionen ein eigenständiger und eigenverantwortlicher Gestaltungsspielraum für die Aufgaben garantiert, die sie selbst am besten erfüllen können. Das Subsidiaritätsprinzip ist eine wichtige und notwendige Schranke zur Bewahrung der Entscheidungskompetenz der unteren Ebenen.

Es liegt in der Logik der europäischen Integration, daß die Übertragung von Hoheitsrechten auf die Europäische Gemeinschaft auch zu einem Verlust von Zuständigkeiten der Länder führt. Welches Ausmaß die Gemeinschaftsregelungen später einmal annehmen sollen, hat 1957, als die Römischen Verträge unterzeichnet wurden, wohl niemand geahnt: Mit inzwischen rund 10 000 Rechtsakten hat sich das EG-Recht im Umfang bereits der nationalen Gesetzgebung angenähert. Kommissionspräsident Delors hat schon 1987 angekündigt, daß in 10 Jahren 80 % der wirtschafts- und sozialpolitischen Entscheidungen von Brüssel vorgeprägt sein würden. Damals konnte er noch nicht einmal ahnen, daß 1990 zwei Regierungskonferenzen angesetzt würden, um Vertragsänderungen für die Umwandlung der Gemeinschaft in eine politische und eine Wirtschafts- und Währungsunion auszuarbeiten.

Das Vertragswerk von Maastricht begründet weitere wesentliche Kompetenzen für die Europäische Gemeinschaft. Aus deutscher Sicht ermöglichen die Vertragsänderungen der EG, in erheblichem Umfang auch in Länderkompetenzen einzugreifen. So werden ihr in den Bereichen Bildung, Kultur, Fremdenverkehr, Katastrophenschutz, Gesundheitswesen und Verbraucherschutz neue Handlungsmöglichkeiten eingeräumt. Zentralistische Tendenzen können hier nur dann verhindert werden, wenn die Regelung durch die Gemeinschaft auf die Fälle beschränkt wird, die im neuen Artikel 3 b des EG-

Vertrags genannt sind. Bei jeder Maßnahme muß strikt darauf geachtet werden, ob ihre Ziele tatsächlich besser auf der Ebene der Gemeinschaft erreicht werden können.

Erfreulich für uns ist die Feststellung, daß inzwischen auch innerhalb der Kommission der EG das Subsidiaritätsprinzip zunehmend zum Maßstab des Gemeinschaftshandelns wird. So hat die Kommission in ihrem Arbeitsprogramm 1992 ausgeführt, daß sie Maßnahmen, die ohne weiteres auf nationaler, regionaler oder lokaler Ebene bürgernah durchgeführt werden können, nicht durch Überreglementierung behindern will. Der Europäische Rat von Lissabon im Juni 1992 hat die Bedeutung des Subsidiaritätsprinzips für die Gemeinschaftsarbeit ebenfalls bestätigt. Er ersuchte die Kommission und den Rat der EG, sich mit den verfahrenstechnischen und praktischen Maßnahmen zur Umsetzung des Prinzips zu befassen und bis zum Europäischen Rat in Edinburgh im Dezember darüber Bericht zu erstatten.

Als zweites wichtiges Ziel konnte die Schaffung eines Regionalausschusses als Organ der Europäischen Gemeinschaft durchgesetzt werden. Mit diesem Organ erhalten nicht nur die deutschen Länder sowie die Regionen und autonomen Gemeinschaften in anderen Mitgliedsstaaten ein Organ zur Vertretung ihrer Interessen, sondern auch die lokalen Gebietskörperschaften von Ländern, in denen die regionale Ebene fehlt. Sicher sind die Rechte, die dem Ausschuß der Regionen zugestanden werden, nicht optimal. Zum einen ist er lediglich beratend tätig. Zum anderen können Rat und Kommission seine Einschaltung auch umgehen, soweit seine Anhörung im EG-Vertrag nicht ausdrücklich vorgesehen ist. Trotzdem hat aus unserer Sicht die Aufnahme dieses Ausschusses in den EG-Vertrag große Bedeutung. Sie bedeutet die ausdrückliche Anerkennung der regionalen Ebene in der Gemeinschaft. Damit verbunden ist die Anerkennung der Tatsache, daß diese Ebene eigene Interessen und ein Recht darauf hat, ihre eigene Meinung zu vertreten. Der Regionalausschuß repräsentiert die kulturelle und gesellschaftliche Vielfalt der dritten Ebene und macht der Gemeinschaft die Bürgernähe und Erfahrung der Regionen nutzbar. Er ermöglicht es, die dritte Ebene in der EG in Zukunft noch stärker zur Geltung zu bringen und ihre Bedeutung auszubauen.

Ebenso wichtig für die Einführung föderalistischer Strukturen ist die im Maastrichter Vertrag verankerte Möglichkeit, einen Ländervertreter anstelle eines Bundesministers in den Rat der EG zu entsenden, wenn dort Gegenstände beraten werden, die vorrangig die Länderinteressen berühren. Die dritte Ebene ist damit auch im Rat von einer Mitwirkung nicht mehr ausgeschlossen; sie ist nicht mehr darauf angewiesen, daß Vertreter der EG-Mitgliedsstaaten ihre Interessen im Rat wahrnehmen. Welchen Gebrauch die dritte Ebene von dieser Möglichkeit machen kann, muß durch innerstaatliche Vereinbarungen festgelegt werden. In Deutschland haben die Länder im Rahmen des Ratifikationsverfahrens der Maastrichter Verträge auf einer gesetzlichen Regelung der Beteiligungsrechte bestanden.

Einige weitere Anliegen zur Stärkung der dritten Ebene in der EG und zur Gewährleistung von mehr Bürgernähe konnten dagegen bisher noch nicht umgesetzt werden. Dies betrifft zum einen ein eigenes Klagerecht der Länder, Regionen und autonomen

Gemeinschaften vor dem Europäischen Gerichtshof; zum anderen geht es um eine Aufwertung der Befugnisse des Europäischen Parlaments. Damit würde die demokratische Struktur der Gemeinschaft entscheidend gestärkt.

Schon aus historischen Gründen wird unser starkes Interesse am Aufbau eines Europas der Regionen verständlich. Bayern ist der älteste Staat auf deutschem Boden. Es fühlt deshalb eine ganz besondere Verpflichtung, das Banner des Föderalismus hochzuhalten. Dies unterscheidet uns auch von dem einen oder anderen deutschen Land, das sich dem Förderalismus nicht so verschrieben hat wie wir. Art. 178 der Bayer. Verfassung von 1946 hatte angekündigt, daß Bayern „einem künftigen deutschen demokratischen Bundesstaat beitreten" werde, der „auf einem freiwilligen Zusammenschluß der deutschen Einzelstaaten beruhen" sollte, „deren staatsrechtliches Eigenleben zu sichern [sei]". Dies ist im Jahr 1949 geschehen, wenn auch nach langem Ringen und unter großen Vorbehalten. Die Bundesrepublik Deutschland verdankt ihre Existenz damit den Ländern – nicht umgekehrt! Denn die Länder haben damals durch die Mehrheit ihrer Volksvertretungen unsere Verfassung beschlossen. Die Bundesrepublik ist also eine „Föderation von unten".

Diese föderalistische Struktur hat sich in mehr als 40 Jahren Praxis gut bewährt. Sie ist zum anerkannten Architekturprinzip unseres Staates geworden. Wer Politik in Deutschland verstehen will, wer die Europapolitik Deutschlands und Bayerns verstehen will, kommt am Föderalismus nicht vorbei. Unter den Mitgliedsstaaten der EG ist die Bundesrepublik Deutschland derzeit allerdings der einzige mit deutlich föderalistischen Zügen. In der EG der 12 haben die Staaten mit zentralistischem Aufbau die Oberhand. Darin liegt der tiefere Grund für das immer wieder festzustellende Mißtrauen gegen Machtverlagerungen auf untere Ebenen. Wir können die Vorbehalte einiger Mitgliedsstaaten gegen eine derartige Machtverlagerung verstehen. Es sind Staaten, in denen der Föderalismus keine Tradition hat, in denen der Begriff „föderal" eine ganz andere Bedeutung hat als bei uns oder in denen Autonomiebewegungen aktiv sind.

Es ist nicht einfach, bestehende Strukturen in Frage zu stellen. Aber auch in den zentralistisch organisierten Staaten läßt sich ein zunehmendes Eigenleben, eine Ausdehnung der Bedeutung der Regionen nicht mehr bestreiten. Die inzwischen zum fünften Mal abgehaltene Konferenz „Europa der Regionen" ist hierfür ein gutes Beispiel. Die Länder, Regionen und autonomen Gemeinschaften, die sich an den Konferenzen beteiligen, kommen inzwischen aus sieben Mitgliedsstaaten der EG; auch Großbritannien ist durch die schottische Region Strathclyde in dieser Konferenz vertreten.

Die Befürworter föderalistischer Strukturen in der EG sind nicht die „schlechteren" Europäer. Sie wollen lediglich keinen europäischen Zentralismus und keine Union auf Kosten all der Werte, die Europa ausmachen. Ihr Ziel ist ein Europa, in dem die kulturellen Eigenarten, die gesellschaftliche Vielfalt und eine bürgernahe Politik gewährleistet bleiben. Wir wollen ein Europa der Bürger mit Bürgern, die zwar einen europäischen Paß bekommen, aber ihre Heimat behalten.

Deswegen hat das Thema dieses Seminars hohe Aktualität und politische Brisanz. Der hier durchgeführte Dialog zwischen Deutschland und Großbritannien konzentriert sich auf zwei Mitgliedsstaaten der EG, die beide wesentlich die Politik der Gemeinschaft bestimmt haben und weiter beeinflussen werden. Er betrifft zwei Mitgliedsstaaten der Gemeinschaft, von denen der eine das am stärksten entwickelte föderalistische System in der EG besitzt und der andere den amtierenden EG-Kommissar für Regionalpolitik stellt.

Ich hoffe, daß dieses Seminar dazu beiträgt, den wichtigen Dialog zwischen Experten aus Ländern mit unterschiedlichen Systemen auszubauen und zu vertiefen.

Hans Boldt

Föderalismus als Grundstruktur deutscher Geschichte

I.

Zwei Staaten gibt es bekanntlich in Europa, die eine föderative Tradition besitzen und damit vom Normaltyp des westlichen nationalen Einheitsstaats abweichen: Deutschland und die Schweizer Eidgenossenschaft. Bei beiden reicht diese Tradition bis in ihre Anfänge zurück; in Deutschland kündet die Existenz zweier Stadtstaaten, Bremen und Hamburg, noch heute davon, daß seine föderativen Wurzeln im Heiligen Römischen Reich und dessen territorialer und reichsstädtischer Vielfalt lagen. Seitdem haben sich die territorialen Gegebenheiten hierzulande zwar mannigfaltig verändert, jedoch ausnahmslos in unitarisierender Richtung. Ich erinnere nur an den großen Umgestaltungsprozeß, den der Reichsdeputationshauptschluß von 1803 noch zu Ende des alten Reiches einleitete, an die Bildung der Rheinbundstaaten unter der Ägide Napoleons, die preußischen Annexionen von 1866, den Zusammenschluß der thüringischen Staaten 1920 und schließlich an das Verschwinden der letzten Kleinstaaten wie Lippe-Detmold nach 1945.[1]

Auch wenn die deutsche Landkarte auf diese Weise allmählich ihren Fleckerlteppich-Charakter verlor, besitzt sie doch auch heute noch Züge, die deutlich in die Vergangenheit zurückweisen und nicht einfach der Willkür der Besatzungsmächte nach 1945 entsprangen. Für Bayern ist das selbstverständlich. Es gilt aber auch für Länder wie Hessen, Baden-Württemberg oder Schleswig-Holstein und für die neuen Bundesländer, deren Bevölkerung nach dem Zusammenbruch des Kommunismus sich in die Ländergrenzen von 1945 nicht zuletzt deswegen zurückflüchtete, weil diese traditionelle Identifikationsmöglichkeiten boten. Man wollte und konnte wieder Mecklenburger, Brandenburger, Sachse oder Thüringer sein. Das macht die in der Bundesrepublik oft beschworene und heute angesichts der Wiedervereinigung erneut in die Diskussion gekom-

[1] Zur Entwicklung des Föderalismus in Deutschland vgl. *Thomas Nipperdey*, Der Föderalismus in der deutschen Geschichte, in: *ders.*, Nachdenken über die deutsche Geschichte. Essays, München 1990, S. 71 – 131 sowie die einschlägigen Passagen in meiner Deutschen Verfassungsgeschiche, 2 Bde., München 1990, 1991. Allgemein s. *Ernst Deuerlein*, Föderalismus. Die historischen und philosophischen Grundlagen des föderativen Prinzips, München 1972.

mene „Neugliederung des Bundesgebiets“ nach rationalen Gesichtspunkten so schwierig, ja faktisch unmöglich.[2]

Doch nicht darum, nicht um den Hinweis auf eine ähnlich alte föderative Tradition Deutschlands wie in der Schweiz geht es mir bei dieser historischen Rückerinnerung in erster Linie. Vielmehr möchte ich Ihr Augenmerk auf einen gravierenden Unterschied lenken, der von Anfang an beide Föderationsbildungen voneinander geschieden hat und die Eigenart des deutschen Föderalismus sichtbar macht: Während die Schweizer Föderation, die Eidgenossenschaft, ihren Ursprung dem mittelalterlichen Einungswesen verdankt, also jenen genossenschaftlichen Bestrebungen, die gegen die aufkommende Macht der Fürsten – in diesem Falle der Habsburger Grafen – gerichtet war, hat sich in Deutschland das Einungswesen der Städte-, Bauern- und Ritterbünde bekanntlich nicht durchzusetzen vermocht; es ist bei uns nicht staatsbildend geworden.[3] Staatsbildend wurden dagegen die fürstlichen Gegenspieler. Und deren Staaten waren es, die schon dem Heiligen Römischen Reich im Laufe der Zeit das Gepräge einer Quasi-Föderation gegeben haben.

Sicherlich: Ein Lehnsstaat, wie es das alte Reich bis zum Ende seiner Tage blieb, ist trotz aller damit verbundenen Dezentralisierungserscheinungen und Mitbestimmungsphänomenen keine Föderation, basiert ein solches Gebilde doch auf der Idee der Lehnsvergabe von oben nach unten. Dennoch läßt sich nicht verkennen, daß die großen Lehnsleute im Reich die Spielräume, die ihnen von der Zentralgewalt geboten wurden, kräftig auszunutzen wußten und aus ihren Herrschaftssprengeln moderne Staatsgebilde schufen, die schon im Westfälischen Frieden von 1648 das Reich als eine Art Bund von Staaten erscheinen ließen – als einen Bund von nach Souveränität strebenden Staaten, für die das Reich nur noch eine Dachorganisation darstellte – sinnvoll, wenn es sich um die Verteidigung gegen Angriffe von außen handelte, und sinnvoll für die Beilegung interner Streitigkeiten, soweit dafür die Reichsgerichte und der Reichstag in Anspruch genommen werden konnten.[4]

2 S. dazu den Bericht der Sachverständigenkommission für die Neugliederung des Bundesgebietes, 2 Teile, Bonn 1973 sowie *Werner Ernst*, Die Alternative – Neugliederung des Bundesgebiets, in: DVBl. 1991, S. 1024–1031. Eine Neugliederung der Länder nach der Wiedervereinigung und im Hinblick auf die europäische Integration hält notwendig *Fritz Scharpf*, Föderalismus an der Wegscheide: eine Replik, in: Staatswissenschaften und Staatspraxis 1990, S. 579–587, bes. S. 583ff.; s. dagegen *Peter Häberle*, Aktuelle Probleme des deutschen Föderalismus, in: Die Verwaltung 24 (1991), S. 169–209, bes. S. 200ff. Zu dieser Fragestellung in der Weimarer Republik vgl. *Gerhard Schulz*, Zwischen Demokratie und Diktatur. Verfassungspolitik und Reichsreform in der Weimarer Republik, 3 Bde., Berlin 1987, 1992; *Ludwig Biewer*, Reichsreformbestrebungen in der Weimarer Republik, Frankfurt/M. 1980.

3 Vgl. dazu *Fritz Hartung*, Der ständische Föderalismus der Neuzeit als Vorläufer des Bundesstaates, in: Schweizer Beiträge zur Allgemeinen Geschichte. Band 18/19, 1960/61. In Memoriam Werner Näf, hrsg. von *Ernst Walder*, Bern 1961, S. 347–373.

4 Bekanntlich stand insbesondere die ständische Organisation der Territorien unter dem Schutz der Reichsgerichte. So wurden z.B. die mecklenburgischen Herzöge auf diese Weise gezwungen, 1755 mit den Ständen einen Erbvergleich abzuschließen, der bis 1918 in Kraft blieb.

Der hier angedeutete Charakter der deutschen föderalen Entwicklung trat beim Zusammenbruch des alten Reichs im Jahre 1806 unverhüllt hervor. Nach dem Wegfall der Dachorganisation blieb eine Vielzahl nun endgültig und vollständig „souverän" gewordener Fürstentümer und Stadtrepubliken zurück, für die eine andere Lösung der deutschen Einheitsfrage als durch einen die gerade gewonnene Souveränität respektierenden Staatenbund – d.h. nach dem raschen Scheitern des Rheinbunds von Napoleons Gnaden: durch den 1815 gegründeten Deutschen Bund – nicht in Frage kam.

Die nunmehr maßgebende Idee der Souveränität besaß zwei Aspekte, die eine föderative Ordnung tangierten: Zum einen führte sie dazu, daß sich die Anspruch auf Souveränität erhebenden Staaten bei ihrem Kampf gegen die überkommenen feudalen und ständischen Traditionen und „Libertäten" einen nicht-föderalen, zentralistischen Aufbau im Innern gaben.[5] Dies geschah unbeschadet der bald erfolgenden Einrichtung kommunaler Selbstverwaltung; sie änderte am mangelnden föderativen Charakter der modernen Staatsgebilde nichts.[6] 1806, das ist in der Tat die Stunde des Triumphes des souveränen, zentralistisch orientierten modernen Staates in Deutschland gewesen, mochte man sich auch damals schon über den „Souveränitätsschwindel",[7] den die vielen kleinen Potentaten und Duodezfürsten in Deutschland trieben, mokieren. Die Durchsetzung der Souveränität nach innen hat andere denkbare Ansätze zu einer Staatsbildung nicht zur Entwicklung kommen lassen. Auch in Deutschland siegte Bodin über Althusius und wurde die Vorstellung eines durchgängigen föderativen Staatsaufbaus – etwa nach dem Subsidiaritätsprinzip – in die politische Subkultur verwiesen, wo sie dann bei Anarchisten wie dem Franzosen Proudhon, oder später in rätedemokratischen Planspielen, oder auch in der Soziallehre der von ihrer Tradition her dem modernen Staat reserviert gegenüberstehenden Kirche weitere Pflege fand.[8] Dies, wie gesagt, zum einen.

Zum andern ließ sich aufgrund dieses Souveränitätsanspruchs die künftige Verbindung der Staaten nur in einem „Staatenbund" herstellen, obwohl seit der Gründung der United States of America auch eine weitere Art von Föderierung, nämlich die bun-

5 *Boldt*, Verfassungsgeschichte, Bd. 2, S. 55ff.; s. auch *Karl O. von Aretin*, Vom Deutschen Reich zum Deutschen Bund, Göttingen 1980.

6 Vgl. *Franz-Ludwig Knemeyer*, Regierungs- und Verwaltungsreformen in Deutschland zu Beginn des 20. Jahrhunderts, Köln 1970, bes. S. 107 mit Hinweis auf die Verstaatlichung polizeilicher Aufgaben.

7 So Solms-Laubach an den Freiherrn vom Stein in einem Brief vom 14. 9. 1816, vgl. *Freiherr vom Stein*, Briefe und Schriften, Bd. 5, Stuttgart 1964, S. 556.

8 *Pierre J. Proudhon*, Du Principe Fédératif, Paris 1863. Materialreich für die „reine Theorie" der Räte *Peter von Oertzen*, Betriebsräte in der Novemberrevolution, Düsseldorf 1963; s. auch *Paul Kevenhörster*, Das Rätesystem als Instrument zur Kontrolle politischer und wirtschaftlicher Macht, Opladen 1975. Zur katholischen Soziallehre vgl. die Enzyklika Quadragesimo anno von 1931 sowie *Oswald von Nell-Breuning*, Baugesetze der Gesellschaft. Solidarität und Subsidiarität, Feiburg 1968.

desstaatliche, bekannt geworden war.[9] Sie aber konnte aufgrund der gegebenen Umstände in jener Zeit in Deutschland nicht realisiert werden. Das lag freilich nicht nur an der eifersüchtigen Souveränitätsbehauptung der Staaten des sog. „Dritten Deutschlands", sondern auch an dem Deutschland seit dem ausgehenden 18. Jahrhundert beherrschenden Dualismus der beiden Großmächte Österreich und Preußen. Ein engerer Bund hätte die Frage, wer die Rolle einer Führungsmacht in Deutschland übernehmen sollte, aufgeworfen, und diese Frage war damals, auf dem Wiener Kongreß 1815, nicht stellbar, geschweige denn beantwortbar.[10]

So konnte der Föderalismus in Deutschland aus mehreren Gründen zunächst nur in Form eines Staatenbundes Fuß fassen, obwohl eine solche Lösung der Einheitsfrage schon damals auf den Protest des in den Befreiungskriegen erwachten deutschen Nationalbewußtseins stieß, das ein einheitlicheres, ein einigeres Deutschland forderte, was wiederum die im Deutschen Bund versammelten Regierungen dazu trieb, sich mit reaktionären Maßnahmen dagegen zur Wehr zu setzen.[11] Daß lange Zeit der Konservativismus in Deutschland föderativ gesinnt gewesen ist, föderale Vorstellungen dagegen auf liberaldemokratischer und später auf sozialdemokratischer Seite eher auf Ablehnung stießen, hängt unter anderem auch mit dieser Ausgangskonstellation zusammen.

II.

Der Deutsche Bund ist bekanntlich eine Art Verteidigungsgemeinschaft gewesen, mit einer Bundesversammlung in Frankfurt am Main, die aus Gesandten, d.h. Regierungsbevollmächtigten, bestand, um die notwendigen Bundesbeschlüsse zu fassen. Diesen Charakter des Bundes fixierte Art. 2 der Deutschen Bundesakte vom 8. Juni 1815 in aller Deutlichkeit: „Der Zweck desselben" – so heißt es dort – „ist Erhaltung der äußeren und inneren Sicherheit Deutschlands und der Unabhängigkeit und Unverletzbarkeit der einzelnen deutschen Staaten".[12]

9 Zur Konstruktion des amerikanischen Föderalismus vgl. die Federalist Papers. S. auch *Jürgen Heideking*, Die Verfassung vor dem Richterstuhl. Vorgeschichte und Ratifizierung der amerikanischen Verfassung 1787 – 1791, Berlin 1988. Zur Rezeption der Idee des amerikanischen Bundesstaats s. *Hans Boldt*, Der Föderalismus in den Reichsverfassungen von 1849 und 1871, in: *Hermann Wellenreuther* und *Claudia Schnurmann* (Hrsg.), Die amerikanische Verfassung und deutsch-amerikanisches Verfassungsdenken. Ein Rückblick über 200 Jahre, New York 1991, S. 297 – 333. Eine eigenständige Entwicklung des deutschen Föderalismus behauptete nach der Gründung des deutschen Bundesstaates 1871 *Siegfried Brie*, Der Bundesstaat. Eine klassisch-dogmatische Untersuchung. Bd. 1: Geschichte der Lehre vom Bundesstaate, Leipzig 1874, unter Rückgriff auf Ludolf Hugo (De statu regionum Germaniae 1661); s. auch *Michael Dreyer*, Föderalismus als ordnungspolitisches und normatives Prinzip. Das föderative Denken der Deutschen im 19. Jahrhundert, Frankfurt/M. 1987.

10 Zu dieser Entwicklung: *Boldt*, Verfassungsgeschichte, Bd. 2, S. 124ff. sowie die Dokumente bei *Manfred Botzenhart* (Hrsg.), Die deutsche Verfassungsfrage 1812 – 1815, Göttingen 1968.

11 Vgl. dazu jetzt *Hagen Schulze*, Der Weg zum Nationalstaat. Die deutsche Nationalbewegung in Deutschland vom 18. Jahrhundert bis zur Reichsgründung, München 1985.

12 Abdruck der Deutschen Bundesakte in: *Hans Boldt* (Hrsg.), Reich und Länder. Texte zur deutschen Verfassungsgeschichte im 19. und 20. Jahrhundert, München 1987, S. 196ff.

Man hat diesem Staatenbund gerade in jüngster Zeit unter dem Eindruck zweier, vom späteren deutschen Nationalstaat verursachter Weltkriege ein vorteilhaftes Zeugnis ausgestellt unter Hinweis darauf, daß Deutschland durch ihn mit Erfolg in ein System der europäischen Friedenssicherung eingefügt wurde und Mitteleuropa dadurch fünfzig Friedensjahre beschert worden seien.[13] Ich halte diese positive Einschätzung des Bundes indessen für problematisch. Abgesehen davon, daß auch sein Nachfolger, das deutsche Kaiserreich, von einer langen Friedensperiode begleitet war: Die Verteidigungsleistung, die der Bund laut Art. 2 der Bundesakte zu erbringen hatte, war ja nicht nur nach außen gerichtet, sondern sollte auch der inneren Sicherheit Deutschlands und seiner Staaten dienen. Doch festigten die Maßnahmen, die zu diesem Zweck getroffen wurden, den inneren Frieden nicht; sie rissen vielmehr tiefe Gräben zwischen Regierungen und oppositionellem Liberalismus auf und trugen zur Radikalisierung des politischen Lebens bei. Erinnert sei in dem Zusammenhang nur an die berüchtigten Karlsbader Beschlüsse von 1819 und an die ihnen folgenden Bundesmaßregeln zur Aufrechterhaltung der gesetzlichen Ordnung und Ruhe in Deutschland.[14]

Zwar läßt sich der Deutsche Bund nicht einfach als reaktionär abstempeln. Die in Art. 13 der Bundesakte verheißene „landständische Verfassung" für die Mitgliedstaaten und die Möglichkeit, unter dieser Flagge auch moderne Repräsentativsysteme segeln zu lassen – so in den süddeutschen Staaten – machen das deutlich.[15] Doch sind in der weiteren Auseinandersetzung um die Verfassungsfrage der politischen Entwicklung in Deutschland durch den Bund lange Zeit unüberwindbare Grenzen gezogen worden. Dies mit Hilfe des berühmten Art. 57 der die Bundesakte ergänzenden Wiener Schlußakte von 1820 und einer sich darauf stützenden Theorie, die das in Art. 57 erhobene Postulat, daß alle Staatsgewalt im souveränen Fürsten als dem Oberhaupt des Staates vereinigt bleiben müsse und eine Mitwirkung der Stände nur bei der Ausführung bestimmter monarchischer Rechte in Betracht käme, dahingehend auslegte, daß eine solche parlamentarische Mitwirkung zwar bei der Gesetzgebung, nicht aber bei der Regierungsbildung statthaft sei.[16] So hat Art. 57 WSA in der vor allem vom berühmten preußischen Staatsphilosophen Friedrich Julius Stahl vertretenen Interpretation[17] dazu beigetragen, daß die konstitutionelle Monarchie mit monarchischem Prinzip zum Struk-

13 So *Wolf D. Gruner*, Der Deutsche Bund und die europäische Friedensordnung, in: *Helmut Rumpler* (Hrsg.), Deutscher Bund und Deutsche Frage 1815 – 1866, München 1990, S. 235 – 263. Kritisch zur deutschen Entwicklung auch *Helmut Rumpler,* Föderalismus als Problem der deutschen Geschichte im 19. Jahrhundert, in: Der Staat 16 (1977), S. 215 – 228.

14 S. dazu insbesondere *Ernst Rudolf Huber*, Deutsche Verfassungsgeschichte seit 1789, Bd.2: Der Kampf um Einheit und Freiheit 1830 – 1850, Stuttgart 1960, S. 151ff.

15 *Boldt,* Verfassungsgeschichte, Bd. 2, S 75ff.; *Huber*, Verfassungsgeschichte, Bd. 1, S. 314ff., S. 640ff. sowie speziell zu Art. 13 *Wolfgang Mager*, Das Problem der landständischen Verfassungen auf dem Wiener Kongreß 1814/15, in: HZ 217 (1973), S. 296ff. und *Bernd Wunder*, Landstände und Rechtsstaat. Zur Entstehung und Verwirklichung des Art. 13 DBA, in: ZHF 5 (1978) S. 139ff.

16 Zur zeitgenössischen Diskussion über die Grenzen landständischer Mitbestimmung s. *Hans Boldt,* Deutsche Staatslehre im Vormärz, Düsseldorf 1975, S. 38ff.

17 *Friedrich Julius Stahl,* Das monarchische Prinzip, Heidelberg 1845.

turprinzip der deutschen Staaten wurde. Damit ist damals über eine in Föderationen an sich übliche Vorschrift zur Herstellung der politischen Homogenität der Mitgliedstaaten die deutsche staatliche Entwicklung von der allgemein europäischen, die zum parlamentarischen Regierungssystem hin tendierte, abgekoppelt worden. Das hat bekanntlich erst die Weimarer Verfassung korrigiert, indem sie ihrerseits im Art. 17 festlegte, daß die Landesregierungen künftig des Vertrauens der Volksvertretungen in den Ländern bedürften.[18]

III.

Man muß diese retardierenden Momente des Deutschen Bundes beachten, um zu verstehen, daß er keine endgültige Lösung der deutschen Einheitsfrage bieten konnte. Zu wenig entsprach er dem, was sich das erwachende Nationalgefühl von einem einheitlichen und mächtigen Deutschland erhoffte, das mit einer Stimme sprechen sollte und für das man eine Nationalrepräsentation (zur Beseitigung des „demokratischen Defizits" würde man heute sagen) sowie wiederholt die Rechtseinheit (also „Rechtsharmonisierung") forderte.[19] Statt dessen brachte es der Bund noch nicht einmal zur Wirtschaftseinheit.[20] Dies wiederum lag am Gegensatz zwischen den beiden Führungsmächten, dem merkantilistisch orientierten Österreich und dem freihändlerischen Preußen. So kam es in den dreißiger Jahren zu jener eigenartigen Situation, daß sich innerhalb der größeren politischen Union, der „Verteidigungsgemeinschaft", wie ich sie bezeichnet habe, auf preußische Initiativen hin eine kleinere Wirtschaftsgemeinschaft bildete, der Deutsche Zollverein, dem offensichtlich die Zukunft gehörte, denn nur über ihn war eine „more perfect union", der erwünschte wirtschaftlich, rechtlich und politisch engere Zusammenschluß zu erreichen. Das Scheitern der großdeutschen Illusionen in der Revolution von 1848 und das Scheitern dieser Revolution selbst am österreichisch-preußischen Gegensatz zeigen das.[21]

Es ist hier nicht auszuführen, wie schwierig der Weg zum Deutschen Zollverein war, dem zwar die wirtschaftliche Vernunft der deutschen Staaten zuneigte, nicht aber die politische.[22] Noch lange suchte man daher gegen das übermächtige Preußen politischen

18 Art. 17 Abs. 1 WRV: „Jedes Land muß eine freistaatliche Verfassung haben. Die Volksvertretung muß in allgemeiner, gleicher, unmittelbarer und geheimer Wahl von allen reichsdeutschen Männern und Frauen nach den Grundsätzen der Verhältniswahl gewählt werden. Die Landesregierung bedarf des Vertrauens der Volksvertretung." – Das Deutsche Kaiserreich kannte keine spezielle Homogenitätsvorschrift. Für die Bundesrepublik vgl. Art. 28 GG.

19 Vgl. etwa *Franz Schnabel*, Deutsche Geschichte im 19. Jahrhundert, Bd. 3, Frankfurt/M. 1950, S. 143.

20 Art. 19 der Deutschen Bundesakte sah lediglich vor: „Die Bundesglieder behalten sich vor, bei der ersten Zusammenkunft der Bundesversammlung in Frankfurt wegen des Handels und Verkehrs zwischen den verschiedenen Bundesstaaten sowie wegen der Schiffahrt nach Anleitung der auf dem Congreß zu Wien angenommenen Grundsätze in Beratung zu treten." – Daraus entwickelte sich jedoch kein handelsmäßiger Zusammenschluß.

21 S. dazu *Boldt*, Verfassungsgeschichte, Bd. 2, S. 142ff., 160ff.

22 Zum Deutschen Zollverein s. ebd., S. 138ff. sowie *W.O. Henderson*, The Zollverein, 3. Aufl. London 1968 und *Hans-Werner Hahn*, Geschiche des Zollvereins, Göttingen 1984.

Rückhalt bei Österreich. Es ist hier auch nicht zu diskutieren, ob aus dem Zollverein das politische Kleindeutschland gleichsam automatisch entstehen mußte – eine Überlegung, die man gerade in jüngster Zeit anläßlich ähnlicher Fragen und Hoffnungen bei der Entwicklung der Europäischen Wirtschaftsgmeinschaft zu einer politischen Union angestellt hat.[23] Begnügen wir uns mit der Feststellung, daß der Zollverein für die Zukunft Deutschlands auf jeden Fall wichtiger war als der Deutsche Bund. An ihm konnte man auf die Dauer nicht vorbeiregieren. Der im Deutschen Bund institutionalisierte preußisch-österreichische Gegensatz stellte sich dagegen mehr und mehr als ein Entwicklungshemmnis dar. Bekanntlich gelang seine Beseitigung jedoch erst knapp zwei Jahrzehnte nach der Revolution von 1848.

IV.

Mit dem Übergang vom Staatenbund zum Bundesstaat, zunächst im Norddeutschen Bund von 1867 und dann, 1871, im deutschen Kaiserreich, schlug Deutschland einen Weg ein, der modernen Föderationen vorgezeichnet zu sein schien. Schon 1787 hatten ihn die Vereinigten Staaten und ein halbes Jahrhundert später die Schweizer Eidgenossenschaft beschritten, um ihre wirtschaftlichen und politischen Ressourcen besser zur Geltung zu bringen. Auch dort war es dabei nicht ohne Blutvergießen abgegangen – ich erinnere an den Schweizer Sonderbundskrieg von 1847 und an den Amerikanischen Bürgerkrieg der 60er Jahre. Der Krieg als politisches Mittel zur Einigung, das war offensichtlich keine deutsche Besonderheit, man denke nur an die kurz zuvor auf ebendiese Weise betriebene nationale Einigung Italiens.[24] Wie sah der neue Bundesstaat nun aus?

Ganz unverkennbar regierte der moderne Trend zur Rechts- und Wirtschaftseinheit, der dieser Entwicklung zugrunde lag, bereits die Gesetzgebung des Norddeutschen Bundes Ende der sechziger Jahre.[25] Man kann diesen Trend aber auch am Katalog der Reichsgesetzgebungszuständigkeiten in Art. 4 der alten Reichsverfassung ablesen, der sechzehn wichtige Gesetzgebungsmaterien, darunter das Obligationen-, das Straf-, Handels- und Wechselrecht, das gerichtliche Verfahren sowie die Bestimmungen über die Presse und das Vereinswesen, dem Reiche überantwortete.[26] Die Kaiserreichsverfassung folgte darin der nie in Kraft getretenen Revolutionsverfassung von 1849, dem ersten nationalen Einigungsversuch.[27] Sie wich aber – und das sollte für den deutschen Föderalismus von

[23] S. dazu *Helmut Berding* (Hrsg.), Wirtschaftliche und politische Integration in Europa im 19. und 20. Jahrhundert, Göttingen 1984.

[24] Die italienische Einigung führte zu einem neuen Aufschwung des Nationalgedankens in Deutschland durch Gründung des Deutschen Nationalvereins 1859 und auf den Schillerfeiern desselben Jahres. Vgl. dazu *Wolfram Siemann*, Gesellschaft im Aufbruch. Deutschland 1849 – 1871, Frankfurt am Main 1990, S. 171ff.

[25] Zur sog. Ära Delbrück vgl. *Boldt*, Verfassungsgeschichte, Bd. 2, S. 185. Überblick über die Gesetzgebung der Zeit bei *Huber*, Verfassungsgeschichte, Bd. 4, Stuttgart 1969, S. 140f.

[26] Durch Ergänzung der Reichsverfassung wurde 1873 eine Reichszuständigkeit auch für das gesamte Bürgerliche Recht begründet (RGBl. 1873, S. 379).

[27] Näheres dazu in *Boldt*, Föderalismus 1849/1871, S. 305ff.

größter Bedeutung werden – in der Gestaltung der Staatenvertretung vom 49er Vorbild in signifikanter Weise ab.

Bekanntlich verfügen Bundesstaaten auf der zentralen Entscheidungsebene neben einem Parlament und einer Regierung über eine sog. „zweite, föderative Kammer". In den USA ist das der Senat. In der Revolutionsverfassung von 1849 war dies ein zum Teil aus Abgesandten der Landtage, zum anderen Teil aus Abgesandten der Landesregierungen zusammengesetztes „Staatenhaus".[28] Wie beim „Volkshaus", der Volksrepräsentation in der Reichsverfassung von 1849, handelte es sich bei den Mitgliedern des Staatenhauses jedoch um Abgeordnete mit einem freien Mandat.[29] Das entsprach der Idee einer zweiten Kammer, wie sie im amerikanischen Vorbild verwirklicht war. Ganz anders indessen im Norddeutschen Bund und im Kaiserreich: Hier finden wir das Staatenhaus der 49er Verfassung durch einen Bundesrat ersetzt, dessen Stimmen zwar wie im Staatenhaus nach der Größe der beteiligten Staaten gestaffelt waren, dessen Mitglieder aber nur noch von den Regierungen entsandt wurden und dies nicht als freie Abgeordnete, sondern als weisungsgebundene Bevollmächtigte.[30] Was bedeutete das?

Es bedeutete, daß dem deutschen Bundesstaat von Anfang an ein staatenbündisches Element eingefügt wurde; denn um nichts anderes als die Bundesversammlung des alten Deutschen Bundes in neuer Form und unter neuer Bezeichnung handelte es sich beim Bundesrat.[31] Mit dieser von Bismarck veranlaßten Korrektur des Bundesstaats[32] rückten die Mitgliedstaaten und ihre Regierungen in den Mittelpunkt der zentral zu fällenden Entscheidungen, denn nach der Reichsverfassung war der Bundesrat nicht nur ein Mitgesetzgebungsorgan, sondern die Quasi-Regierungsinstanz des Reiches.[33] Die auf diese Weise eintretende Akzentuierung im staatenbündischen Sinne wurde noch dadurch verstärkt, daß die Ausführung der Reichsgesetze den Ländern überlassen blieb. Mit anderen Worten: Es blieb der Staatsapparat, es blieben die staatlichen Vollzugsorgane in der Hand der Länder und ihrer Monarchen. Auch das war eine wichtige Abweichung vom amerikanischen Vorbild.[34]

28 Vgl. § 88 RV 1849.
29 Vgl. § 96 RV 1849.
30 Vgl. Art. 6 RV 1871. Im Gegensatz zur Reichsverfassung von 1871 hat man bei den Beratungen zur Reichsverfassung von 1849 einen Reichsrat, der aus Vertretern der Staatsregierungen bestehen sollte, abgelehnt; vgl. *Boldt*, Föderalismus 1849/1871, S. 313f.
31 Die preußischen Stimmen im neuen Bundesrat stellten eine einfache Addierung der preußischen Stimmen aus der Bundesakte mit den Stimmen der inzwischen annektierten Bundesmitglieder dar; vgl. Art. 6 RV 1871 mit Art. VI der Bundesakte von 1815.
32 Vgl. dazu die Putbuser Diktate Bismarcks, in: *Otto von Bismarck*, Gesammelte Werke, Bd. 6, 2. Aufl. Berlin 1929, S. 168f.
33 S. dazu *Boldt*, Verfassungsgeschichte, Bd. 2, S. 180ff. sowie *Wolfgang J. Mommsen*, Die Verfassung des Deutschen Reiches von 1871 als dilatorischer Herrschaftskompromiß, in: *Otto Pflanze* (Hrsg.), Innenpolitische Probleme des Bismarck-Reiches, München 1983, S. 195 – 216; *Thomas Nipperdey*, Deutsche Geschichte 1866 – 1918. Bd 2: Machtstaat vor der Demokratie, München 1992, S. 85 – 109 sowie *Hans Boldt*, Der Föderalismus im Deutschen Kaiserreich als Verfassungsproblem, in: *Helmut Rumpler* (Hrsg.), Innere Staatsbildung und gesellschaftliche Modernisierung in Österreich und Deutschland 1867/71 – 1914, Wien 1991, S. 31 – 40.
34 Zu dieser Frage s. insbesondere *Georg Waitz*, Das Wesen des Bundesstaats, in: *ders.*, Grundzüge der Politik, Kiel 1862, S. 153 – 218.

Das Ganze läßt sich verstehen als Versuch, unter Schonung der monarchischen Prärogativen einen Bundesstaat aus Fürstentümern zu gründen, der gleichzeitig der Festigung der führenden Stellung der nunmehr einzigen Vormacht in Deutschland, Preußens, dienen sollte. Denn auch daran, daß der monarchische Bundesstaat in Deutschland ein hegemonialer Bundesstaat war, ist in dem Zusammenhang zu erinnern.[35]

Was hier entstand, ist indessen nicht nur der Versuch geblieben, eine bundesstaatliche Föderation aus Monarchien zu bilden, sondern sollte fortan zur Grundstruktur des deutschen Föderalismus werden:

- ein Bundesstaat mit starken unitarischen Tendenzen im Gesetzgebungsbereich,
- aber gleichzeitig mit einem starken staatenbündischen Einschlag auf der zentralen Entscheidungsebene qua Beibehaltung des Bundesratsprinzips
- und mit einer Ersetzung des amerikanischen Prinzips des „dual" oder „separative federalism", der grundsätzlichen Aufgabenteilung zwischen Bund und Mitgliedstaaten, durch eine sog. „Funktionenteilung" mit weitgehender Zuordnung der Gesetzgebungsfunktion zum Bund, respektive Reich, und der Exekutivfunktion zu den Ländern.

Diese Konstruktion hat bis heute zwei bedeutsame Konsequenzen: Zum einen zwingt sie zu einer Absprache und Kooperation zwischen Bund, respektive Reich, und Ländern. Die zentrale Ebene kann keine wesentlichen Entscheidungen ohne Mitsprache der Landesregierungen im Bundesrat treffen. Die Länder müssen ihrerseits auf eine Beteiligung an den legislativen Entscheidungen des Bundes drängen, da sie die Bundesgesetze auszuführen haben. Zum anderen verlieh diese Konstruktion dem bundesstaatlichen Gefüge einen ausgesprochen „gouvernementalen" Akzent; denn die Mitsprache bei wesentlichen Bundesentscheidungen bedeutet eine starke Aufwertung der Landesregierungen, die damit in der Lage sind, Gegenspieler der Bundesregierung auf Bundesebene zu werden.

Das ist eine allgemeine Feststellung. Ich habe sie mit Bedacht hier so allgemein formuliert. Gegen sie läßt sich einwenden, daß der deutsche Bundesstaat auf diese Weise, jedenfalls zunächst, nicht funktioniert hat, wiewohl seine Grundstruktur seit 1867/71 feststand und kooperative Konsequenzen aus ihr schon im Kaiserreich gezogen wurden.[36] In der Tat ist dieser Version des Bundesstaats anfangs kein Erfolg beschieden gewesen. Im spannungsreichen Gefüge der Bismarckschen Staatsschöpfung dominierte alsbald das, was man die „unitarischen Elemente" der Reichsverfassung genannt hat: der Kaiser, der Reichstag, die sich allmählich formierende Reichsregierung und last not least ein von vornherein reichisch orientiertes Parteiensystem. Auch das war keine Selbstverständlichkeit, und es ist bemerkenswert, daß es in Deutschland – außer in Bayern

[35] S. dazu die klassische Darstellung von *Heinrich Triepel*, Die Hegemonie. Ein Buch von führenden Staaten, Stuttgart 1938, mit dem Schlußkapitel: Preußen und Deutschland, S. 541ff., sowie *Oswald Hauser* (Hrsg.), Zur Problematik „Preußen und das Reich", Köln 1984.

[36] Darüber berichtet *Gerhard Lehmbruch*, Parteienwettbewerb im Bundesstaat, Stuttgart 1976, S. 43ff.

mit der Bayerischen Volkspartei in Weimar und nunmehr der CSU – nie zu bedeutsamen Landesparteibildungen kam. Diesen unitarischen Institutionen gegenüber spielte die Staatenvertretung im Reich eine immer weniger wichtige Rolle.[37]

Der schon im Kaiserreich spürbare Trend zur immer größeren Einheit verstärkte sich ungeachtet der aufkommenden Streitigkeiten zwischen Reich und Ländern in der Weimarer Republik – eine Entwicklung, die damals durchaus begrüßt wurde, bedeutete „Föderalismus" in den Augen der Zeitgenossen doch soviel wie Schwächung der Nation, ihre partikularistische Aufsplitterung, die Deutschlands Machtstellung gefährdete. Das machte es den Nationalsozialisten 1933 leicht, die föderative Struktur des Reiches überhaupt aufzuheben.[38] Auch darauf, auf die darin zutage tretende Schwäche des deutschen Föderalismus ist hinzuweisen. Was damals geschah, war wirklich kein Ruhmesblatt, weder für den deutschen Föderalismus, noch für die deutsche Geschichte überhaupt.

V.

Von seinem Untergang 1933/34 her gesehen ist der deutsche Bundesstaat keine erfolgreiche Konstruktion gewesen. Es fehlte ihm offenbar ein föderativer Widerpart gegen die unitarischen Tendenzen des Reichs.[39] Desungeachtet sollte der deutsche Bundesstaat erfolgreich in die Geschichte zurückkehren. Das föderative Gebilde, das man 1949 unter dem Namen „Bundesrepublik Deutschland" errichtete und das sich bis heute trotz Friktionen und Veränderungen als überaus stabil erwiesen hat, basiert ja auf nichts anderem als der beschriebenen deutschen Tradition. Gewiß, die Alliierten haben nach 1945 für eine Neugliederung der Länder gesorgt und vor allem für die Aufhebung des dominanten Preußen. Die Ausgestaltung des neuen, 1949 in Westdeutschland gegründeten Bundesstaates entsprach dann doch aber wiederum der deutschen und keiner fremden, etwa der amerikanischen Überlieferung. Lassen Sie mich das kurz darlegen:[40]

Auch der neue deutsche Bundesstaat besitzt einen starken unitarischen Charakter. Das ist im Grundgesetz zunächst nur verdeckt zum Ausdruck gekommen:

37 Vgl. *Manfred Rauh*, Föderalismus und Parlamentarismus im Wilhelminischen Reich, Düsseldorf 1973.

38 S. *Boldt*, Verfassungsgeschichte, Bd. 2, S. 230ff., 258ff. sowie *Karl Dietrich Bracher, Gerhard Schulz, Wolfgang Sauer*, Die nationalsozialistische Machtergreifung. Bd. 1: *Karl Dietrich Bracher*, Stufen der Machtergreifung, Frankfurt/M. 1974, S. 237ff. sowie Bd. 2: Gerhard Schulz, Die Anfänge des totalitären Maßnahmestaates, Frankfurt/M. 1974, S. 80ff., 124ff., 271ff.

39 Auf die unterschiedliche Rolle, die Preußen im Kaiserreich und in der Weimarer Republik gespielt hat, kann hier nur hingewiesen werden. Für die Weimarer Zeit siehe vor allem *Hagen Schulze*, Otto Braun oder Preußens demokratische Sendung, 2. Aufl. Frankfurt/M. 1981; für das Kaiserreich vgl. *Hauser* (Hrsg.) Problematik.

40 Einen Überblick über den Föderalismus in der Bundesrepublik Deutschland gibt *Heinz Laufer*, Der Föderalismus in der Bundesrepublik Deutschland, 4. Aufl. Stuttgart 1992.

- im Katalog der konkurrierenden Gesetzgebung nach Art. 74 GG, der dem Bund den Zugriff auf fast alle wichtigen Gesetzgebungsmaterien erlaubte,[41] und
- in der Regelung der Finanzverfassung, die schon in ihrer Fassung von 1949 dem Bund die Möglichkeit, auch diesen Bereich nach eigenen Vorstellungen zu gestalten, offengehalten hat.[42]

Damit war man zwar nicht ganz dem Weimarer Vorbild gefolgt, hatte aber eine im Kern recht zentralistische Anlage gewählt.[43]

Nicht zu Unrecht hat man daher die Bundesrepublik als einen „unitarischen Bundesstaat" bezeichnet.[44] Die in diese Richtung gehende Entwicklung war in den fünfziger Jahren recht spürbar. Sie ist durch die Reformen der sechziger Jahre bis zu einem gewissen Grade in einem kooperativen Sinne abgewandelt worden. Das damals auftauchende Schlagwort vom „kooperativen Föderalismus" bedeutet ja nichts anderes, als daß man versuchte, einheitliche Regelungen nicht eine zentrale Instanz allein treffen zu lassen, sondern durch Absprachen unter den Landesregierungen sowie zwischen ihnen und der Bundesregierung zu gemeinsamen Beschlüssen zu kommen.[45] Man blieb unitarisch in einer Weise, die trotz der oberflächlichen Orientierung am amerikanischen „cooperative federalism" durchaus deutscher Tradition entsprach.

In diesem Zusammenhang hat sich nun etwas Erstaunliches ereignet: die Revitalisierung des Bundesrats, jener bürokratischen, seinerzeit im Kaiserreich und in Weimar an

41 Dieser Zugriff war zwar an bestimmte Voraussetzungen gebunden, doch haben die in Art. 72 GG genannten Restriktionen nie eine Rolle gespielt. Vgl. unten Anm. 59.

42 Vgl. dazu die ursprüngliche Fassung der Art. 106 und 107 GG sowie deren Änderung schon in den fünfziger Jahren, nachgewiesen bei *Jürgen Seifert*, Das Grundgesetz und seine Veränderung, Neuwied 1983. Zur Entwicklung seit 1948 vgl. jetzt *Wolfgang Renzsch*, Finanzverfassung und Finanzausgleich. Die Auseinandersetzungen um ihre politische Gestaltung in der Bundesrepublik Deutschland zwischen Währungsreform und deutscher Vereinigung (1948 bis 1990), Bonn 1991.- Nach Art. 87 GG können auch Verwaltungsaufgaben einfach durch Bundesgesetz auf den Bund übertragen werden.

43 Zu der für den Föderalismus wichtigen Entwicklung der Finanzverfassung im Reich vgl. *Peter-Christian Witt*, Finanzen und Politik im Bundesstaat. Deutschland 1871 – 1933, in: *Jochen Huhn* und *Peter-Christian Witt* (Hrsg.), Föderalismus in Deutschland. Traditionen und gegenwärtige Probleme, Baden-Baden 1992, S. 75 – 99.

44 *Konrad Hesse*, Der unitarische Bundesstaat, Karlsruhe 1962. Den unitarischen Charakter des deutschen Föderalismus betont in scharfer Weise *Heidrun Abromeit*, Der verkappte Einheitsstaat, Opladen 1992.

45 Zu dieser Entwicklung s. *Hans Boldt*, Föderalismus im Widerstreit der Interessen. Die Bundesrepublik vor und nach der Finanzreform von 1969, in: *Huhn* und *Witt* (Hrsg.), Föderalismus in Deutschland, S. 154 – 164. Vom kooperativen Föderalismus als dem „Föderalismus in unserer Zeit" ist die Rede im wegweisenden Gutachten über die Finanzreform in der Bundesrepublik Deutschland, 1966, Tz. 76; s. auch *Henner Ehringhaus*, Der kooperative Föderalismus in den Vereinigten Staaten von Amerika. Zum Verfassungswandel im modernen Bundesstaat, Frankfurt/M. 1971; *Wilhelm Kewenig*, Kooperativer Föderalismus und bundesstaatliche Ordnung, in: AöR 93 (1968), S. 433 – 484; *Konrad Hesse*, Aspekte des kooperativen Föderalismus in der Bundesrepublik, in: Festschrift für Gebhard Müller zum 70. Geburtstag, Tübingen 1970, S. 141 – 160 (S. 143: kooperativer Föderalismus als „Zauberwort"). – Zu den Neuerungen, die der bundesrepublikanische Föderalismus mit sich brachte, gehört auch eine weitgehende Erstreckung der Verfassungsgerichtsbarkeit des Bundes auf föderative Streitfragen nach Art. 93 GG.

den Rand des Geschehens gedrängten Institution, die nunmehr in der Bundesrepublik als Forum der Landesminister und Landesväter fröhliche Urständ feierte und jetzt eine entscheidende Bedeutung als föderatives Widerlager zu den zentralen Entscheidungsträgern, dem Bundestag und der Bundesregierung in Bonn, erhielt. Dieser Wandel eines mediokren bürokratischen Gremiums zum Forum der Regierungen ist mit das wichtigste, was die Entwicklung des Föderalismus in der Bundesrepublik hervorgebracht hat. Denn „Reföderalisierung", die oft beschworene und geforderte Rückübertragung von Kompetenzen auf die Länder, ist offensichtlich nicht angesagt – schon gar nicht in einer Zeit zunehmender europäischer Integration. Es darf daher bezweifelt werden, ob der gegenwärtig von den Landesregierungen auf die Bundesregierung ausgeübte Druck, auf diesbezügliche Wünsche einzugehen, um eine Ratifizierung des Maastrichter Vertrages zu sichern, zu einer wirklichen Umkehr der Entwicklung in Deutschland führen wird.[46] Dagegen scheint die Mitsprache der Länder auf Bundesebene, gleichsam in Kompensation für verlorengegangene eigenständige Kompetenzen, scheint Kooperation mit dem Bund tatsächlich eine Möglichkeit zu sein, die föderative Ordnung hierzulande zu stabilisieren.[47] Allerdings bedeutet dies zugleich eine Akzeptierung des „gouvernementalen Bundesstaats", denn die Mitsprache der Länder auf Bundesebene ist eine Angelegenheit der Landesregierungen, nicht der Landtage.[48] Wie anders aber ließe sich der Föderalismus festigen? Wie weit, so muß man vielleicht sogar fragen, läßt er sich überhaupt noch stabilisieren? Lassen Sie mich auf diese Frage am Ende kurz noch eingehen.

[46] Über die Forderungen der Länder unterrichtet die Dokumentation von *Joachim Bauer* (Hrsg.), Europa der Regionen, Berlin 1991. Vgl. auch das für den Landtag von Nordrhein-Westfalen erstellte Gutachten des Instituts für Europäische Politik: Die Landtage im europäischen Integrationsprozeß nach Maastricht (Schriften des Landtags Nordrhein-Westfalen, Bd. 5), Düsseldorf 1992.

[47] Zur Kompensation der Kompetenzabgabe durch Mitspracherechte des Bundesrates vgl. *Hesse*, Bundesstaat, S. 21f.; *Martin Bullinger*, Die Zuständigkeit der Länder zur Gesetzgebung, in: DÖV 1970, S. 761–777, 797–801, hier S. 765f. Von einer Preisgabe des Erstgeburtsrechts der Autonomie um des „Linsengerichts" der Mitbestimmung im Bund willen spricht *Fritz Scharpf*, Der Bundesrat und die Kooperation auf der „Dritten Ebene", in: Vierzig Jahre Bundesrat, Baden-Baden 1989, S. 136. Die starke Stellung des Bundesrates rührt nicht zuletzt daher, daß im Gegensatz zur Intention des Verfassungsgebers der Bereich der Zustimmungsgesetze, bei denen der Bundesrat nicht überstimmt werden kann, außerordentlich zugenommen hat, da die meisten Bundesgesetze selbst auch ihre Ausführungsmodalitäten regeln (vgl. Art. 84 Abs. 1 Satz 2 GG). Skeptisch beurteilt die neuen Kooperationsformen in der Bundesrepublik die empirische Analyse von *Fritz Scharpf*, *Bernd Reissert*, *Fritz Schnabel* (Hrsg.), Politikerverflechtung: Theorie und Empirie des kooperativen Föderalismus in der Bundesrepublik, Kronberg/Ts. 1976.

[48] S. dazu *Hermann Eicher*, Der Machtverlust der Landesparlamente. Historischer Rückblick, Bestandsaufnahme, Reformansätze, Berlin 1988 sowie Bericht der Kommission „Erhaltung und Fortentwicklung der bundesstaatlichen Ordnung innerhalb der Bundesrepublik Deutschland – auch in einem vereinten Europa", Landtag Nordrhein-Westfalen, hrsg. von *Heinrich A. Große-Sender*, Düsseldorf 1990. Von „Regierungen-Bundesstaat" spricht *Ernst-Wolfgang Böckenförde*, Sozialer Bundesstaat und parlamentarische Demokratie. Zum Verhältnis von Parlamentarismus und Föderalismus unter den Bedingungen des Sozialstaats, in: *Jürgen Jekewitz u.a.*(Hrsg.), Politik als gelebte Verfassung. Festschrift für Friedrich Schäfer, Opladen 1980, S. 182–199, hier S. 186.

VI.

Weniger die Wiedervereinigung als die zunehmende europäische Integration wirft in dieser Hinsicht Probleme auf. Die Wiedervereinigung hat, trotz der Vermehrung der Bundesrepublik um fünf neue Länder, sicherlich nicht zu einer Stabilisierung des Föderalismus beigetragen, denn diese Länder sind auf lange Zeit hin arm und vom Bund abhängig.[49] Zwar gibt es verschiedene Hilfestellungen der alten Bundesländer für die neuen, insbesondere auf dem Gebiet der Verwaltung, doch ausschlaggebend ist und bleibt die finanzielle Unterstützung des Bundes, zumal sich die alten Länder in dieser Hinsicht auffallend zurückgehalten haben – kein schönes Zeichen von bündischer Solidarität.[50] Dennoch kann man hoffen, daß die Entwicklung hier, wie im wirtschaftlichen Bereich, zwar unter Schwierigkeiten und großen Belastungen, jedoch im ganzen positiv vorangehen wird und sich allmählich eine neue föderative Balance ausbilden wird.

Problematischer für den deutschen Föderalismus dürfte dagegen die fortschreitende europäische Integration werden. Diese Feststellung mag zunächst befremden. Sind wir in Europa nicht auf dem Wege zu einer neuen föderativen Einheit, und zwar einer, für die gerade die deutsche Version des Bundesstaates wegen ihrer staatenbündischen Züge, wegen der Präsenz der Landesregierungen im Bundesrat und des Verbleibs des exekutiven Staatsapparats in den Händen der Mitgliedstaaten, ein nachahmenswertes Beispiel abgeben könnte? Ein aus Nationalstaaten entstehendes Europa läßt sich ohne gewisse staatenbündische Implemente, wie sie der deutsche Bundesstaat aufweist, ja wohl kaum vorstellen.[51]

Das klingt plausibel; indessen, je mehr das Verhältnis von Mitgliedstaaten und supranationaler europäischer Ebene, trotz einigen Sträubens, bundesstaatliche Züge annimmt, umso prekärer wird die Situation der Länder in Deutschland und damit die des deutschen Föderalismus überhaupt. Das erscheint paradox. Aber in welcher Weise die

49 S. dazu z.B. *Hans Boldt*, Wiedervereinigung und föderative Ordnung, in: *Rudolf Wildenmann* (Hrsg.), Nation und Demokratie. Politisch-strukturelle Gestaltungsprobleme im neueren Deutschland, Baden-Baden 1991, S. 35 – 50 sowie *Arthur Benz*, Perspektiven des Föderalismus in Deutschland, in: DÖV 1991, S. 586 – 598; *Hartmut Klatt*, Deutsche Einheit und bundesstaatliche Ordnung – Das föderale System der Bundesrepublik Deutschland im Umbruch, in: Verwaltungsarchiv 82 (1991) S. 430 – 458; *Hartwig Donner* und *Uwe Berlitt*, Verfassungsrechtliche und verfassungspolitische Konsequenzen der Wiedervereinigung für die Bundesstaatlichkeit Deutschlands, in: ZParl. 1992, S. 316 – 338.

50 Überblicke geben *Rolf Peffekoven*, Deutsche Einheit und Finanzausgleich, in: Staatswissenschaften und Staatspraxis 1990, S. 485 – 511; *Peter Gottfried* und *Wolfgang Wiegand*, Finanzausgleich nach der Vereinigung: Gewinner sind die alten Länder, in: Wirtschaftsdienst 9 (1991), S. 453 – 461 sowie *Joachim Wieland*, Einen und Teilen. Grundsätze der Finanzverfassung des vereinten Deutschland, in: DVBl. 107 (1992), S. 1181 – 1193. Mit der Finanzverfassung im vereinten Deutschland hat sich jetzt auch die Tagung der Deutschen Staatsrechtslehrer in Bayreuth 1992 befaßt.

51 Vgl. in dem Zusammenhang etwa den Entwurf eines Vertrages zur Gründung der Europäischen Union des Europäischen Parlamentes von 1984 (Abl. 1984 C 77), abgedruckt in: *Werner Weidenfeld* (Hrsg.), Wie Europa verfaßt sein soll. Materialien zur Politischen Union, Gütersloh 1991, S. 354 – 385 sowie *Jürgen Schwarze* und *Roland Bieber*, Eine Verfassung für Europa. Von der Europäischen Gemeinschaft zur Europäischen Union, Baden-Baden 1984.

deutsche föderative Ordnung bei zunehmender politischer Integration der EG erhalten bleiben kann, ist tatsächlich ein vielfach noch gar nicht klar erkanntes Problem. Bei einem solchen Gebilde würde es sich um einen „dreistufigen" Bundesstaat handeln, der ist aber noch nicht erfunden worden. Und ob die europäische Integration zu ihm hinführen wird, erscheint allein schon deswegen fraglich, weil Deutschland das einzige wirklich föderative Staatsgebilde in der Europäischen Gemeinschaft ist,[52] dessen Beispiel die anderen EG-Mitgliedstaaten nicht unbedingt folgen müssen, auch dann nicht, wenn ihr Verhältnis zur europäischen Supraebene selbst bundesstaatliche Züge annimmt. Auch das vielbeschworene „Europa der Regionen" muß nicht – wenn es ein solches denn überhaupt geben wird – eine föderative Ordnung in unserem bundesrepublikanischen Sinne werden.[53]

Wie ist, so muß man zuerst fragen, eine mehrstöckige Föderation überhaupt vorstellbar?[54] Als Faktum steht fest, daß wir uns in einer Entwicklung befinden, in der noch viele staatliche Zuständigkeiten auf die supranationale Ebene abwandern werden. Von dieser Abwanderung bleiben auch die Länder der Bundesrepublik nicht verschont. Im Gegensatz zu der Kompetenzverlagerung auf die Bundesebene in Deutschland erhalten sie dabei von der Europäischen Gemeinschaft jedoch keine Mitsprachemöglichkeiten eingeräumt, obwohl sie die Anordnungen der Gemeinschaft in der Regel auszufüh-

[52] Belgien, der andere föderative Staat in der Europäischen Gemeinschaft, stellt einen Sonderfall dar. Vgl. *Patrick Vanhulle*, Belgien auf dem Weg zum föderativen Staat, in: Europa-Archiv 1989, S. 457 – 464.

[53] S. den Überblick bei *Fritz Ossenbühl* (Hrsg.), Föderalismus und Regionalismus in Europa, Baden-Baden 1989. Zum unterschiedlich gebrauchten Begriff der „Region" vgl. *Winfried Haneklaus*, Zur Frage der funktionsgerechten Regionalisierung in einer föderal verfaßten Europäischen Union, in: DVBl. 1991, S. 295 – 299. Allgemein s. auch *Gisela Müller-Brandeck-Bocquet*, Ein föderalistisches Europa? Zur Debatte über die Föderalisierung und Regionalisierung der künftigen Europäischen Politischen Union, in: APUZ B45/1991 S. 13 – 25. Vom „unklaren Konzept" eines Europa der Regionen spricht *Uwe Leonardy*, Gegenwart und Zukunft der Arbeitsstrukturen des Föderalismus: Status quo, „Europa der Regionen" und staatliche Einheit Deutschlands, in: ZParl. 1990, S. 180 – 200, hier S. 190. Angesichts dessen, daß insbesondere die Mitgliedstaaten von der Kompetenzübertragung auf die Europäische Gemeinschaft betroffen sind, weil die nationalstaatliche Ebene für Problemlösungen heute zum Teil zu beschränkt ist, auf der anderen Seite aber vermehrt bürgernahe Entscheidungen verlangt werden, hat der amerikanische Soziologe *Daniel Bell* prognostiziert, daß künftig der Nationalstaat als politische Einheit zwischen supranationalen Gebilden und Regionen verschwinden werde (s. The world in 2013, in: Dialogue 1988, S. 2 – 9). Träfe diese Prognose zu, würde auch dies das Ende des deutschen Föderalismus bedeuten.

[54] Skeptisch zum „Bundesstaat im Bundesstaat" schon *Hans Kelsen*, Die staatsrechtliche Durchführung des Anschlusses Österreichs an das Deutsche Reich, in: Zeitschrift für Öffentliches Recht 1927, S. 329 – 352. Vom „dreistufigen Bundesstaat" spricht *Theodor Eschenburg* in der Festschrift für Wilhelm Hennis, Stuttgart 1988, S. 349 – 359. Die gegenwärtige Situation wird häufig als „doppelte Politikverflechtung" bezeichnet, ohne daß konzeptionelle Konsequenzen daraus gezogen würden. Vgl. *Rudolf Hrbek*, Doppelte Politikverflechtung: Deutscher Föderalismus und Europäische Integration. Die deutschen Länder im EG-Entscheidungsprozeß, in: *ders.* und *Uwe Thaysen* (Hrsg.), Die deutschen Länder und die Europäische Gemeinschaft, Baden-Baden 1986, S. 17 – 36. Zur weiteren Diskussion s. *Markus Heintzen*, Subsidiaritätsprinzip und Europäische Gemeinschaft, in: JZ 1991, S. 317 – 323.

ren haben.[55] Es ist daher verständlich, daß der Bundesrat Mitspracheforderungen erhoben hat und dies in zweierlei Hinsicht:

- zum einen gerichtet auf mehr Mitwirkung bei Kompetenzübertragungen des Bundes auf die Europäische Gemeinschaft nach Art. 24 Abs. 1 GG[56]
- zum anderen gerichtet auf eine Mitsprache bei der Beschlußfassung in der Europäischen Gemeinschaft selbst, sei es durch die Einrichtung eines, wenn auch nur beratenden Regionalausschusses, oder sei es durch die Möglichkeit, die Bundesrepublik im Ministerrat durch Landesminister vertreten zu lassen, soweit es um Zuständigkeiten der Länder geht.[57]

Indessen genügt diese Kompensation den Ländern offenbar nicht. Sie läßt sich mit der Mitbestimmung qua Bundesrat auf Bundesebene und den vielen anderen Möglichkeiten einer Mitwirkung in Länder-Bund-Beschlußorganen auch kaum vergleichen. Und überhaupt: Sind nicht schon viel zu viele Regelungskompetenzen im Laufe der Zeit auf die Brüsseler Zentrale übertragen worden, so daß die föderative Organisation Europas grundsätzlich gefährdet erscheint? Augenscheinlich befürchtet man das und hat daher zur Lösung dieses offenkundigen, wenn auch kaum meisterbaren Problems, wiederum ein Zauberwort bemüht, diesmal das „Subsidiaritätsprinzip" – wie alle Zauberformeln mehr Ausdruck einer Ideologie, mit der man föderative Gesinnung beschwört, als tauglich, eine sperrige Realität in neue, gewünschte Bahnen zu zwingen.

Bekanntlich handelt es sich bei diesem Prinzip darum, daß eine Aufgabe nur dann von einer höheren Ebene übernommen werden soll, wenn die untere sich unfähig erweist, sie selber zu erfüllen. Die unterschiedlichen Formulierungen, die dieses Prinzip gerade in der europäischen Diskussion gefunden hat, zeigen indessen, daß man sich durchaus nicht über alle Einzelheiten seiner Anwendung im klaren ist, sondern ganz verschie-

55 Die Zuständigkeit zur Ausführung von Anordnungen der Europäischen Gemeinschaft richtet sich nach nationalem Recht, vgl. *Winfried Kössinger*, Die Durchführung des Europäischen Gemeinschaftsrechts im Bundesstaat, Berlin 1989. Auf die föderative Struktur der Bundesrepublik und die daraus entstehenden Komplikationen nimmt das Gemeinschaftsrecht der EG keine Rücksicht, es ist „länderblind", vgl. *Hans-Peter Ipsen*, Als Bundesstaat in der Gemeinschaft, in: Festschrift für Walter Hallstein, Frankfurt/M. 1966, S. 256.

56 Zur Entwicklung der Mitsprachemöglichkeiten s. den Überblick bei *Hans Boldt* und *Werner Reh*, Instrumente der Landespolitik in der Europäischen Gemeinschaft, in: *Ulrich von Alemann, Rolf G. Heinze, Bodo Hombach* (Hrsg.), Die Kraft der Region: Nordrhein-Westfalen in Europa, Düsseldorf 1990, S. 59–71, ferner *Wolfgang Renzsch*, Deutsche Länder und europäische Integration, in: APUZ B28/1990, S. 28–39; *Michael Borchmann*, Doppelter Föderalismus in Europa. Die Forderungen der deutschen Länder zur Politischen Union, in: Europa-Archiv 1991, S. 340–348 und neuestens *Franz Borkenhagen*, Vom kooperativen Föderalismus zum „Europa der Regionen", in: APUZ B42/1992, S. 26–44. Derzeit wird eine diesbezügliche Änderung in den Artikeln 23 und 24 vorgenommen.

57 Daneben sind von den Ländern auch Klagemöglichkeiten vor dem Europäischen Gerichtshof gefordert worden. Vgl. dazu die Dokumentation von *Joachim Bauer*, Europa der Regionen, Berlin 1991. Zum Ministerrat vgl. jetzt Art. 146, zum Ausschuß der Regionen Art. 198a-c des Maastrichter Vertrages über die Europäische Union.

dene Vorstellungen damit verbindet.[58] Folgende Fragen erheben sich in dem Zusammenhang: Wer entscheidet über die Abgabe von Zuständigkeiten, die „obere" oder die „untere" Ebene? Und wann: Wenn eine Zuständigkeitsübertragung als wirklich notwendig erscheint? Oder genügt schon der bloße Umstand, daß die obere Ebene es „besser" machen kann, daß sie „wirksamer" handeln kann als die untere? Wenn die unteren Ebenen entscheiden sollen: Wie verhält man sich, wenn sie sich über eine Kompetenzabgabe nicht einig werden? Andererseits, wenn die obere Ebene entscheidet: Wie können sich die unteren Ebenen gegen die Wegnahme von Zuständigkeiten wehren? Sollen sie insbesondere die Möglichkeit erhalten, dagegen gerichtlich vorzugehen? Das Beispiel der Bedürfnisklausel im Art. 72 GG, wonach im Rahmen der konkurrierenden Gesetzgebung eine Bundeszuständigkeit nur dann begründet werden darf, wenn für eine einheitliche Regelung ein wirkliches Bedürfnis vorliegt, zeigt, daß solche Formulierungen weder die obere Ebene daran hindern, Kompetenzen an sich zu ziehen, noch die Anrufung eines Gerichtes dagegen ohne weiteres ermöglichen,[59] – davon, daß die untere Ebene sich häufig genug erleichtert fühlt, wenn ihr eine eventuell heikle Zuständigkeit entzogen wird, ganz zu schweigen.

Man muß das Problem aber noch grundsätzlicher angehen: Wie kann unter den heutigen Verhältnissen die untere Ebene überhaupt in die Lage versetzt werden, öffentliche Aufgaben generell selbst zu übernehmen? Gilt nicht allgemein die Vereinheitlichung der Lebensverhältnisse und somit auch die Aufstellung dafür notwendiger Regelungen als vordringlicher? Ist diese Intention nicht gerade der plausible Sinn der europäischen Integration und der treibende Motor der Vergemeinschaftung gewesen? Wie will man dagegen das Subsidiaritätsprinzip nicht nur zwischen Europäischer Gemeinschaft und Mitgliedstaaten, sondern auch in EG-Staaten, die gar keinen eigenständigen politischen Unterbau besitzen, realisieren? Was für Folgen hätte dies allein für die Finanzausstattung der Ebenen? Immerhin müßte die Finanzverfassung der Staaten und der Europäischen Gemeinschaft mit dem Subsidiaritätsprinzip erst einmal kompatibel gemacht werden – eine nicht ganz einfach Operation.[60]

[58] S. etwa *Markus Jachtenfuchs*, Die EG nach Maastricht. Das Subsidiaritätsprinzip und die Zukunft der Integration, in: Europa-Archiv 1992, S. 279–287; *Jörn Pipkorn*, Das Subsidiaritätsprinzip im Vertrag über die Europäische Union – rechtliche Bedeutung und gerichtliche Überprüfbarkeit, in: EuZW 1992, S. 697–700 sowie die unterschiedlichen Stellungnahmen von *Siegbert Alber* und *Eberhard Grabitz* bei *Bernhard Vogel* und *Günther H. Öttinger* (Hrsg.), Föderalismus in der Bewährung. Die deutschen Länder vor der Herausforderung fortschreitender EG-Integration, Köln 1992.

[59] Nach Art. 72 GG hat der Bund im Bereich der konkurrierenden Gesetzgebung nur dann Gesetzgebungsrecht, „soweit ein Bedürfnis nach bundesgesetzlicher Regelung besteht", insbesondere, wenn es „die Wahrung der Einheitlichkeit der Lebensverhältnisse über das Gebiet eines Landes hinaus ... erfordert". Eine gerichtliche Prüfung dieser Bedürfnisklausel hat das Bundesverfassungsgericht im Regelfall abgelehnt; vgl. BVerfGE 2, 213 (224f.); 13,230 (234), std. Rspr.

[60] Zur Diskussion der Finanzverfassung vgl. etwa *Dieter Biehl* und *Gero Pfennig* (Hrsg.), Zur Reform der EG-Finanzverfassung, Bonn 1990.

In der Praxis ist heute eher das Interesse zu beobachten, politische Entscheidungen nach oben abzugeben, als diffizile Dinge selbst zu regeln.[61] Ähnliches gilt umgekehrt für die oberen Ebenen, die Lasten gern nach unten verlagern.[62] Das eine wie das andere ist Realität, beides aber kaum mit dem Gedanken der Subsidiarität vereinbar. Abgesehen davon machen sich die Länder in Deutschland anscheinend nicht hinreichend klar, daß das Subsidiaritätsprinzip, wie wir am Anfang meiner Ausführungen feststellen konnten, Ausdruck einer nicht auf Staatenverbindungen reduzierten Föderalismusvorstellung ist, sondern einen „durchgängigen" Föderalismus fördert. Strictu sensu macht es bei den Ländern nicht halt, sondern verlangt es seine Anwendung auch unterhalb dieser Ebene. Dies aber würde zu einer ganz anderen Art von kommunaler Selbstverwaltung oder regionaler Autonomie, etwa der Regierungsbezirke führen, als wir sie heute in unserem föderativen System kennen, das – historisch gesehen – erst auf der Länderebene einsetzt.[63]

Wie diese wenigen Bemerkungen zeigen, stehen wir damit vor einer Fülle von Problemen, wobei in dem Zusammenhang nicht nur die Frage einer Verlagerung der Anordnungsgewalt nach oben zu erörtern ist, sondern auch die andere Seite der Medaille: das Problem der Ausführung zentraler Anordnungen der oberen Ebene durch untere Ebenen und eines ihnen dabei einzuräumenden Entscheidungsspielraums. Die Beantwortung dieser Frage ist möglicherweise sogar vordringlicher. Vielleicht geht es heute in erster Linie um mehr Dezentralisierung, d.h. um die Ausgabe von Richtlinien in Brüssel und um die Bestimmung von Regelungsdetails auf unterer Ebene, um die Differenzierung allgemeiner Anordnungen nach Maßgabe regionaler Gegebenheiten, damit die Entscheidungen sachgerechter und effektiver werden. Die hierzulande häufig anzutreffende Vorstellung, daß Förderalismus mehr Bürgernähe bedeute, läßt sich offensichtlich auch durch mehr Dezentralisierung realisieren, da auch dadurch die unteren Ebenen mehr Entscheidungsspielräume erhalten, was mehr Mitbestimmung und so auch mehr „Demokratie", d.h. Partizipation der Bürger, ermöglicht.

Mehr Selbstverwaltung dieser Art ist freilich kein Föderalismus im strengen Verständnis. Möglicherweise ist es aber das, worauf man sich in Europa am ehesten wird einigen können. Jedenfalls weist die Ersetzung des Begriffs „Föderalismus" durch „bürgernah"

[61] Hinweise darauf bei *Friedrich Vogel*, Stärkung des Föderalismus durch Selbstbeschränkung in der Bundesgesetzgebung, in: *Bernd Rüthers* und *Klaus Stern* (Hrsg.), Freiheit und Verantwortung im Verfassungsstaat. Festgabe zum 10-jährigen Jubiläum der Gesellschaft für Rechtspolitik, München 1984, S. 493 – 504.

[62] Typisch dafür z.B. die Gesetzgebung über Kindertageseinrichtungen; vgl. das nordrhein-westfälische GTK vom 29.10.1991 (GV. NW. 1991, S. 380); s. *Urike Wischer*, Gemeinden in der Finanzkrise, dargestellt am Beispiel des nordrhein-westfälischen Kindertagesstättengesetzes vom 1. Januar 1992, unveröffentlichte Magisterarbeit an der Heinrich-Heine Universität Düsseldorf 1992.

[63] Auch die Konzeption des neuen Regionalausschusses in der Europäischen Gemeinschaft ist so angelegt, daß nicht nur Länder, sondern auch Kommunen in ihm Mitglieder sein können; vgl. Art. 198a des Maastrichter EG-Vertrages. Zu den Kommunen als „dritter Säule" im Bundesstaat s. *Janbernd Oebbecke*, Föderalismus und Kommunalverfassung, in: *Huhn* und *Witt* (Hrsg.), Föderalismus in Deutschland, S. 185 – 215.

im Maastrichter Vertrag darauf hin,[64] auch wenn die Engländer, die diese Fassung durchsetzten, damit nicht Dezentralisierung schlechthin, sondern in erster Linie die Wahrung ihrer mitgliedstaatlichen Autonomie meinten. Immerhin konnten auch die Deutschen dieser Formulierung zustimmen, denn sie ist mit ihrem traditionellen Verständnis von „Föderalismus" als einer Form von Ent-Zentralisierung vereinbar. Wenn es im Maastrichter Vertrag trotzdem um „mehr Bürgernähe" statt um „Föderalismus" geht, so liegt dies bekanntlich an dem angelsächsischen Verständnis von „federalism", das dem deutschen diametral entgegengesetzt ist und den Zusammenschluß zu einer neuen Einheit sowie die Übertragung von Anordnungsbefugnissen auf sie, unter Verkürzung der Autonomie der unteren Ebenen, bedeutet. Handelt es sich also nur um einen verbalen Dissens bei Einigkeit in der Sache? Ich fürchte nein. Hinter dem ambivalenten Wortgebrauch verbirgt sich offensichtlich auch ein Dissens über die künftige Ordnung Europas. Wie aber, so läßt sich am Ende fragen, will man Europa aufbauen, wenn man sich über die Bedeutung der dafür zentralen Begriffe noch nicht einmal einig ist? Und was für Folgen mag das für den Föderalismus in Deutschland haben?

Summary

The development of the state in Germany, whose origins lie far back in the Holy Roman Empire, is firmly based on federalism. This basic structure of German history has obviously been subjected to considerable change over the years, and this needs to be investigated more closely.

Unlike the Swiss Confederation, which is similar in some respects, German federalism did not grow out of a medieval movement for unification, but out of princes (and imperial towns) successfully resisting imperial power. This feature of German federalism emerges clearly after the collapse of the Holy Roman Empire. Under these conditions a community of German states could at first continue to exist only in the form of a confederation of sovereign states, the German Confederation. The German Confederation of 1815 was a typical confederation which brought together „sovereign" states, that is, states whose internal structures were not federal. This contrast between a federal structure at the top and a lack of one internally has remained characteristic of German federalism and its *Länder* to the present day.

From the start liberal democratic circles objected to Germany being unified only as a confederation and demanded closer federal union with national representation. Attempts to achieve this in the 1848 revolution initially failed. Rivalry between the two

64 Art. A, Abs. 2 EG-Vertrag: „Dieser Vertrag stellt eine neue Stufe bei der Verwirklichung einer immer engeren Union der Völker Europas dar, in der die Entscheidungen möglichst bürgernah getroffen werden."

leading German powers, Austria and Prussia, was the main factor in excluding anything but a confederal solution. The transition to a federation was achieved only after Prussia, having already created the basis for a closer union between the German states in the German Confederation, solved the question of leadership by means of war. The German federal state which was thus able to emerge adhered to the ideas developed after 1848 in aiming to make legislation as far as possible a responsibility of the centre (standardisation of law had already been a demand during the *Vormärz*). However, in adopting a central confederal element, the *Bundesrat,* it deviated significantly from the solution which the *Reich* constitution of 1848 had intended.

At the beginning the *Kaiserreich* can be described as a hegemonial federal state (Prussia) with a confederal centre (the Bundesrat). A further confederal element was also added: *Reich* laws were to be implemented by the *Länder* which thus to a large extent retained possession of the state aparatus. The "*Bundesrat* solution" and a "division of functions" by which the federal centre legislates and the *Länder* implement the laws, have been characteristic of German federalism ever since. One consequence has been that German federalism soon developed co-operative features. Nevertheless the unitary trend which was visible in 1849, and again in 1871, gradually gained the upper hand, as can be seen most clearly in the *Bundesrat's* diminishing significance vis-à-vis the *Kaiser*, the *Reich* leaders and the *Reichstag.* This trend continued and became stronger during the Weimar Republic. The quarrels between the *Reich* and the *Länder* which were significant for the republic contributed to the undermining of both the idea and the practice of federalism, and to the fact that the federal order disappeared without trace during the Nazi dictatorship.

The re-establishment of this order after 1945 was clearly influenced by German tradition, except for the abolition of the dominant state of Prussia, which was presumably an advantage in creating real federalism. Against the intentions of the Allies, the *Parlamentarischer Rat* (parliamentary council) insisted – even if partly in a coded way – on the concept of a "unitary federal state". The unitary trend at first also took root in the Federal Republic. It was to some extent "directed" by the *Länder*, who increased the number of co-operative institutions, concluded various agreements between themselves and the centre, and achieved co-ordination between themselves. However, attempts by the federal *Länder* to regain certain responsibilities have, in general, been unsuccessful. These attempts have multiplied since the 1970s. Today German federalism faces special problems created by reunification and progressive European integration.

Jörg-Detlef Kühne

Vom Kaiserreich zur Weimarer Republik: Föderale Elemente des deutschen Nationalstaats

I. Vorbemerkung

Sowohl das Bismarck-Reich wie die Weimarer Republik stehen in der Kontinuität eines oberbegrifflichen Föderalismusmodells, setzen freilich Akzente, die – so die hiesige Hauptthese – die guten Seiten des Föderalismus bzw. der Bundesstaatlichkeit nur teilweise zur Entfaltung bringen.

Dabei sind von einem Verfassungshistoriker juristischer Provenienz zunächst zu Recht einige unerläßliche Definitionsmerkmale zu erwarten. Eine Bundesstaatsdefinition kat exochen gibt es nicht, wohl aber ein staatstheoretisches Föderalismusmodell bzw. einen typushaften Bundesstaat.[1] – Inhaltlich ist damit ein Modell zusammengesetzter Staaten gemeint, das zwischen den Eckwerten von Einheitsstaat und Staatenbund oder stärker organisationsorientiert von Unitarimus und Partikularismus steht. Die von Friedrich Meinecke[2] ausgezogene berühmte ideengeschichtliche Linie von Weltbürgertum und Nationalstaat gibt dabei nur eine Innensicht, die als Legierung und Ethos jeder der vorgenannten Staatsformen in Betracht kommen kann. – Der historisch-staatsrechtliche[3] Föderalismus läßt sich durch verschiedene Merkmale kennzeichnen: (1.) Dezentralisation, (2.) Freiheitssicherung, (3.) Legitimationsverbesserung und (4.) grundsätzlich gleichheitliche Gliedstaatenbehandlung.

Um das bekannte Bild von Bismarcks Spiel mit verschiedenen Bällen in der Außenpolitik zu nutzen, ist ohne weiteres einsichtig, daß mit diesen Föderalismusaspekten als Zielwerten in ähnlicher Weise auch innenpolitisch gespielt werden konnte und wurde. Um unser Thema in den Griff zu bekommen, ist freilich noch eine Überlagerungs- oder Spezialitätsdimension zu nennen. Hinsichtlich der Verwirklichung sind im Untersu-

1 Vgl. *Roman Herzog*, in: Ev. Staatslexikon, 3. Aufl. Bd. 1, Stuttgart 1987, Sp. 913ff.; *Heinrich Oberreuter*, in: [Kath.] Staatslexikon, 7. Aufl. Bd. 2, Freiburg i.Br. 1986, Sp. 632ff.

2 Vgl. sein Werk: Weltbürgertum und Nationalstaat, 7. Aufl. (1928), ND München 1969.

3 Zu weiteren soziologisch-philosophischen Föderalismusrichtungen guter Überblick bei *Michael Dreyer*, Föderalismus als ordnungspolitisches und normatives Prinzip, Frankfurt/M. 1987, S. 512ff.

chungszeitraum drei konzentrische Kreise zu unterscheiden: Föderalismus als allgemeinster oder weitester Kreis, dann als engerer Kreis der des monarchischen Bundesstaats und schließlich als engster Kreis die – zumindest schlagwortartig vertraute – preußische Hegemonie.

II. Föderalismus

A) Normativbefund

Unter den Stichworten von Dezentralisation und Freiheitssicherung i.S. eines gebietlichen Pluralismus mit seinen Möglichkeiten von Minderheitenumkehr und Konkurrenzföderalismus ist die Kontinuität des Bismarck'schen Föderalismus in der Langzeitperspektive deutscher föderaler Formen bereits normativ unübersehbar. Selbst ziffernmäßig übereinstimmend wird Art. 6 der Deutschen Bundesakte der Bismarck'schen Reichsverfassung (BRV) inkorporiert. Einzig Bayern vermag im Zuge der Novemberverträge von 1870, die übrigens das Objekt der deutschen Einheit ausdrücklich wieder als „Deutscher Bund" bezeichneten,[4] sein Stimmengewicht mit halbem Erfolg von vier auf sechs zu erhöhen.[5] Alle anderen kleindeutschen Staaten behalten auch im Bismarck'schen Bundesrat dieselbe ponderierte Stimmenzahl wie bereits 1815 im Plenum der deutschen Bundesversammlung. Indem Preußen die Stimmen der 1866 von ihm annektierten Staaten hinzuaddiert werden, gewinnt es insgesamt nicht mehr als 17 von 58 Stimmen. Bei einem flächen- und bevölkerungsmäßigen Realgewicht von gut 3/5 des Reiches hat es auch vor der zusätzlichen Stimmführungsbefugnis Elsaß-Lothringens[6] in fast übermäßiger Bescheidenheit nie mehr als 1/4 der Stimmen.

Bis in die Bezifferung übereinstimmend läßt sich weiter eine Verbindungslinie zur Frankfurter Reichsverfassung (FRV) der Paulskirche ziehen. Ihrem § 33 mit der Forderung einer Zoll- und Handelseinheit entspricht Art. 33 BRV fast wortgleich. Überdies ist er nur pars pro toto für die Übernahme der wichtigsten Bundeskompetenzen der Paulskirche, wie sie Bismarck bereits in seinem Reformantrag an den Bundestag 1866 versammelt hatte.[7]

Im Ergebnis zeigt sich in beidem einer der berühmten oszillierenden Kompromisse Bismarcks; wie auf einer imaginären Mittellinie zwischen Staatenbund und Bundesstaat

[4] Z.B. Bundesvertrag betr. den Beitritt Bayerns zur Verfassung des Deutschen Bundes vom 23. 11. 1870 (BGBl 1871, 9); auch bei *Ernst Rudolf Huber*, Dokumente zur deutschen Verfassungsgeschichte, Bd. 2, 3. Aufl., Stuttgart 1986, Nr. 220.

[5] Angestrebt von bayerischer Seite war an sich eine Verdoppelung auf 8 Stimmen; i.e. *Otto Becker*, Bismarcks Ringen um Deutschlands Gestaltung, Heidelberg 1958, S. 737.

[6] Durch verfassungsänderndes Reichsgesetz vom 31. 5. 1911 (RGBl 225) erhielt es durch Art. 6a BRV 3 Stimmen zugeteilt, so daß sich der Bundesrat auf 61 Stimmen erweiterte.

[7] Vgl. den preußischen Reformantrag auf die Reform der Bundesverfassung vom 9. 4. 1866, bei *Huber*, Dokumente, S. 223; näher *Jörg-Detlef Kühne*, Die Reichsverfassung der Paulskirche, Frankfurt/M. 1985, S. 105ff.

finden sich neben den bündischen Elementen des Deutschen Bundes zugleich Zentralkompetenzen der von Bismarck als insgesamt zu unitarisch gewerteten Paulskirchenverfassung. – Weitere föderale Vorgaben, die in Weimar i.S. einer Zentralisierung abgebaut werden sollten, sind: der Kaiser als Titel des erblichen Staatsoberhaupts, das normativ nur „primus inter pares" unter den sonstigen Bundesfürsten war. Kam jedenfalls normativ ein zu einer Art Generalsekretär der Bundesfürsten diminuierter Bundeskanzler hinzu und in bewußter Mimikry der Partikularismen schonende Verzicht auf die verfassungsmäßige Institutionalisierung einer dezidierten Reichsregierung. Der Handlungsspielraum der Gliedstaaten sollte mit dieser verfassungsnormierten Machtverhüllung unterstrichen werden. – Das gleiche gilt für das echte Zweikammer-System, das neben den demokratisch legitimierten Reichstag den Bundesrat als Staatenvertretung mit Stimmbindung stellte und ihn, wie bis heute in den Vereinigten Staaten und der Schweiz, voll gleichberechtigt an der Gesetzgebung beteiligte. Zu nennen ist weiter eine Kompetenzverteilung im Gesetzgebungsbereich, die den Gliedstaaten namhafte Attributionen der Staatlichkeit beließ. Das wird nicht nur durch die föderalistische Staatsangehörigkeitslösung,[8] sondern auch dadurch belegt, daß noch vor den imperialistischen Aufrüstungseskapaden sich der nichtmilitärische Teil des Reichshaushalts auf ein Fünftel beschränkte.[9] Neben einer Finanzverfassung, die sich an der Obergrenze der Leidensfähigkeit des Reiches zugunsten der Gliedstaaten bewegte, behielten letztere erhebliche Verwaltungsbefugnisse, was im Fall der süddeutschen Staaten noch reservatrechtliche Posthoheit, passives und aktives Gesandtschaftsrecht sowie im Falle Bayerns gewisse geheime Zusatzrechte umfaßte. Schließlich kamen dem Bundesrat als Föderativorgan zusätzliche Verwaltungsaufgaben zu und nicht zuletzt ähnlich dem britischen Oberhaus die Kompetenz zur Verfassungsgerichtsbarkeit.

Endlich wurde die Staatlichkeit der Gliedstaaten noch durch den Verzicht auf eine Homogenitätsklausel verstärkt. Anders als später mußte ihre Verfassungsform nicht der des Gesamtstaates entsprechen. Obwohl diese Negativaussage im Fall Elsaß-Lothringens an ihre Grenzen stoßen sollte,[10] wurde mit ihr grundsätzlich entsprechend dem Dreischritt der Jellinek'schen Staatsdefinition die Eigenständigkeit der Gliedstaaten betont. Deren (Teil-)Souveränität wie Staatsvolkbestimmung qua Staatsangehörigkeit wurde ebenso unterstrichen wie die Herrschaft über ihr Staatsgebiet. Gliedstaatliche Grenzänderungen waren, anders als ab 1919, wenn sie zugleich Reichs-Außengrenzen waren, nicht allein der Reichsgesetzgebung vorbehalten.[11]

8 Näher *Rolf Grawert*, Staat und Staatsangehörigkeit, Berlin 1973, S. 202ff.

9 *Kühne*, Reichsverfassung, S. 125.

10 *Ernst Rudolf Huber*, Deutsche Verfassungsgeschichte, Bd. 4, Stuttgart 1969, S. 452ff., Bd. 5, Stuttgart 1978, S. 597ff.

11 Vgl. *Friedrich Giese*, Die Rechtsformen der Gebietsänderung, in: *Gerhard Anschütz* und *Richard Thoma* (Hrsg.), Handbuch des Deutschen Staatsrechts, Bd. 1, Tübingen 1930, S. 234–243, S. 235.

B) Außenwertungen

Das föderal bereits durchaus ansprechende Bild des Bismarck-Reiches wird glänzend, wenn man die Begrüßung hinzunimmt, die dieses Verfassungsmodell weit vor den Friktionen der Weltkriege durch den amerikanischen Präsidenten 1871 erfuhr;[12] horchen wir ganz kurz hinein: „In it the American people see an attempt to reproduce in Europe some of the best features of our own Constitution." Und weiter mit Hoffnungen, denen näher nachzugehen sein wird: „The bringing of great masses of thoughtful and free people under a single government must tend to make governments what alone they should be – the representatives of the will and the organisation of the power of the people."

Hier leuchteten freiheitliche Aspekte des Föderalismus auf, die die Amerikaner in Fortbildung des altreichischen Gedankens ständischer Libertät ihrerseits Europa entlehnt und die bereits bei den französischen Absolutismuskritikern wie Montesquieu und Rousseau Bewunderung gefunden hatten.[13]

Wenngleich es richtig ist, daß Bismarck bei Ausarbeitung seiner Verfassung auch um die amerikanische Verfassung wußte,[14] standen doch eher die Verfassung des Deutschen Bundes, der Paulskirche und deren Verwässerungen der Reaktionszeit im Vordergrund.[15] Insofern war es genetisch durchaus gerechtfertigt, wenn im englischen Raum, sei es in nüchterner Erkenntnis der Bewahrung des monarchischen Prinzips, sei es in Unkenntnis dessen, was Föderalismus meint, das deutsche Reich schlicht als „kingdom" klassifiziert wurde.[16]

Lassen wir danach noch das indirekte Lob aufscheinen, das dem Bismarck'schen Föderalismus offiziell zuteil wurde, und zwar ausgerechnet von der Seite, von der es aus heutiger Sicht am wenigsten vermutbar ist, der bayerischen Staatsregierung. In ihrer Denkschrift von Anfang 1924[17] führt sie in einer das Früher und Heute kontrastierenden Weise bewegt Klage über die unzweifelhaften Unitarisierungen der Weimarer Reichsverfassung (WRV): „In der Weimarer Verfassung hat sich ein dem Bismarck'schen Föderalismus entgegengesetzter unitarischer Geist ausgewirkt, und zwar hat das Reich seinen Bundesstaat[s]charakter beibehalten, aber das Verhältnis zwischen dem Reich und den Gliedstaaten hat sich wesentlich geändert. Die Bundesglieder haben von ihren staatlichen Rechten soviel an das Reich abgeben müssen, und dieses hat den Umkreis seiner

12 Vom 7. 2. 1871, abgedr. bei *Jörg-Detlef Kühne*, Bürgerrechte und deutsches Verfassungsdenken 1848 bis 1871, in: *Hermann Wellenreuther* und *Claudia Schnurmann* (Hrsg.), Die Amerikanische Verfassung und Deutsch-Amerikanisches Verfassungsdenken, New York 1990, S. 230 – 266, S. 238f. mit Fn. 18.

13 Dazu *Ernst Deuerlein*, Föderalismus, München 1973, S. 42f.

14 Näher *Becker*, S. 220, 266; s.a. *Deuerlein*, S. 131f.; im übrigen ist auf den indirekten Einfluß über die Paulskirchenverfassung zu verweisen, s.o. Fn. 7.

15 *Kühne*, Reichsverfassung, S. 108f.

16 So eine zeitgenössische englische Zeitung, vgl. *Deuerlein*, S. 133.

17 Vom 4. 1. 1924, abgedruckt ebd. S. 174.

Zuständigkeit auf Kosten der Einzelstaaten so sehr erweitert, daß bei ihnen von wirklichen Staaten kaum gesprochen werden kann." In zutreffender Würdigung der Intentionen des Schöpfers der Weimarer Verfassung, von Hugo Preuß,[18] geht es weiter: „Unter dem Namen ‚Länder' sind die Bundesstaaten zu einem Mittelding zwischen Staaten und gehobenen Selbstverwaltungskörpern degradiert worden." Und dann fast wehmütig, während früher das Reich mehr als die Summe seiner Teile gewesen sei, sei heute eher das Gegenteil der Fall. Die Reichsfreudigkeit habe daher in bedenklicher Weise gelitten.

Welch erstaunliche Wendung. Fast sarkastisch hat Ernst Deuerlein[19] dazu angemerkt, was zwei Generationen früher als pseudoföderativ gewertet worden sei, habe nunmehr als föderatives Optimum gegolten. Damit hebt eine Kritik an, auf die im folgenden einzugehen ist.

C) Zwiespältiger Realbefund zur Freiheitlichkeit

Zunächst sei nicht beiseite geschoben, daß der deutsche Föderalismus in der fraglichen Zeit durchaus auch freiheitliche Wirkungen zeitigen konnte i.S. eines Konkurrenzföderalismus. Freiheitlichere Pressegesetzgebung als in Preußen etwa in Sachsen[20] mit der Folge, daß Leipzig zur deutschen Verlagsmetropole wird. Echte Presseschwurgerichte in Süddeutschland,[21] weshalb die maßgebliche satirische Zeitung des Kaiserreichs, der „Simplicissimus" aus München niemals nach Berlin, dem Ort seiner Hauptbeschäftigung, übersiedelte. Besonders reiche kulturelle Entfaltung in Hessen-Darmstadt und Weimar, bis in letzterem eine Provinzposse das später sog. bronzene Zeitalter daran hinderte, erneut ein goldenes zu werden.[22] Bemerkenswerte Sozialgesetzgebung auch durch teilweise Einführung branchenspezifischer Arbeiterkommissionen als Vorläufer der heutigen Mitbestimmung.[23] Vergleichsweise liberale Staatsführung in Baden und Annäherungen an den Parlamentarismus in südwestdeutschen Staaten durch Aufhebung des unterverfassungsrechtlichen Verbots, Interpellationen mit Tadelsanträgen zu verbinden.[24]

Auf der anderen Seite indessen unübersehbare Freiheitsbehinderungen gerade durch das Föderativorgan des Bundesrats. Zigfache Reichstagsanträge auf Einführung verantwortlicher Reichsministerien, auf Einführung der Staatsgerichtsbarkeit werden beständig, die Einführung von Diäten über Jahrzehnte abgeblockt.[25] Überdies ist der Föde-

18 Näher dazu seine ‚Denkschrift zum Entwurf des allgemeinen Teils der Reichsverfassung' vom 3. 1. 1919, in: *Hugo Preuß*, Staat, Recht und Freiheit (1926), ND Hildesheim 1964, S. 368ff.

19 *Deuerlein*, S. 175.

20 I.e. *Kühne*, Reichsverfassung, S. 398ff.

21 Vgl. *Kühne*, Reichsverfassung, S. 404f.

22 Näher *Henry van de Velde*, Die Geschichte meines Lebens, München 1962, S. 284ff.

23 Vgl. i.e. *Hans Jürgen Teuteberg*, Geschichte der Mitbestimmung, Tübingen 1961, S. 425ff., 432ff., 463f.

24 Vgl. *Jörg-Detlef Kühne*, Volksvertretungen im monarchischen Konstitutionalismus, in: *Hans-Peter Schneider* und *Wolfgang Zeh* (Hrsg.), Parlamentsrecht und Parlamentspraxis, Berlin 1989, S. 49 – 101, S. 64.

25 Zusammenstellungen bei *Kühne*, Reichsverfassung, S. 124ff. mit weiteren Nachweisen.

ralismus dadurch als Freiheitsstütze eingeschmälert, weil die anders als 1848 und 1919 fehlende Homogenitätsklausel es erlaubt, als Stützen des monarchischen Prinzips gliedstaatliche Adelskammern mit starken Vetorechten beizubehalten. Das förderte die freiheitliche Entfaltung einzelstaatlicher Grundrechte ebensowenig wie die sonstiger Bereiche. Nur im Einzelfall vermag die Reichsgesetzgebung, bei gegebener Kompetenz, positiv einzuschreiten.[26] Anders als in Weimar gilt dies aber noch nicht für das Wahlrecht, das auch während des Demokratisierungsdrucks im Ersten Weltkrieg weder in Preußen noch in Bayern aus seinen frühkonstitutionellen Imparitäten herausfindet.[27] Resultat ist eine spezifische Verbindung des Föderalismus mit monarchischen Elementen bzw. Konservativismus und Starre zu Lasten seiner freiheitlichen Dimension. Was hätte sich demgegenüber unter einem gesunden Friedrich III. mit einer liberalen Regierung Eduard Lasker/Albert Hänel[28] erreichen lassen? Die Wirklichkeit ließ indessen das Bild von den adeligen Vetokammern der Gliedstaaten mit dem des Bundesrates zusammenfließen. Das reale Fazit zog annäherungsweise ein liberal geneigtes kleinstaatliches Mitglied des Bundesrats, wenn es ihn als „Bollwerk des monarchischen und föderalistischen Systems gegen Demokratie, Parlamentarismus und Unitarismus"[29] bezeichnete. Dieses Urteil verzichtete freilich noch auf die Feststellung, daß auch der Föderalismus im Zweifel gegenüber dem monarchischen Prinzip zurückzutreten hatte. War doch bereits die Forderung nach Reichsgrundrechten 1867 u.a. mit dem föderalen Argument abgewehrt worden, daß ansonsten Mecklenburg Schwierigkeiten mache.[30]

Beispielhaft sei weiter angeführt, wie Paul Laband[31] als führender Staatsrechtsautor als Kaiserreichs zugunsten des monarchischen Prinzips gegen den Parlamentarismus argumentierte. Letzterer sei aus föderalen Gründen unmöglich; indem er die lange Personalunion zwischen Reichskanzler und preußischem Ministerpräsidenten zum Axiom erhob, folgerte er logisch zwingend, daß sich die Gemeinsamkeit des Amtsinhabers im Reich und in Preußen bei unterschiedlichen politischen Mehrheiten nicht halten lasse. Daß freilich die Personalunion keineswegs zwingend war, zeigte Weimar in seinen guten Jahren.

Insgesamt wurde der freiheitssichernde Positivaspekt vertikaler Gewaltenteilung als nachrangig gesehen, wie sich insbesondere bei der quälenden Autonomiegewähr für Elsaß-

26 Z.B. Aufhebung des Verbindungsverbots für politische Parteien, i.e. *Jürgen Schütz*, Parteien und Grundrechte, jur. Diss., Heidelberg 1972, S. 203ff.

27 *Huber*, Deutsche Verfassungsgeschichte, Bd. 5, 1978, zu Preußen: S. 151ff., 479ff., 596; zu Bayern: *Dieter Albrecht*, Von der Reichsgründung bis zum Ende des 1. Weltkrieges, in: *Max Spindler* (Hrsg.), Handbuch der bayerischen Geschichte, Bd. 4, 1, München 1979, S. 283–386, S. 321, 381ff.

28 Diese Regierungsernennung 1882 als Furcht H. v. Treitschkes vor dem Kronprinzen; vgl. *Stephan Graf Vitzthum*, Linksliberale Politik und materiale Staatsrechtslehre, Freiburg 1971, S. 11 Fn. 8.

29 *Karl Oldenburg*, Aus Bismarcks Bundesrat. Aufzeichnungen des Mecklenburg-Schwerin'schen zweiten Bundesratsbevollmächtigten aus den Jahren 1878–1885, hrsg. v. *Wilhelm Schüßler*, Berlin 1929, S. 14.

30 *Becker*, S. 296f.; *Kühne*, Reichsverfassung, S. 113.

31 *Paul Laband*, Das deutsche Kaisertum, Straßburg 1896, S. 28f.; erneut in: *ders.*, Abhandlungen, Beiträge und Rezensionen, Teil I, Leipzig 1980, S. 612–640, S. 638f.

Lothringen, aber auch in sog. Bestätigungsrechten Gemeinden gegenüber zeigte. Mindestens der Bürgermeister bedurfte seitens der landesherrlichen Regierung der Bestätigung, die keineswegs regelmäßig erteilt wurde.

III. Monarchischer Bundesstaat

Der in der Kaiserzeit geläufige Begriff des monarchischen Bundesstaats[32] ist unter dem dritten Föderalismusaspekt, d.h. einer Verringerung von Legitimationsdefiziten in großen Flächenstaaten ernstzunehmen; es geht hier um ein dynamisches Prinzip, das auf ständige Integration aus ist. Typischerweise wird es durch unterschiedliche normative Kompetenzvorgaben für Gesamtstaat und Gliedstaaten vorgespurt. Dabei können diese Legitimationsfaktoren unterschiedlich akzentuiert werden: republikanisch wie in den Vereinigten Staaten, monarchisch wie im Bismarck-Reich oder republikanisch-demokratisch wie in der Weimarer Republik oder, um zeitgenössische Terminologie zu nutzen: stärker obrigkeitsstaatlich oder stärker volksstaatlich.

Das Bismarck-Reich sucht eine Legitimationsverstärkung i.S. und zugunsten der fürstlichen Oberhäupter der deutschen Gliedstaaten. Das ist nicht per se völlig ademokratisch, vertraut insoweit vielmehr indirekt zugleich auf die dynastischen Anhänglichkeiten, die inzwischen englischen Ohren sicherlich vertrauter sind als deutschen. Hintergrund ist dabei das monarchische Prinzip, das als eigentliches Rückgrat der konstitutionellen Realverfassung bis 1918 zu gelten hat.[33] Wie Art. 57 der Wiener Schlußakte in Anlehnung an französische Souveränitätsvorstellungen definierte, mußte die gesamte Staatsgewalt in dem monarchischen Oberhaupte des Staats vereinigt bleiben.

Deshalb die große Aufgabenfülle der Institution des Bundesrats. Sie war Ursache dafür, warum im Kaiserreich streitig blieb,[34] ob horizontale Gewaltenteilung, d.h. ebenfalls ein Element der Freiheitssicherung, vorhanden sei. Die Vereinigung aller Gewalten im Föderativorgan des Bundesrats einschließlich der Verfassungsgerichtsbarkeit entsprang dem monarchischen Prinzip, das letztlich alles in einer Hand zu behalten suchte.

Deshalb das aus heutiger Sicht völlig unverständliche Fehlen einer Neugliederungsdiskussion, mit der sich Gegengewichte zu Preußen hätten bilden lassen, freilich gleichzeitig die Monarchenfrage zu stellen gewesen wäre. Als sich 1895 die Möglichkeit der Zusammenlegung beider Lippe aufgrund hausgesetzlicher Thronfolgeregelungen auftut und der Bundesrat in Anwendung seiner verfassungsgerichtlichen Kompetenzen die Angelegenheit auf den austrägalgerichtlichen Weg verschiebt, werden dabei, soweit ersicht-

32 Vgl. *Dreyer*, S. 245ff.; *Deuerlein*, S. 127ff.; *Becker*, S. 221.
33 So schon *Gerhard Oestreich*, Monarchisches Prinzip, in: *Ernst Fraenkel* und *Karl Dietrich Bracher* (Hrsg.), Staat und Politik, Frankfurt/M. 1957, S. 195 – 198, S. 197.
34 Vgl. *Ernst Rudolf Huber*, Deutsche Verfassungsgeschichte, 2. Aufl. Bd. 3, Stuttgart 1978, S. 850.

lich, nirgends gesamtföderale, wohl aber dynastische Erwägungen ins Feld geführt.[35] Man begnügte sich i.S. des monarchischen Prinzips durchaus konsequent damit, daß die reichsrechtlichen Festlegungen von 1871 jedem weiteren Zusammenschluß entgegenstünden, jedoch eine fürstliche Personalunion ohne weiteres erlaubten. Das gilt erneut für beide Reuß ab 1902, für beide Schwarzburg ab 1909 und für beide Mecklenburg ab Anfang 1918,[36] womit sich die Zahl der Gliedstaaten auf 21 verringert und ihr Stimmgewicht erhöht hätte.

Obwohl Preuß[37] in den Gliedstaaten Zufallsbildungen rein dynastischer Hauspolitik sah und dementsprechend 1919 darüber hinweggehen zu können glaubte, waren die dynastisch-anstaltlichen Vorprägungen zu Lasten eines wohlproportionierten Föderalismus auch in Weimar so stark, daß er daran scheiterte. Lediglich die Neugliederung von Thüringen wurde erreicht, freilich ohne dessen preußische Teile und Coburg. Preuß[38] hatte 1918/19 zunächst i.S. eines gleichgewichtigen Bundesstaats die Aufteilungspläne für Preußen von 1848 aufgegriffen, war damit indessen gerade auch unter Hinweis auf einen ansonsten fälligen horizontalen Finanzausgleich abgeschlagen worden. Insoweit lebte das monarchische Prinzip schemenhaft fort. Remedur sollte insoweit erst nach 1945 mitsamt der Auflösung Preußens geschaffen werden.

Erst vor dem Hintergrund des monarchischen Prinzips wird weiter deutlich, warum der bayerische Staatsrechtler Max v. Seydel[39] seine theoretisch weitestgehende Auflockerung des Bismarck-Reiches als besonders reichsfreundlich empfand. Seine Bundestaatslehre, die unter Einfluß der französischen Souveränitätsunteilbarkeit deduzierte, das Reich sei ein Staatenbund, entpuppt sich bei genauem Hinsehen als Spagat zwischen bayerischen Partikularismuswünschen und der Verstärkung klar erkannter Einheitlichkeitsbedürfnisse. In Anlehnung an den amerikanischen Südstaatler und Bundesstaatstheoretiker Calhoun unterschied dieser deutsche Südstaatler die staatenbündische Ausübung völkerrechtlicher und staatsrechtlicher Hoheitsbefugnisse, die er als äußere und innere Hoheitsrechte der beteiligten Staaten wertete. Man darf hier ohne weiteres an kontraktualistische Gründung und Legitimation denken, wie sie die Fürsten-aufführende Präambel der BRV nahelegte, aber eben auch an Auflösbarkeit, wie sie in den Verfassungskrisen des Winters 1918/19 geltend gemacht wurde. Seydel hat diese Konsequenz auf

35 Zum Lippe-Streit *Huber,* Verfassungsgeschichte, Bd. 4, S. 433f. Der rein dynastischen Auffassung entsprach auch die Verleihung nur einer Stimme an die lediglich durch Personalunion verbundenen Herzogtümer Sachsen-Coburg und Gotha mit der Folge, daß bis 1918 eine gleichberechtigte Mitsprache beider Parlamente hinsichtlich der Stimmführung im Bundesrat bei Divergenz unmöglich war.

36 Zu Reuß u. Schwarzburg s. *Friedrich Facius,* Die thüringischen Staaten, in: *Klaus Schwabe* (Hrsg.), Die Regierungen der deutschen Mittel- und Kleinstaaten 1815 – 1933, Boppard 1983, S. 63 – 80, S. 64; s.a. *Rudolf Oeschey,* Wandlung der Bundesstaaten und Art. 6 RV, in: Archiv des öffentl. Rechts 38 (1918), S. 185 – 211, S. 197ff.; zu Mecklenburg s. *Huber,* Verfassungsgeschichte, Bd. 4, S. 427f.

37 In: Denkschrift, S. 372f., 379.

38 Vgl. § 29 seines Entwurfs I vom 3. 1. 1919, abgedruckt bei *Heinrich Triepel,* Quellensammlung zum deutschen Staatsrecht, 5. Aufl. (1931), ND Aalen 1987, S. 6ff.

39 Dazu i.e. *Dreyer,* S. 280ff.; zu John C. Calhoun ebd., S. 284 mit Fn. 103.

der Linie des Calhoun'schen Rechts zur Gesetzesnullifikation und Sezession der Gliedstaaten indessen unter Hinweis auf die Bestandsgarantie in Art. 78 BRV sowie die vorausgehenden August- und Novemberverträge von 1866 bzw. 1870 abgelehnt. Vielmehr hielt er in einer Art Volte seine Bundesstaatstheorie als besonders gut geeignet für einen Ausbau der deutschen Einheit. Deutsche Fürsten würden dem Reich eher Rechte übertragen, wenn sie sie damit in gemeinsamer Ausübung in Wirklichkeit behielten. So wie seine Lehre dem französischen Souveräntitätsbegriff kanonisierte, machte sie damit zugleich den rousseauistischen Fehler der Ineinssetzung von Einzel- und Gesamtwillen.

Schließlich wird vor dem Hintergrund der Bewahrung des monarchischen Prinzips deutlich, warum einschlägige Abhilfeversuche, etwa den Bundesrat zu einem Ober- oder Staatenhaus, zu einer öffentlich tagenden Kammer umzubauen, um ihm damit mehr Resonanz zu geben, ohne Chancen blieben. Obwohl Bismarck selbst solche Fortbildung erwogen hat, freilich nur vor und nach seiner Amtszeit, mag es aufhorchen lassen, daß der Bundesrat gegenüber solchen Vorstellungen noch während des Ersten Weltkrieges in der staatsrechtlichen Literatur aus „föderalen" Gründen kanonisiert wird.[40]

IV. Preußische Hegemonie

A) Begrifflichkeit

Wie bereits angesprochen, ist viertes föderales Gestaltungsmerkmal, daß innerhalb eines Bundesstaates gleichheitliche oder hegemoniale Organisationsstrukturen denkbar sind. D.h. neben formeller und rechtlich/faktischer Gleichheit aller Gliedstaaten ist bis zu einem gewissen Grade auch eine Abkehr vom Grundsatz der gleichgeordneten Stellung aller Bundesglieder möglich. Diese Variante wurde aufgrund eines Größenverhältnisses von 1 : 600 zwischen Schaumburg-Lippe einerseits und Preußen andererseits gewählt, während die entsprechenden Verhältnisse in der jetzigen Bundesrepublik bei 1 : 25 und in den Vereinigten Staaten bei 1 : 50 liegen.[41] Damit rückt als zeitgenössisches Spezifikum des deutschen Föderalismus die preußische Hegemonie in den Blick. Wie Heinrich Triepel richtig herausgestellt hat, ist solche Führung als föderale Binnenstruktur weder mit Unitarismus noch mit klar hierarchisierter Herrschaft gleichzusetzen; sie meint „leadership not dictation".[42]

40 Vgl. *Erich Kaufmann,* Bismarcks Erbe in der Reichsverfassung, Berlin 1917, S. 50f., Fn. 103; zu den Anfängen *Kühne,* Reichsverfassung, S. 109. Zum erneuten Vorstoß von 1896 vgl. *Heinrich v. Poschinger,* Fürst Bismarck und der Bundesrat, Bd. 5, Stuttgart 1901, S. 365.

41 Vgl. *Jörg-Detlef Kühne,* 200 Jahre: Amerikanische Verfassung und deutsche Verfassungsstrukturen, in: Festschrift der Rechtswissenschaftlichen Fakultät Köln, Köln 1988, S. 747 – 769, S. 764.

42 Vgl. *Heinrich Triepel,* Die Hegemonie (1938), ND Aalen 1961, S. 135, 556, Fn. 45, zur Herrschaftsordnung ebd., S. 33 ff., Zitat S. 40; s.a. *Ulrich Scheuner,* Hegemonie, in: Ev. Staatslexikon, Sp. 1248ff.; relativierend *Becker,* S. 252, in dessen Untersuchungszeit der Vetogehalt freilich noch nicht so deutlich war.

Diese Hegemonie ist zeitgenössisch lange kein Thema gewesen,[43] war aber fraglos Ursache für die extrem auseinanderklaffenden seinerzeitigen Klassifizierungen des Deutschen Reiches. Sie reichen vom Staatenbund bei Seydel bis hin zum preußisch-deutschen Einheitsstaat mit in föderativen Formen untergeordneten Nebenländern bei Heinrich v. Treitschke.[44] Daß für die lange unkritische Hinnahme der Hegemonieaspekte neben dem politischen Eskapismus einer sich strikt positivistisch verstehenden Staatsrechtswissenschaft auch die – letztlich vertane – Fortbildungschance der BRV ursächlich war, wird neben konkreteren Vermessungen im folgenden zu zeigen sein.

B) Realbefunde

1. Weimar als Gegenbild

Preuß suchte, entlastet vom monarchischen Prinzip und hegemonialen Aspekten, einen republikanisch-demokratischen Föderalismus zu verwirklichen. Er betonte die Notwendigkeit der Neugliederung ebenso, wie er durch weitere Maßgaben der Verpreußung des Bismarck-Reiches zugunsten der Reichsgesamtheit steuern, d.h. dessen Entpreußung wollte. Deshalb die klaren Kompetenzerweiterungen zugunsten des Reiches, die Abschwächung des Bundesrates zum überstimmbaren Reichsrat, übrigens ähnlich der Oberhausreform von 1911. Deshalb die Aufhebung der Stimmbindung der preußischen Stimmen im Reichsrat durch die der Paulskirchenverfassung entlehnte, durchaus wirksame clausula borussica.[45] Wenn für Preuß der Bismarck'sche Bundesrat nur Maske war,[46] so war das keine Außenseitermeinung; der große liberale Gelehrte und führende Kommentator der WRV Gerhard Anschütz[47] nannte unter Hinweis auf die stete Sorge des außerpreußischen Deutschland vor den beiden Riesen Preußen und dem Reichstag den Bundesrat rückblickend das „Machtwerkzeug der preußischen Hegemonie".

Triepel[48] hat die indirekten und direkten hegemonischen Rechte Preußens detailliert dargelegt. Hier seien nur die wichtigsten genannt: neben Vorsitz und Geschäftsleitung im Bundesrat die Vetotrias bei Militär- und Abgabengesetzgebung sowie bei Verfassungsänderungen. Dabei stand das Recht zur Verhinderung von Verfassungsänderungen auch 14 nichtpreußischen Stimmen zu, aber Preußen war eben der einzige Staat, der bereits allein diese Sperrminorität besaß. Eher vorübergehend war demgegenüber die vorprä-

43 *Triepel,* Hegemonie, S. 2, 553.

44 I.e. *Deuerlein,* S. 152 zu H. v. Treitschke; *Dreyer,* S. 310ff. zu Max v. Seydel.

45 Vgl. § 88 Abs. II FRV, Art. 63 Abs. I 2 WRV; zur unterschiedlichen Wirkungsbewertung *Meinecke,* S. 457 positiv; a.A. die bayerische Denkschrift vgl. *Deuerlein,* S. 174f. Insgesamt *Heinz-Dieter Bayer,* Der Staatsrat des Freistaats Preußen, Berlin 1992, S. 145ff.

46 Zit. nach *Triepel,* Hegemonie, S. 558, Fn. 51.

47 *Gerhard Anschütz,* Der deutsche Föderalismus in Vergangenheit, Gegenwart und Zukunft, in: Veröffentlichungen der Vereinigung der Deutschen Staatsrechtslehrer, H.1, Berlin 1924, S. 11–34, S. 15.

48 *Triepel,* Hegemonie, S. 557ff., u.a. zu Art. 5 Abs. II 15, 35, 78 Abs. I BRV.

gende Realität der Präsidialvorlagen, die geraume Zeit in den preußischen Ministerien angefertigt wurden und damit zum Mitauslöser für die Einrichtung von Reichsämtern[49] wurden.

2. Positiv- und Negativbereiche

a) Außenpolitik

Wenn es richtig ist, daß jede Hegemonie im Grunde ein außenpolitisches Ziel hat,[50] dann müßte gerade darin ein maßgebliches Motiv der preußischen Hegemonie liegen. Daß das jedenfalls bei ihrem Schöpfer der Fall war, macht die Antwort Bismarcks[51] auf den berühmt-berüchtigten Onkel-Brief des wenig später Kaiser gewordenen Wilhelm II. deutlich, in dem dieser seine Mitfürsten als Onkel bezeichnet hatte, die parieren müßten: „Wenn der Nimbus von 1870 verblaßt sein wird, liegt die Sicherheit des Reiches und seiner monarchischen Institutionen in der Einigkeit der Fürsten. Letztere sind nicht Untertanen, sondern Bundesgenossen des Kaisers, und wird ihnen der Bundesvertrag nicht gehalten, so werden sie sich auch nicht dazu verpflichtet fühlen und Anlehnung suchen wie früher, bei Rußland, Österreich und Frankreich . . ." So unzeitgemäß diese Warnung vor einem Wiederaufleben des reichszerstörerischen ius foederis sein mochte, in der Verbindung mit dem damals virulenten Nationalismus gewann die preußische Hegemonie hier eine Legitimation, die einer Entfaltung eines staatengleichen Föderalismus entgegensetzbar war und ihm gerade in Weimar auch entgegengesetzt werden sollte.[52]

Daß Bismarck in seinem Brief zur Rechtfertigung der hegemonischen Bundesstaatlichkeit Föderalismus und fürstlichen Hochverrat verband, mochte inzwischen irreal geworden sein. Immerhin schlug er damit jedoch das Thema uralter deutscher Föderalismusängste an, die im Zeitalter des Historismus, des Nationalismus und Imperialismus nicht aus der Welt waren und Deutschlands schwierige Mittellage reflektierten. Waren es nicht entsprechende Formen, die den Absprung der Niederlande und der Schweiz vorbereitet hatten und ebenso die Eigenständigkeit Österreichs? Entgegen der Bewunderung, die die feudalföderalen ständischen Libertäten bei französischen Aufklärern und dann den founding fathers der amerikanischen Verfassung gefunden hatten, war die deutsche Binnensicht insoweit durchaus geteilt, genannt seien nur Pufendorf und Hegel.[53]

49 Übersicht bei *Huber*, Verfassungsgeschichte, Bd. 3, S. 835ff.

50 *Triepel*, Hegemonie, S. 135.

51 Vgl. *Otto v. Bismarck*, Gedanken und Erinnerungen, Stuttgart 1965, S. 524f., der Onkel-Brief vom 29. 11. 1887; Antwort Bismarcks vom 6. 1. 1888, S. 525f.

52 Vgl. *Karl Bilfinger*, Der deutsche Föderalismus in Vergangenheit, Gegenwart und Zukunft, in: Veröffentlichungen der Vereinigung der Deutschen Staatsrechtslehrer, H.1, S. 35 – 59, S. 49f. sowie ebd. Verhandlungsbericht, S. 62; die damit verbundenen Probleme führten in Weimar ab 1925 zur Dauerfrage der Reichsreform, dazu *Deuerlein*, S. 183ff.

53 Vgl. nur *Helmut Quaritsch*, Souveränität, Berlin 1986, S. 76f., 101f.

D.h. Föderalismus wurde stets auch und gerade seit der Zeit des Deutschen Bundes unter der Hypothek der Schwäche nach außen gesehen. – Entsprechend galten im Kaiserreich Dänen, Elsässer und Polen als sog. Reichsfeinde. Daß diesen die Chance hätte geboten werden können, in kleineren Einheiten nicht Minderheit, sondern Mehrheit zu sein, dieser föderal-freiheitliche Sinn kam nicht zum Tragen.

Es besteht kein Zweifel, daß auch der Weimarer unitarische Föderalismus maßgeblich durch auswärtige Faktoren mitgeprägt worden ist. Genannt sei nur das Stichwort Versailles. Die Niederlage von 1918 erzwang, nachdem die militärische Karte nicht mehr stechen konnte, eine Bündelung aller vorhandenen Kräfte mit der Folge deutlicher Unitarisierung zugunsten des Reiches.

In diesen Kontext gehört, freilich nun aus – behaupteten – Gründen der inneren Sicherheit, auch der sog. Preußenschlag, d.h. die faktische Realunion Preußens mit dem Reich, die an die langjährige faktische Personalunion von Reichskanzler und preußischem Ministerpräsidentenamt anknüpfte. Die Sorge um hinreichenden äußeren wie inneren Bestandsschutz des Reiches ist nicht zuletzt der Anlaß dafür, daß ein von Hitler aus dem Amt gedrängter Gelehrter und Föderalismuskenner wie Triepel[54] noch 1937 – also längst nach der Gleichschaltung Preußens – mit regimekritischer Spitze der Hoffnung Ausdruck gab, daß die preußische Hegemonie auch über den Tod hinaus als Quelle deutscher Kraft und Einheit dem deutschen Volke in Zukunft ihren Segen spenden werde.

Hatte die außenpolitisch motivierte Hegemonie also durchaus gute Gründe für sich – wie hätte ein Föderalismus Großbritanniens bei 80 %-Anteil Englands damals ausgesehen? –, stellt sich freilich die Bewertungsfrage hinsichtlich weiterer Hegemoniebereiche.

b) Innenansichten des Bundesrats

Eine exakte Auszählung der Herkunft und des Erfolges der Bundesratsvorlagen besteht bislang nicht. Und selbst wenn man die insgesamt 49 Protokoll- und 134 Drucksachenbände der Bundesratsverhandlungen entsprechend aufarbeitete,[55] ergäben sie nur ein unvollständiges Bild. Ähnlich wie bei heutigen Regierungsvorlagen würden sie nämlich nicht unbedingt den eigentlichen Urheber anzeigen und überdies die Schattenquote der Verhinderungen unerfaßt lassen, d.h. die im Vorfeld wegen Aussichtslosigkeit erstickten Anläufe. Immerhin bestehen aber einige Innenansichten des Bundesrates, die etwas von der Intensität der preußischen Möglichkeiten nachfühlen lassen.

Dabei kann freilich nur pointillistisch gearbeitet werden. Trotz oder gerade wegen der fünfbändigen, etwas panegyrischen Textcollage von Heinrich v. Poschinger über

[54] *Triepel*, Hegemonie, S. 578; a.A. *Meinecke*, S. 465.
[55] Bibliographische Übersicht in: *Staatsbibliothek Preußischer Kulturbesitz* (Hrsg.), Die deutschen Parlamentsschriften von Beginn des 19. Jahrhunderts bis 1945, Bd. 1, Berlin 1986, S. 38ff.

‚Bismarck und den Bundesrat'[56] gibt es eine modernen Ansprüchen genügende Innenansicht dieses Kollegialorgans nur bruchstückhaft. Eine monographische Aufarbeitung, die Biographien und Nachlässe der unmittelbar Beteiligten zu sichten hätte, ist ein Desiderat.

So besitzen wir Hinweise zur Besetzung. Als Robert v. Mohl,[57] der Rechtsstaatsvorkämpfer, südwestdeutsche Liberale und vormalige Reichsjustizminister der Paulskirche, Anfang 1871 zum badischen Gesandten und Bundesratsbevollmächtigten in Berlin ernannt werden soll, scheitert er an der kaum verhüllten Ablehnung Bismarcks zugunsten eines Vertreters, dessen notorischer Sitzungsschlaf dokumentiert ist.[58] Als der bayerische Gesandte und Bundesratsbevollmächtigte kaum zehn Jahre später sein Berliner Amt antritt, nachdem seinen beiden Vorgängern, wie er schreibt,[59] von Bismarck der Hals gebrochen worden war, macht er sich Mut mit der bezeichnenden Überlegung, nach dieser Vorgeschichte könne seine eigene Abschlachtung unmöglich gleich, sondern erst nach einer gewissen Schonzeit erfolgen. Obwohl es ersichtlich zugig zuging – Parallelen zwischen Eisernem Kanzler und Eiserner Lady seien nur angedeutet –, resümierte der bayerische Vertreter,[60] der übrigens wider Erwarten bis 1918 amtieren sollte, dennoch, daß Preußen im ganzen von seiner pronocierten Stellung maßvollen Gebrauch gemacht habe. Es wäre zu einfach, von hier aus eine gerade Linie zur Positivbewertung der bayerischen Denkschrift von 1924 zu ziehen. Wichtig ist vielmehr der Hinweis auf die Vorprägung des Geschäftsverfahrens im Bundesrat durch das des alten Frankfurter Bundestages, das übrigens bis in die Protokollführung hineinreicht und Bismarck aus eigener Kenntnis bestens vertraut war. Wie aus den Aufzeichnungen eines anderen Bevollmächtigten[61] in den wichtigen Jahren ab 1878 hervorgeht, gehörte in gewisser Analogie dazu auch „der bekannte bayerische Stil . . . nach welchem Bayern und Preußen sich auf Kosten der übrigen Staaten vorweg einigen". Ansatzweise suchte Bayern also in die zu großen Schuhe des seinerzeitigen Mithegemons Österreich zu schlüpfen, eine Rolle, ebenso schmeichelhaft wie überfordernd. Immerhin war hier aber die möglichst ungeschmälerte Wahrung des monarchischen Prinzips erkennbar.

Ähnliches konnte derselbe Beobachter[62] berichten, wenn ein Rauswurf wegen verwandtschaftlicher Konnexionen zwischen Kaiserhaus und Gliedstaatsfürst inopportun war. Entgegen jeder Usance und trotz unbestrittener Fachkompetenz wurde der Vertreter für Mecklenburg-Schwerin aus den Bundesratsausschüssen für Abgaben und See-

56 *Heinrich v. Poschinger*, Fürst Bismarck und der Bundesrat, Bd. 1 – 5, Stuttgart 1897 – 1901; daneben noch wichtige Aktenstücke bei *Hans Goldschmidt*, Das Reich und Preußen im Kampf um die Führung, Berlin 1931.

57 Im März 1871, vgl. *Robert v. Mohl*, Lebenserinnerungen, Bd. 2, Stuttgart 1902, S. 158f.; über den bleibenden Gesandten Freiherrn Hans v. Türckheim s. *Graf Hugo v. Lerchenfeld-Koeftering*, Erinnerungen und Denkwürdigkeiten, Berlin 1935, S. 206.

58 Ebd., S. 180.

59 Ebd., S. 192.

60 Ebd., S. 184ff.

61 *Oldenburg*, S. 11 (21. 3. 1880).

62 *Oldenburg*, S. 31; vgl. auch *v. Lerchenfeld*, S. 185.

wesen entfernt, wobei in letzteren mit shakespearehafter Geographieverzeichnung Bayern nachrückte. Die überlieferte Klage, daß die großen Staaten stets das Wort Föderalismus im Munde führten, aber nur, wenn es nicht ihr Interesse berühre,[63] ging also über Preußen hinaus und zeigte indirekt eine gestufte, aber eben auch außerpreußische Berücksichtigung des landesfürstlich monarchischen Prinzips.

Dem entsprach, daß Bismarck im Umfeld der Entscheidungen des Bundesrats genügend einschlägige Rücksprachemöglichkeiten besaß. Sein Einfluß auf den größeren Teil der norddeutschen und mitteldeutschen Kleinstaaten war, wie der bayerische Bevollmächtigte vielleicht seinen Vortritt entschuldigend schrieb, so groß, daß er jederzeit die an der Mehrheit fehlenden Stimmen einwerben konnte. Wenn er pfiff, tanzten die anderen.[64] Schließlich erklärt diese Struktur auch die relativ geringe Präsenz des Kanzlers in den Bundesratssitzungen.[65] – Das Fazit der preußischen Führung im Bundesrat hat Bismarck, freilich nach seiner Amtszeit, durch Hinweis auf die Möglichkeiten der Kleinstaaten durch gemeinsame Stimmführung abschwächen wollen; doch war das angesichts der Substrukturen ohne Realität, zumal von den acht thüringischen Duodezfürstentümern sich ohnehin das Gros stets auf gemeinsame Stimmführung geeinigt hatte.[66]

Doch sei hier abgebrochen, um nicht weiter eine schief geführte Debatte fortzusetzen. Ist nicht gerade der Spieß umzudrehen, nämlich aufgrund des inzwischen erreichten know how's zur Struktur politisch führender Versammlungen? Der Bundesrat, der ja gerade auch Gesetzgebungsorgan war, bedurfte doch einer gewissen Fraktionierung, die heute über die Parteien läuft. Dementsprechend ist gerade in der Zeit des Umschwungs von 1879 vom Liberalismus zu eher kurzatmigen ad-hoc-Koalitionen, vom Freihandel zum Schutzzoll die klare Tendenz Bismarcks überliefert,[67] freihändlerisch gesonnene Bundesratsmitglieder zu eliminieren.

Als Fraktionsersatz war die Hegemonie Preußens also keineswegs schädlich, sondern fast notwendig. Auch die Achtundvierziger haben die preußische Hegemonie nach anfänglichen Aufteilungsplänen erstrebt,[68] was freilich angesichts des freien Mandats in ihrem Staatenhaus zu klarerer parteipolitischer Ausprägung geführt haben würde. Ein so herausragender Nationalliberaler und Bismarck gegenüber stets Distanz wahrender Parlamentarier wie der frühere Achtundvierziger Lasker[69] schrieb 1870 mit Blick auf den Anschluß der süddeutschen Staaten: „Die bundesstaatliche Idee darf nicht getrübt, keine Grundlage des Bundesstaates erschüttert, die Rechte der Zentralgewalt nicht gelockert werden. Das Gewichtsverhältnis Preußens darf keine Schwächung erfahren."

63 *Oldenburg,* S. 29.
64 So *Oldenburg,* S. 76.
65 Zum vorstehenden vgl. *v. Lerchenfeld,* S. 192. u. S. 194, wonach dieser berichtet, Bismarck zwischen 1880 und 1890 nur fünf- oder sechsmal im Bundesrat erlebt zu haben.
66 Vgl. nur *Poschinger,* Bd. V, S. 358ff.; zu Thüringen: *Facius,* S. 78, Fn. 15.
67 *V. Lerchenfeld,* S. 176; *Oldenburg,* S. 23ff.
68 Dazu *Meinecke,* S. 281ff. u. § 96FRV.
69 Brief an den Chef des Bundeskanzleramtes vom 24. 9. 1870 bei *Becker,* S. 723.

Hegemonie in bestimmten Bereichen wurde also nicht eo ipso als antiföderal empfunden. Was bleibt dann also an Anstößigkeiten oder Pathologischem?

c) Qualifizierter Politikvorbehalt

Ein Ansatz könnte die verhaltene Bismarck-Apotheose Ernst Rudolf Hubers[70] sein, die glauben machen will, daß Preußen seine Hegemonie gegenüber seinen Verbündeten niemals mißbraucht habe. Doch ist dem folgendes entgegenzuhalten: Die Wertung setzt die Reihe jener, wie Anschütz[71] später wohl auch selbstkritisch formulierte, föderalistischen Ideologien und Phraseologien fort, die die gliedstaatsfreundlichen Einrichtungen geflissentlich unterstrichen. Übrigens nennt Huber bereits selbst ein Gegenbeispiel, dem sich unschwer weitere Fälle wie die Behandlung Hamburgs in der Frage der Zollfreiheit oder die Bahnverstaatlichung anschließen ließen.[72] Prinz Max von Baden[73] brauchte sich eigentlich nicht zu wundern, wenn bei der Abreise des gerade entlassenen ersten Kanzlers aus Berlin die Mitglieder des Bundesrats durch Abwesenheit glänzten.

Eine bloße Abschichtung gegenständlicher Hegemoniebereiche führt indessen nicht weiter. Vielmehr ergibt sich nur dann eine überwölbende Gesamtaussage, wenn man sich die Qualität der Entscheidungen klarmacht, die der Bundesrat als leitendes Föderativorgan des Reiches, sei es rechtlich, sei es faktisch, *nicht* treffen konnte. So wird an Gesetzgebungsfragen die Einführung verantwortlicher Minister und die Ministeranklage, die Zustimmung bei der Staatssekretärsernennung, die Schaffung staatsgerichtlicher Kompetenzen des Reichsgerichts sowie die völkerrechtliche Dimension der Zustimmung bei Bündnis-, Friedensverträgen u.ä. zugunsten der Bewahrung des monarchischen Prinzips, d.h. zugunsten der konservativen Realverfassung des spätkonstitutionellen Systems blockiert. In Verwaltungsfragen ist aus den gleichen Gründen der Militärbereich weitestgehend ausgeklammert und in Verfassungsstreitigkeiten schiebt der Bundesrat die hochpolitischen Fälle ins austrägalgerichtliche Verfahren ab.[74] Damit wird eine gegenständliche Bereiche übergreifende Schwäche dieses Föderativorgans sichtbar. Sie besteht darin, daß der Bundesrat an die hochpolitischen Fragen der Staatsleitung nicht herankommt bzw. herangelassen wird.[75] Er ist groß im kleinen. Nicht wie der emigrierte Achtundvierziger und amerikanische Politiker Carl Schurz in einem interessanten Gespräch mit Bismarck über die dortige Demokratie berichtet hatte,[76] im kleinen großzügig, aber im großen ohne Nachsicht. In den hochpolitischen Fragen der Außenpoli-

70 Vgl. *Huber*, Verfassungsgeschichte Bd. 3, S. 799.

71 *Anschütz*, S. 15.

72 Vgl. *Huber*, Verfassungsgeschichte, Bd. 3, S. 799, Fn. 35 und zum zeitgenössischen Bewußtsein Bismarcks Immediatbericht, ebd., S. 801; zu Hamburg: *Poschinger*, Bd. 4, S. 215ff.

73 Vgl. *Prinz Max von Baden*, Erinnerungen und Dokumente, hrsg. von *Golo Mann* und *Andreas Burckhardt*, Stuttgart 1968, S. 10f.

74 S.o. Fn. 48 und 35.

75 Ähnl. *Deuerlein*, S. 319.

76 Gespräch vom 28./29. 1. 1868 in: *Otto v. Bismarck*, Die gesammelten Werke, 2. Aufl. Bd. 7 (1924), ND Vaduz 1972, S. 231–240, S. 238f.

tik, der Militärpolitik, der Verfassungsfortbildung, in denen der Bundesrat unter anderen Umständen ein Areopag der Klugheit hätte sein können, bleibt er ohne Chance. – Als Kehrseite der Hegemonie zeigt sich damit eine Politikblockade hinsichtlich bestimmter qualitativer Fragen. Wenn auch unmittelbar über das preußische Stimmquorum erreicht, diente sie letztlich dem monarchischen Prinzip zugunsten des Kaisers.

Der eigentliche Sitz des Unbehagens an der preußischen Hegemonie liegt mithin außerhalb ihrer selbst: in der Umwandlung der Hegemonie von positiver Führung zu *negativer* – begrifflich zu unterscheidender – *Herrschaft*, und zwar um der monarchischen Reichsleitung willen. Daran vermögen auch die zeitgenössischen Versuche unter dem Stichwort des deutschen Sonderwegs, diesen innenpolitischen Bereich zur Außenpolitik zu wenden, nichts zu ändern.[77] Die zeitgenössische schlagwortartige Klage über die preußische Hegemonie entpuppt sich damit im Kern als Klage über ein konkretes monarchisches System. Wenn das nicht laut gesagt wurde, nicht nur aus Gründen politischen Takts, sondern auch deswegen, weil man das monarchische System – man denke gerade auch an außerpreußische Räume wie Bayern oder Hessen-Darmstadt – grundsätzlich ganz sympathisch fand.[78] – Im Ergebnis kommt es zu einem qualifizierten Politikvorbehalt, der mit einer Entpolitisierung des Bundesrats und seiner unübersehbaren Bürokratisierung einhergeht. Das hat eine gewisse Denaturierung zur Folge, die ihn zum Vehikel des Fachbeamtentums macht und sein Erscheinungsbild eher das eines beirätlichen Administrativorgans denn einer hochpolitischen Versammlung sein läßt. – Daß man bereits mit entsprechenden politischen Blockadeaufhebungen gut zu fahren glaubte, sollte sich – übrigens bis heute – darin zeigen, daß trotz immer wieder geschehener Vorstöße i.S. von 1849, d.h. einer Bundesratslösung mit senatorialer Schleppe,[79] die eher entpolitisierende, bürokratieanfällige strikte Bundesratslösung seit 1919 beibehalten worden ist.

Zusammengefaßt zeigt sich der Föderalismus des Kaiserreiches zwischen den Bremsbacken des monarchischen Prinzips und außenpolitischer Sorgen des Nationalstaats, Strukturen, die teils schlackenhaft, teils weiter verlebendigt, wie durch Versailles, auch noch den Weimarer Föderalismus behindern sollten.

77 Dazu *Bernd Faulenbach*, Ideologie des deutschen Weges, München 1980, S. 181ff.

78 Vgl. *Walther Rathenau*, Der Kaiser (1919), in: Schriften und Reden, Frankfurt/M. 1986, S. 235 – 272, S. 247f.

79 Vgl. § 88 FRV und die entsprechenden Anläufe von 1919, 1949 und 1975; dazu *Kühne*, Reichsverfassung, S. 132, 145 mit Fn. 124f.

Summary

I.

Bismarck's *Reich* and the Weimar Republic can both be located within the continuum of generically defined federalism, which of course allows the good aspects of the Federal Republican state to develop only partially.

II.

Federalism

1. needs an administration that is close to its subject,
2. aims to secure liberty by a vertical division of powers,
3. aims to reduce the loss of legitimacy in large *Flächenstaaten* and
4. can be organised on the basis of equality or of hegemony.

III.

This paper concentrates mainly on a critical examination of points 2 and 4.

A) In relation to point 2, it becomes apparent that from 1871 certain aspects of liberty were limited by the monarchy and by nationalism.

B) The discussion of point 4 concentrates on the federal structure which, as we know, favoured Prussian hegemony. This was not removed completely after 1919. The paper attempts to demonstrate that hegemonial structures *per se* do not necessarily deform federalism. In this context the federal organs of the *Bundesrat* and of its successor, the *Reichsrat*, are examined in greater detail. The main problem is identified not as a limited capacity to handle hegemony, but as its by no means inevitable effect. The composition of the *Bundesrat* and the quality of its decisions suggests that it actually suffered a "depoliticisation" in the sense that it became bureaucratised and rigid, which worked against the federal idea. Only in miniature was it great. This remains true despite short-lived, but ultimately futile attempts to improve it in 1919 – which also had consequences for Weimar.

Kenneth O. Morgan

Federalism in the Modern United Kingdom: England, Wales, Scotland, and Ireland 1815 – 1920

I.

The famous British detective, Sherlock Holmes, once solved a murder mystery by investigating "the dog that did not bark". In the history of modern Britain, one of the important dogs that did not bark is federalism. Now in some ways, the absence of any federal developments in this country may seem surprising since the United Kingdom may appear to be a natural laboratory for experiments in federal ideas in government. After all, Britain fulfilled one of the essential preconditions for the possible development of a federal system[1] since it contained four quite distinct national entities, each with its own history, culture und pride, namely England, Wales, Scotland and Ireland. Indeed, the sense of national identity within each of these became more pronounced as the nineteenth century went on. Such factors as the growth of industrialization and urbanization, the spread of literacy and new forms of communications strengthened the social and cultural base of national awareness.

The eighteenth and early-nineteenth centuries had seen the evolution of a sense of British consciousness, the notion of "Great Britain", the product variously of a commitment to Protestantism, of lengthy wars mainly with the French, and of a sense of worldwide commercial greatness.[2] This British nationalism comprehended, and indeed helped to flourish, a parallel sense of national identity in Scotland, Wales and (in a far more complex way) Ireland. In the nineteenth century, as the British Empire expanded worldwide, "Britishness" provided a framework within which Celtic national sentiment could grow. At the end of the nineteenth century, for instance, Glasgow, Cardiff and Belfast all shared a dual consciousness of being both great imperial trading and manufacturing cities and also the focus of a powerful Scottish, Welsh or Irish identity where national institutions were located.

1 For a general survey of this topic see *K.C. Wheare,* Federal Government, London 1946.
2 For a fine discussion of these themes, see *Linda Colley,* Britons. Forging the Nation, 1707 – 1837, London 1992.

Nevertheless, federalism was, and remained, a minor theme in the evolution of modern Britain. It was mainly of interest to intellectuals and academics, and seldom a matter for practical policy. If it emerged, it was to do so in areas far removed from political or constitutional debate. I may mention here, perhaps, that it so happens that my own institution, the University of Wales of which I am Vice-Chancellor, is one of the two federal universities in the British Isles (London being the other)! Throughout the centuries, the system of government in the British Isles, embodied in the term "United Kingdom", remained firmly unitary. Federalism was for export only. Hence, in some measure, the bafflement, even the fear, with which British politicians and the British public viewed the idea of a federal, or otherwise integrated Europe, after 1945 or 1973.

II.

Over many centuries, the tradition of government in England was centralist. It focussed on the Crown from the time of the Norman conquest onwards, eventually on parliament or "the Crown in parliament". The regime of the Tudors, even the civil wars and turbulence of the seventeenth century, furthered this process. After the so-called "Glorious Revolution" of 1688, the sovereignty or supremacy of parliament was taken as axiomatic. Edmund Burke regarded it as the embodiment of the historic genius of British society – even though he was not averse to flirting with a form of federalism in suggesting a possible solution of their governmental difficulties to the rebellious American colonists in the 1770s. Burke, however, regarded any form of federalism or devolution as applied to the United Kingdom as inconceivable, and so did all his contemporaries.

This long tradition of British centralism requires two important qualifications. First, the actual power of central government remained relatively weak by comparative standards. London, for instance, did not play the direct, central role in administration in eighteenth- or nineteenth-century Britain that Paris did in France, before and after 1789. Local government was important in England and Wales, in the form of the justices of the peace down to the early-nineteenth century, and a variety of municipal and local councils on an elective basis from the Municipal Corporations Act of 1835 onwards. Indeed, Tocqueville saw the strength of local government in England, a system which involved the gentry and nobility in administrative affairs in the localities, as a reason why England avoided the revolutionary upheavals that France, with its parasitic aristocracy, experienced from 1789. He did not wish to transplant American federalism here.[3]

Secondly, the notion of state and of nation were never merged in modern Britain as they were, for instance, in France.[4] The governmental apparatus and the socio-

[3] *Jack Lively,* The Social and Political Thought of Alexis de Tocqueville, Oxford 1962, pp. 159ff.
[4] See *Ernest Gellner,* Nations and Nationalism, Oxford 1983; *Eric Hobsbawm,* Nations and Nationalism since 1780. Programme, Myth and Reality, Cambridge 1990, especially pp. 80 – 100.

cultural base were kept quite distinct, both in theory and practice. In the nineteenth century, as the sense of British national identity became more deep-rooted, this took the form of a still wider distinction – one between the idea of the central state and of the distinct nationalities within the United Kingdom, the English, Welsh, Scots and Irish.

The national consciousness of the Celtic nations was far from eroded after 1815. On the contrary, it became all the more assertive. In Wales, the Act of Union under King Henry VIII in 1536 had left intact the sense of cultural identity, in language, literature and social awareness. In the nineteenth century, the Welsh sense of identity, of cultural (and increasingly of political) distinctiveness, became ever stronger. Educational aspiration (for instance, the 1889 Welsh Intermediate Education Act and the movement for a national university of Wales, which was to be achieved in 1893) was a major factor here. In Scotland, the Act of Union with England in 1707 still left a powerful institutional distinctiveness with a separate established Presbyterian Church of Scotland, a distinct educational system, a quite separate legal structure, and separate arrangements in banking. No attempt was made to change any of these during the nineteenth century; indeed they all became badges of national identity.[5] In Ireland, the Act of Union of 1800 left nevertheless a powerful tradition of self-government expressed by the Irish Office in Dublin Castle, an organization largely manned by Irishmen.[6] Throughout the nineteenth century, English governments had increasingly to find ways of responding adequately to religious, and then to political, pressures for separate treatment from the Catholic majority in the west and south of Ireland.

Hence the Welsh, Scottish and Irish identities in the nineteenth century were bound up with wider notions of British nationalism and imperialism. To some degree, most obviously in Ireland, they came into conflict with them. There was thus a growing debate about the ways of trying to reconcile the supremacy of the imperial parliament and the Crown with the individual national aspirations of the Celtic nations. This was to provide a major theme in the history of the modern United Kingdom. Within it, the idea of federalism found its place.

During the nineteenth century, the notion of federalism or federal devolution attracted significant interest in Britain, especially from intellectuals or journalists within the political class or from historians. One source of this was interest in federal developments in continental Europe. An endless theme of fascination for historians and others was the Swiss confederation. After all, Switzerland seemed to many British people a unique symbol of republican virtue and civic pride, an exemplar for the Liberal idea. William Tell, apple and all, became a folk hero idolized by British schoolchildren as the model of local patriotism. German developments, taken further after 1815 with the emergence

[5] For an excellent survey, see *Christopher Harvie,* Scotland and Nationalism. Scottish Society and Politics, 1707 – 1977, London 1977.

[6] *R.B. McDowell,* Administration and the Public Services, 1800 – 70, in: *W.E. Vaughan* (Ed.), Ireland under the Union I: 1801 – 70. A New History of Ireland, Vol. 5, Oxford 1989, pp. 538ff.

of the Germanic Confederation, also fascinated many British observers. Historians like Maitland and Stubbs focussed on Germanic law and antiquities. More generally, Germany was widely seen by nineteenth-century intellectuals as the very symbol of local autonomy and initiative.[7] The *Ausgleich*, the pact which saw the formal creation of the dual monarchy of Austria-Hungary in 1867 also attracted attention in Britain. One notable disciple was Arthur Griffith, the founder of the Irish republican movement Sinn Fein who was inspired by the example of the Hungarian nationalist, Francis Deak.[8]

A more immediate source of interest in federalism in nineteenth-century Britain was the British Empire itself, discussed in detail by Dr. Lyon elsewhere in this volume. It need perhaps be mentioned here that the Canada Act of 1867, setting up a Confederation, aroused much contemporary discussion this side of the Atlantic. However, the Canadian system was created by Sir John Macdonald to deal with the ever-present problem of French-speaking Quebec and provincial separatism generally. There was no anticipation of extending such a system to the nations of the United Kingdom.

The source of much the greatest interest in federalism in Britain at this time was the most important federal state of all – the United States. America was always a major point of reference for many British people, especially on the liberal or radical wing. But its federalism became infinitely more fascinating for British observers after the American Civil War in 1865 which vindicated the idea of the federal union and destroyed the hopes attached to "states rights" as interpreted in the slave-owning South. Many younger British Liberals after 1865 took a keen personal and philosophical interest in federal America, notably Sir Charles Dilke and Lord Rosebery, both of whom linked it with the idea of a federated British Empire.[9] Another Liberal of influence was the scholar-politician, James Bryce, whose magisterial *American Commonwealth* (1888) was a consistent hymn of praise to American federalism. The most important figure of all, though, was William Ewart Gladstone, four times prime minister. To a degree that is not commonly appreciated, Gladstone was deeply interested in the constitutional, political and social development of the United States, which he came greatly to admire. In a notable article in 1878, "Kin Beyond the Sea", he wrote eloquently of his enthusiasm for the United States as the model of a thriving industrial democracy, including its federal system of government.[10] This came, of course, long after he had forsworn his earlier enthusiasm in 1861-2 for the free-trade, states-rights Southern states. Gladstone was frequently to cite the American federal system as a possible solution to the governmental difficulties of the United Kingdom. He would compare the America of the 1780s with

7 *J.W. Burrow*, A Liberal Descent. Victorian Historians and the English Past, Cambridge 1983, pp. 116 – 122.

8 *T. de Vere White*, Arthur Griffith, in: *Conor Cruise O'Brien* (Ed.), The Shaping of Modern Ireland, London 1960, p. 64.

9 See *Charles Dilke*, Greater Britain. A Record of Travel in English-Speaking Countries during 1866 and 1867, 2 Vols., London 1868; *A. Grant* and *C. Combe* (Eds.), Lord Rosebery's North American Journal to 1873, London 1967.

10 *William Ewart Gladstone*, Kin Beyond the Sea, in: North American Review 127 (1878), pp. 180-188.

the Britain of the 1880s in suggesting a federal union as the way ahead. What precisely, however, this most Delphic of statesmen meant by "federalism" in the British context was distinctly less clear.

III.

Federalism became a practical issue in modern Britain with the emergence of a nationalist, separatist movement in Ireland from the mid-1860s. It had not really arisen in the first phase of the Irish nationalist campaigns earlier in the century although Daniel O'Connell appeared to flirt with the notion of a kind of federal union in the Repeal movement of the 1840s, to the disgust of many of his countrymen.[11] Federalism, however, emerged as a major theme with the attempt, from the 1870s to the 1920s, to try to reconcile nationalist demands and pressures within Ireland with the structure of British and imperial parliamentary control. Ultimately, it was an attempt that was to fail, no middle ground being possible.

An early Irish leader, Isaac Butt, actually put forward in the 1870s what he called a "federalist" scheme of constitutional reform. It is apparent, however, that Butt, a Protestant Tory patriot, really sought to strengthen local leadership in Ireland, at the expense of an English absentee landlord class. Butt's ultimate successor, Charles Stewart Parnell, Irish Nationalist leader from 1879, went much further. Despite some interesting diversions, including communication with Cecil Rhodes who sought to promote the idea of imperial union, Parnell clearly wanted Irish Home Rule to undermine the powers of the imperial parliament altogether, not to reallocate governmental responsibilities on a federal basis.[12]

Gladstone turned decisively to finding a political solution on the Irish national question in 1886 (as opposed to merely dealing with Church disestablishment or land reform). He proclaimed the virtues of federalism at the time of his first Home Rule bill in 1886. But it was clear that his bill focussed not on federalist ideas, but on making very clear the "supremacy of parliament" and reducing the potential authority of any Irish national assembly. His second Home Rule bill of 1893, which passed through the Commons but was thrown out by the House of Lords, went further in offering to restore Irish parliamentary representation in Westminster. But it, too, was still far from any real form of federalism. There was vigorous dispute between Gladstone and Liberal Unionists like the Duke of Argyll on the different possible versions of federalism and the precise balance of authority in the United States.[13] Unionists blankly equated Home

11 *Oliver MacDonagh,* Politics, 1830 – 45, in: *Vaughan,* pp. 183 – 187.

12 *Conor Cruise O'Brien,* Parnell and his Party, Oxford 1957, p. 266; *F.S.L. Lyons,* Charles Stewart Parnell, London 1977, pp. 442 – 444.

13 *Duke of Argyll,* English Elections and Home Rule, in: North American Review 155 (1892), pp. 129 – 135; *William Ewart Gladstone,* A Vindication of Home Rule. A Reply to the Duke of Argyll, ibid, pp. 386 – 394.

Rule in Ireland with the attempted "secession" of the southern states in 1861, and therefore saw it as disruptive. After Gladstone resigned as Liberal leader in 1894, his successors retreated in their commitment to Home Rule or even federalism, down to 1910. After all, the only logic of Irish Home Rule was the transfer of power to a sovereign Irish legislature on the basis of the established historic identity of the Irish nation.

The major opponent of Gladstone's on the issue of Irish home rule in the period 1886 – 94 was the Liberal Unionist radical, Joseph Chamberlain. Once the promoter of the Central Board scheme for Irish local government, in 1886 – 87 he proclaimed himself to be a federalist. He urged a solution to the Irish question on the basis of a federally-conceived system of "home rule all round" involving separate assemblies for England, Wales, Scotland and Ireland.[14] But, for all his rhetoric, Chamberlain could hardly be taken seriously as an advocate of genuine federalism with his fervent imperialism and his fierce opposition to the 1886 Irish Bill. Chamberlain's object was really to side-track Irish nationalism by putting it on the same weak basis as that in Wales and Scotland. His "home rule all round" was really intended to strengthen the imperial parliament and governmental system, not to reach an agreed federal solution. His federalism would have to have been imposed on a largely hostile Irish people. Inevitably, it failed.

IV.

While the concept of federalism gained some attention in discussions of the historic problems of Ireland, it aroused very little enthusiasm in either Scotland or Wales in the later nineteenth century. The Scots, steeped in the Walter Scott image of their historic identity, were firmly unionist. From the shipyards of the Clyde to the missionary ventures of David Livingstone, the Scots saw themselves as pioneers of empire.[15] Their political needs for self-expression were satisfied by the creation of a relatively weak Scottish office within the British cabinet by the Salisbury Unionist government in 1885.

Welsh nationalism proved to be more forceful and successful than Scottish. Welsh national consciousness became infinitely more assertive with the democratic upsurge that followed the "great election" of 1868.[16] "Young Wales" (*Cymru Fydd* – literally, the Wales that is to be) found its nationalist expression after 1886 with a new generation of eloquent radical Liberals in parliament. Of these, the best-known and longest-lasting was David Lloyd George, elected to Caernarfon Boroughs in 1890 on a largely Welsh nationalist programme.[17]

Even in the case of Lloyd George, however, his nationalism focussed on themes other than governmental devolution or federal home rule. The main priorities were the

[14] *Richard Jay*, Joseph Chamberlain. A Political Study, Oxford 1981, pp. 124 – 125.
[15] *Keith Robbins*, Nineteenth Century Britain. Integration and Diversity, Oxford 1988, p. 95.
[16] *Kenneth O. Morgan*, Wales in British Politics, 1868 – 1922, Cardiff 1980, passim.
[17] *W.R.P. George*, The Making of Lloyd George, London 1976, pp. 168 – 170.

disestablishment of the Church of England in Wales (achieved in 1920), reform of the system of landed tenure, temperance and above all, a national education system. The University of Wales, created in 1893, became a badge of national identity. It was themes such as these, not home rule, that dominated political life in late-Victorian Wales. All were compatible with central, imperial rule from Westminster. The Welsh were politically different from the Irish. They sought national equality, not national exclusion; they wanted "a place in the sun" within the empire, comparable to the Scots. Unlike the Irish, the Welsh had never evolved a marked separatist consciousness. Their last national revolt, that of Owain Glyndwr, had fizzled out in 1410. They had never been a unified state on the model of the Scots down to 1707; indeed, they had been enmeshed in the English administrative and social system since conquest by Edward I of England in 1282. Welsh medieval history was a story of fragmentation and division.

In the nineteenth century, the Welsh were divided anew between the industrialized, urbanized south in the Glamorgan-Monmouthshire coalfield, and a sparsely-populated rural hinterland. This, to some degree, became translated into a further cultural division between an anglicized majority in the towns and along the border with England, and largely Welsh-speaking upland farming communities. Apart from a brief flowering of *Cymru Fydd*, a kind of Welsh home rule movement in 1894 – 96 with which the young Lloyd George was associated but which proved to be abortive, the Welsh had little interest in forms of self-government.

Proposals for Scottish or Welsh home rule bills in the 1890s, therefore, attracted little attention. After the failure of *Cymru Fydd* in 1896, Lloyd George turned his attention to wider national and international themes, and his Liberal countrymen largely went with him. In the early years of the twentieth century, there was scant interest in either Wales or Scotland in any form of home rule, federal or otherwise. One exception to some degree was the nascent Labour movement. In both Wales and Scotland, local socialists linked their cause with local or national governmental reform. The Scottish Labour Party of 1888 – 1894 was nationalist as well as socialist (or perhaps social radical). Its leader, R. Cunninghame Graham, was a vehement Scottish home ruler.[18] The Independent Labour Pary after 1893 had much interest in local and municipal devolution. Keir Hardie, founder of the ILP and later of the Labour Party in 1900, even claimed to be a Scottish and Welsh nationalist. He was, after all, a Lanarkshire Scot who sat for a Welsh parliamentary constituency, Merthyr Tydfil, from 1900. But his ideas were unusual. He sought to create a socialist, self-governing Scotland and Wales. He declared that in Wales he aimed to unite "the red dragon with the red flag".[19] In fact, long before 1914, pressures for political centralism and national and international class-based politics dominated the British Labour Party. Whereas the German SPD before 1914

[18] *Cedric Watts* and *Laurence Davies*, Cunninghame Graham, London 1979, p. 279. Cunninghame Graham was also president of the Scottish Home Rule Association down to 1920.

[19] *Kenneth O. Morgan*, Keir Hardie. Radical and Socialist, London 1975, pp. 117 – 119.

was federal in structure, with different ideological variations amongst the largely Marxist party in Prussia compared with the revisionist comrades of Baden-Baden,[20] the British Labour Party was as centralist in outlook as was the British parliamentary system as a whole.

Beyond Ireland, the other main area of debate over federalism came in the imperial sphere. Joseph Chamberlain and Alfred Milner were amongst those in the 1895 – 1903 period who tried to strengthen the empire politically through a federal form of government. Chamberlain floated the distinctly German idea of an economic *Zollverein,* or internal customs union, to promote imperial commercial unity as well. There were many reasons why such notions of imperial federation led nowhere, as Dr. Lyon's article will explain. Above all, it was a British, or rather English-based, idea, designed to impose unity on already assertive and disparate colonies. Of the white territories concerned (no black countries were considered, certainly not the Indian empire), Australia and New Zealand already felt themselves to be essentially Pacific powers, while the links binding Canada to its mighty neighbour to the south worked totally against any closer relationship with the imperial mother country. The 1903 Colonial Conference showed firm resistance to any notion of a federal empire, political economic or other, from colonial premiers like Sir Wilfred Laurier in Canada. South Africa had only just emerged from three years of war by the Boer Republics, Orange Free State and Transvaal, against British rule. There was one legacy in the form of the Committee of Imperial defence, to monitor worldwide security aspects, in 1904. But federalism was not on the agenda.

Around 1910, there was one determined attempt to bring together the twin issues of Irish nationalism and imperial unity. There was a renewed effort to make the empire more of a tangible reality and also to avert the prospect of armed conflict between Protestant Ulster and the majority of Catholics in Ireland. This effort centred on the activities of a remarkable group of young imperialist intellectuals, largely associated with Milner's regime in South Africa after the end of the Boer War in 1902, and collectively known as Milner's "kindergarten".[21] They included notable figures such as Lionel Curtis (perhaps the most mystical of them all), Leopold Amery (later an important Unionist MP), Geoffrey Robinson (later editor of *The Times* under the surname Dawson) and the idealistic prophet, Philip Kerr. The last-named was remarkable for trying to extend the idea of imperial federalism to cover a self-governing Indian Commonwealth, no less than the white dominions.[22] The Milner group found their platform in the periodical *The Round Table.* A crusading editorial board member was the historian-journalist, F.S. Oliver, biographer of the proto-American federalist, Alexander Hamilton.

[20] *Keir Hardie,* Revisionism versus Radicalism in Germany, in: Socialist Review, November 1910, pp. 193 – 196. Hardie lavished praise on Ludwig Frank, the revisionist SPD leader in Baden.

[21] *Walter Nimocks,* Milner's Young Men. The "Kindergarten" in Edwardian Imperial Affairs, Durham (N.C.) 1968.

[22] *John Turner,* Lloyd George's Secretariat, Cambridge 1980, pp. 124ff.

The Milnerites' concern was given added impetus by the urgent state of the Irish question in 1910 – 11. The Liberal government of Asquith now depended for its majority on Irish Nationalist support and was thus compelled to introduce another Home Rule bill. Unlike 1893, the permanent obstacle of the House of Lords no longer existed since under the Parliament Act of 1911 the upper house had merely a delaying power of two years, after which a bill passed through the Commons would inevitably come into law. A real possibility existed of a bloody confrontation in Ireland where the "covenanter" Protestants of Ulster announced their total opposition to rule from Dublin and the Catholic majority. Among the many attempts to find a compromise, therefore, was the Milnerites' suggestion of a federated imperial system including "home rule all round" for the four nations of the United Kingdom. This was argued forcibly by Oliver, writing under the pseudonym "Pacificus" in his *Federalism and Home Rule* (1911), based on a series of articles in *The Times*, published in 1910.[23] In fact, this piece of *Round Table* ingenuity made no headway. It went too far for English Unionists who feared a domino theory of fragmentation which would lead to the total break-up of the United Kingdom. On the other hand, it went nowhere near satisfying the demands of Irish Nationalists. It sought to create a middle ground which had no chance of attaining tangible or acceptable form. Irish politics were simply not consensual.

There were, however, some important ministers and politicians who viewed the Milnerites' scheme with some favour. Among them was the Home Secretary, Winston Churchill, a former Tory and ardent imperialist. More important still was the key member of the Asquith government, the Chancellor of the Exchequer, David Lloyd George. For all his committed radicalism in social and welfare questions, Lloyd George had never been an unambiguous Irish home ruler. Indeed, he had come close to joining Joseph Chamberlain and the Liberal Unionists back in 1886, when he was a young man. Also, despite Lloyd George's fierce opposition to the South African War, he had shown some apparent sympathy with imperial ideas of trade protection as President of the Board of Trade in 1905 – 1908. He was never a doctrinaire free trader. During inter-party discussions in 1910 to try to avert a head-on confrontation between the Lords and Commons over the Parliament Bill, Lloyd George produced a dramatic scheme for a coalition between the Liberals and the Unionists.[24] This plan included a proposal for a settlement of the Irish question on the basis of imperial federation. Lloyd George categorized Ireland as one of the "uncontroversial questions" which could be dealt with on a compromise basis, leaving the nation free to grapple with the supreme issues of social reform and national defence.

[23] *The Times*, 20 October – 2 November 1910; cf. *D.G. Boyce* and *J.O. Stubbs*, F.S. Oliver, Lord Selborne and Federalism, in: Journal of Imperial and Commonwealth History 5 (1976), pp. 53 – 81.

[24] See *Kenneth O. Morgan*, The Age of Lloyd George, London 1971, pp. 150 – 155 for the coalition memorandum of 1910; *John D. Fair*, Interparty Conferences, Oxford 1980, pp. 91ff.

But it was not a realistic proposal. The party divide was too powerful; most people thought Irish home rule, along with free trade and Welsh disestablishment, to be anything but "uncontroversial". Lloyd George's coalition plan, therefore, foundered amidst partisan acrimony. In any case, it was ironic that one who had built himself up as a Welsh radical who emphasized regional and national identity within the United Kingdom, should sponsor a kind of imperial federation which was the reverse of that policy, in the view of most contemporaries.

When a third Irish Home Rule bill was introduced by the Asquith government in April 1912, there were echoes of the federalist approach. Asquith hinted that self-government for Ireland might lead to similar proposals for the rest of the United Kingdom.[25] But, apart from a few relatively unimportant individuals such as the Welsh Liberal (later Labour) politician, E.T. John, M.P.,[26] Wales and Scotland showed no interest in such a scheme. Church disestablishment was still the dominant issue in Wales, while for Britain as a whole a totally new political agenda had been opened up by the great national strikes of 1910 – 12 and the militant campaign of the suffragettes, seeking votes for women. Besides these, quite apart from international crises, federal devolution appeared a trivial distraction.

The only real contender for home rule was Ireland. Nothing less than a considerable advance in self-government would satisfy the Irish Nationalists. On the other hand, a federalist solution implied an overall commitment to the Union which was unacceptable to the majority of Irish people outside the Protestant stronghold of Ulster in the north-east. Wales and Scotland, as has been seen, showed no interest in federalism, while there had never been the slightest suggestion that England, easily the dominant partner, sought any version of a federal solution. Federalism was no answer for the Irish crisis in 1912 – 14. When the war came in August 1914 a compromise on this basis was as far off as ever.

The war years themselves, through their emotional and patriotic pressures, only served to heighten the identification of the Welsh and the Scots with the national/imperial cause. It was even argued by Lloyd George that the war was justified as being a crusade on behalf of "the little five foot five nations".[27] The Liberal principle of nationality was being applied to Wales and Scotland no less than to Serbia, Montenegro and "gallant little Belgium". It was significant that from December 1916 the prime minister was the Welsh-speaking Welshman, Lloyd George, while his deputy was the Glaswegian Canadian-Scot, the Unionist leader, Andrew Bonar Law. While the Easter rising in Ireland in Dublin in 1916 suggested a new, far more militant phase for Irish nationalism, Wales and Scotland illustrated the extent to which "Britishness" could now be taken there.

25 Asquith stated on 11 April 1912 that the third Irish Home Rule bill was "the first step in a larger and more comprehensive policy".

26 *J. Graham Jones*, E.T. John, Devolution and Democracy, 1917 – 24, in: Welsh History Review 14 (1989), pp. 439 – 469.

27 Lloyd George's speech in Queen's Hall, London, 19 September 1914.

V.

The final echo of serious discussions of federalism in Britain came at the end of the war. In 1918 – 19, Welsh and Scottish opinion showed some greater interest in federal proposals than previously. This was, in part, a result of the political transformation wrought by the war which generated a new look at governmental accountability and ways of democratizing the leviathan of the state.[28] Sympathy for nationalist minorities also stimulated some support in Wales and Scotland, while the peace treaties at Versailles and St. Germain subsequently created possible new multi-ethnic models such as Yugoslavia and Czechoslovakia. Interest in forms of federal devolution was revived, particularly in the Labour Party where leaders such as Ramsay MacDonald and Arthur Henderson[29] declared their support. A pro-federal motion was carried in the Commons in 1919 by 187 votes to 34. There was, in addition, renewed concern about the deteriorating situation in Ireland where Sinn Fein, an overtly republican movement, had completely supplanted the more moderate Irish Nationalist Party, where the Irish Republican Army had been formed specifically to fight the British, and where martial law was in existence when the war ended.

As a result, a conference was assembled in October 1919 of 32 varied parliamentarians drawn equally from Commons and Lords. Its chairman was the Speaker of the House of Commons, James Lowther, who had presided over the successful conference in 1918 which extended the franchise. The Speaker's Conference aroused some initial interest from politicians in Conservative, Labour and Liberal parties alike. It was believed that federal devolution enjoyed some sympathy from the all-powerful prime minister, Lloyd George, back from an apparent triumph at the treaty of Versailles. He once called himself "an ardent federalist".[30] The idea aroused interest particularly from the Milnerites such as Philip Kerr and Lionel Curtis, several of whom were now prominent in Lloyd George's "Garden Suburb" of private advisers. Various arguments were put forward to justify the holding of the Conference, including the need to relieve the congestion of business in the imperial parliament.

But the Conference was an exercise in futility from the outset.[31] Speaker Lowther himself made it clear that Ireland would be omitted altogether from its deliberations since a Home Rule bill was under active consideration. In any case, this Conference would be considering the steps to be taken that might lead to a possible devolution settlement, rather than propose any immediate change. In the end, after some meandering deliberations that winter, the Conference came out with two different schemes, each of which attracted the support of sixteen members. The Speaker's own plan for Grand

[28] See the journal, *Welsh Outlook*, for 1918 and 1919.
[29] *Arthur Henderson*, Home Rule All Round, in: *Welsh Outlook*, June 1918, pp. 184f.
[30] *The Times*, 1 July 1918.
[31] *Sir Reginald Coupland*, Welsh and Scottish Nationalism, London 1955, pp. 311 – 334; *Fair*, pp. 224 – 243, for full accounts.

Councils of England, Wales and Scotland would be a preliminary stage towards devolution; alternatively the Scottish Liberal M.P., Murray MacDonald, suggested actual elected legislatures for the three nations, although with distinctly modest powers. MacDonald argued his case largely on grounds of parliamentary efficiency rather than of national identity, even though he was himself a Scot.[32] The publication of the reports on 12 May 1920 aroused little press attention and no popular enthusiasm. Neither report resembled any kind of clarion call for federalism. The people of England, Wales and Scotland had far more pressing concerns at home and abroad. Ireland pursued its own violent course, with war between the British and the Irish Republican Army. The 1920 Government of Ireland Act divided the island into two, with the six counties of Northern Ireland being given their own local legislature in a unique experiment in devolution. The Speakers' Conference was truly a dead letter. Federalism as a solution to the problems of British government died with it.

Thereafter, a prolonged phase of political and social polarization followed which, in peace and war, promoted a mood of nationwide unionism binding England, Wales and Scotland close together. Scottish and Welsh political nationalism remained politically feeble until the mid-1960s when, in a very different political climate, there were Nationalist by-election successes at the expense of Labour in Carmarthen (1966) and Hamilton (1967). Until then, the Scots showed little interest in experiments in home rule. Welsh nationalism tended to focus more on protecting the native language, a cause which was compatible with the supremacy of parliament at Westminster. A Cardiff-dominated Welsh assembly might prove less friendly. In both Scotland and Wales, the dominant force was the Labour Party which, from the 1920s to the late 1960s, was strongly centralist and unionist, as was the Trades Union Congress. A classic statement came from the left-wing socialist Aneurin Bevan at the first "Welsh day" debate in 1944. Here he condemned any separate political treatment for Wales or Scotland. How did Welsh sheep, he asked ironically, differ from English sheep? There was no Welsh problem.[33] Joseph Chamberlain could not have put matters more succinctly.

VI.

Federalism has hitherto, therefore, been a failure in British terms. It has never played the central role in political debate and practice that it has done in Germany, through the Confederation after 1815, the Second Reich and the history of the Federal Republic since 1949. An explanation emerges from the previous discussion. A general survey of British history makes the reasons for the limited appeal of federalism in modern Britain relatively plain.

32 Conference on Devolution: Letter from Mr. Speaker to the Prime Minister, Cmd. 692, House of Commons 1920, XV, 1.

33 Parliamentary Debates, 5th ser., Vol. 403, col. 2311–2314.

It is clear that any federal ideas invariably emerged in purely English terms as ways of accommodating or modifying English dominance within the United Kingdom. It was seldom conceived in Welsh or Scottish terms; indeed, it was of little interest to the other nations of Great Britain until the 1960s. Even in England, the idea of federalism was an abstract one, of interest mainly to imperially-minded intellectuals such as the Milnerite supporters of the Round Table outlook. In the Empire itself, while a variety of bold federal experiments was devised and imposed on frequently reluctant peoples, federalism often met a sorry end, as in the Federation of the West Indies, the Federation of Southern Arabia and, most climactically of all, the Central African Federation in the early 1960s. The removal of Ireland from centre-stage in the Irish Free State Treaty of 1922 ended the pressure for a federal solution of that nation's difficulties, while the nature of devolution in Ulster, linked with Protestant ascendancy of a bigoted and sectarian kind, job discrimination and political gerry-mandering of constituencies, was hardly an appealing model for federalists to follow.

A more major theme, of relevance to the 1990s as in earlier periods, is that the British, with their long tradition of political stability based on parliamentary rule, simply do not favour major constitutional reform. At least they have not done so since the civil turbulence of the years of the Stuarts in the seventeenth century. By contrast, the federally-minded Germans are associated with political instability and a relatively uncertain parliamentary tradition, punctuated by dictatorship. Not until the 1970s did devolution appear on the political agenda in Britain in a significant way, during the Crowther/Kilbrandon commission on government in Wales and Scotland. Even after devolution lapsed following referendums there in 1979, Scottish nationalism continued to be vigorous. The Scottish Convention in 1992, and the sympathetic stance of the Labour Party towards devolution north of the border, shows that Scottish political and cultural nationalism remained a potent force. In the early 1990s, nationally-minded Scots and Welsh in the SNP and Plaid Cymru could pursue the idea of "a Europe of nationalities", bringing together various of the "unhistoric nations" as defined by Marx. Beyond the political arena, industrial regionalism flourished as in the "Motor" scheme for regional, industrial and educational collaboration linking Wales with Baden-Württemburg, Catalonia, Rhone-Alpes and Lombardy. It is at least possible that in the later 1990s, federalism both in Europe and within the United Kingdom could prove more acceptable in Britain, along with other constitutional changes such as electoral reform and a bill of rights. Following industrial decline and the malaise of the Thatcher years, the hour of British federalism may yet come.

For all that, federalism still remains unpopular in Britain, and the notion of a federal Europe anathema. The English – and, it would seem, many Scots, Welsh and Northern Irish as well – see the idea as involving a surrender of sovereign power from a familiar, historic, accountable and representative parliament to an ill-designed, sprawling bureaucracy in a foreign land. The centralizing tendencies of Jacques Delors' Brussels have not helped. Federalism to most of the British is seen as a kind of foreign encroachment unknown in our history since the Norman conquest in 1066, undermining the supremacy of parliament and the rule of law. The image of Big Ben, of "the mother of parliaments", sanctified during the 1939–45 war as the beacon of liberty for an occupied continent, remains proof against federalist ideas. The fact that the European Community and the Treaty of Rome inevitably mean a pooling of sovereignty, and moves towards a growing political, economic and monetary union, quite apart from particular arguments over the meaning of Maastricht, the value of the ERM and the principle of "subsidiarity", is not well understood by British people. Nor is it by their government. Whatever the vitality of the federal idea in contemporary Germany, therefore, the gulf in Anglo-German understanding remains. Federalism remains as suspect to the British in external European terms in the 1990s as it was in internal United Kingdom terms before 1914.

Zusammenfassung

Das Vereinigte Königreich erfüllte eine mögliche Vorbedingung eines föderalen Systems, da es vier unterschiedliche nationale Einheiten enthielt – England, Wales, Schottland und Irland. Dennoch nahm der Föderalismus in der neueren britischen Geschichte nur eine marginale Rolle ein.

Großbritannien hat, was die Regierungstätigkeit betrifft, eine mit dem frühen Mittelalter einsetzende zentralistische Tradition. Nach der Revolution von 1688 galt die Suprematie der "Crown in parliament" als unumstößlicher Grundsatz der britischen Verfassung. Freilich waren der Ausübung der Macht durch die Zentrale enge Grenzen gesetzt. Zudem überlebte die nationale und kulturelle Identität der mit England vereinigten keltischen Völker im modernen Industriestaat Großbritannien, ja, sie gelangte sogar zu neuer Blüte. Im Vereinigten Königreich waren Staat und Nation fest umrissene Ideen. Das gleiche gilt für den Staat und die nationalen Besonderheiten von Wales (vor allem im Hinblick auf seine Sprache), Schottland (nach dem "Act of Union" von 1707) und, in zunehmendem Maße nach 1815, Irland. Im Großbritannien des 19. Jahrhunderts ging es folglich darum, die britische nationale (und imperiale) Identität mit den nationalen Aspirationen der keltischen Völker in Einklang zu bringen.

Insbesondere auf liberale Intellektuelle und Politiker übte die Idee des Föderalismus im Großbritannien des 19. Jahrhunderts eine gewisse Anziehungskraft aus. Dies lag einmal am Interesse an kontinentalen föderalen Systemen, vornehmlich dem der Schweiz. Auch die imperiale Entwicklung trug dazu bei, insbesondere der "Canada Act" von 1867. Besondere Aufmerksamkeit erregte der Machtzuwachs der Vereinigten Staaten von Amerika, ein zentraler Bezugspunkt und Modell für die führenden britischen Liberalen, einschließlich Gladstones, der ein großes Interesse am föderalen System der USA entwickelte.

Zu einer Kernfrage der britischen Politik wurde der Föderalismus mit dem Aufstieg der irischen Nationalbewegung seit den 60er Jahren des 19. Jahrhunderts. Isaac Butt, ein früher Vorkämpfer für "Home Rule", trat nach seinen eigenen Worten für eine föderale Lösung des irischen Problems in den frühen 70er Jahren ein. Gladstone sprach zwar viel von Föderalismus bei seinem Versuch, die Mißstände in Irland zu beheben, aber in seiner ersten Gesetzesvorlage zum "Home Rule" von 1886 hatte er eher die Suprematie des Parlaments als eine bundesstaatliche Lösung im Blick. Mit seiner zweiten Gesetzesvorlage von 1893 sollte die irische Vertretung in Westminster wiederhergestellt werden, aber auch sie blieb weit hinter einem föderalen Plan zurück. Sein großer Gegner, Joseph Chamberlain, legte zwar eine föderale, allgemeine "Home-Rule"-Konzeption vor, beabsichtigte damit aber, das Verlangen nach Autonomie in Irland zu beschneiden und imperiale Kontrolle zu proklamieren.

Im Unterschied zu Irland zeigten Wales und Schottland, die ihre nationalen Aspirationen im späten 19. Jahrhundert entwickelten, wenig Interesse an föderalistischen Lösungsansätzen. Die Schotten waren vor allem Anhänger einer unionistischen Politik und wurden mit dem "Scottish Office" im Jahre 1885 zufriedengestellt. Die neue Generation walisischer nationaler Führer nach 1885, insbesondere David Lloyd George, konzentrierte sich auf Kirchen-, Land- und Erziehungsfragen. Wales war nie ein einheitlicher Staat wie Schottland vor 1707 gewesen; auch gab es scharfe Trennlinien zwischen dem ländlichen und industrialisierten Wales sowie zwischen den anglisierten städtischen Gebieten und den walisisch sprechenden Bergregionen, die das Interesse an Dezentralisierung zugunsten von Wales minderten. Das Interesse an Autonomie war in Wales und Schottland wesentlich geringer ausgeprägt als in Irland. Eine Ausnahme bildet nur die frühe Labour-Bewegung, in der Männer wie Keir Hardie Selbstverwaltung für ein sozialistisches Schottland und Wales anstrebten.

Föderale Ideen wurden auch im Zusammenhang mit der Diskussion um die Organisation des Empire von Männern wie Chamberlain und Milner geäußert. Sie trafen indes auf Widerstand von den sich selbst verwaltenden Kolonien, vor allem von Kanada und Australien.

Vor 1914 gab es einen Versuch, im Föderalismus eine Lösung sowohl für das irische Dilemma als auch für das Problem der Einheit des Empire zu finden. Insbesondere in Lord Milners "Kindergarten" – einer Gruppe junger Imperialisten – sowie in der Zeitschrift "The Round Table", herausgegeben von F.S. Oliver, wurde diesen Gedanken Ausdruck verliehen. 1912 zog man Erkundigungen ein über "Home Rule" in Irland als Teil eines größeren föderalen Systems. Von seiten der Regierung war es Lloyd George, der diese Idee favorisierte. Im Rahmen seines nicht realisierten Vorschlags einer Mehr-Parteien-Koalition von 1910 brachte er die Möglichkeit einer föderalen Lösung der irischen Frage vor. Diese hatte indes nie eine Chance, verwirklicht zu werden: Für die Engländer war sie gleichbedeutend mit dem Auseinanderbrechen des Empire, und sie konnte den Nationalismus der Iren nicht befriedigen. In der dritten "Home-Rule"-Vorlage von 1912 konnten sich föderale Ideen nicht durchsetzen, nicht zuletzt weil sie keine der beiden Seiten in Irland zufriedenstellten, das 1914 einem Bürgerkrieg nahe schien.

Am Ende des Ersten Weltkrieges meldete sich der Föderalismus in Großbritannien ein letztes Mal zu Wort. Der Vertrag von Versailles fiel zeitlich zusammen mit einem erneuten Interesse an dieser Idee, mit deren Hilfe man die Regierungsprobleme lösen wollte. Vor allem Labour, die Liberalen und die Anhänger von Milner sind hier zu nennen. Auf der "Speaker's Conference" von 1919 wurden verschiedene Formen von Dezentralisierung beraten. Aber alle ihre Entwürfe scheiterten, einschließlich Murray MacDonalds Plan einer föderalen Reorganisation Großbritanniens. Das Interesse an Dezentralisierung in Schottland und Wales ließ daraufhin stark nach. Dort war Labour die führende Partei, deren im wesentlichen unionistische und zentralistische Botschaft von Aneurin Bevan und anderen vom linken Flügel verkündet wurde.

Vom Föderalismus war hauptsächlich in England die Rede. Aber auch dort interessierte er vorwiegend Intellektuelle, die am Empire festhielten. Als Irland zwischen 1922 und 1968 mehr und mehr vom Vordergrund des politischen Interesses verschwand, reduzierte dies auch den Zwang, eine föderale Kompromiß-Lösung zu finden. Das dem Föderalismus so wenig Interesse entgegengebracht wird, hängt vor allem mit einem weit verbreiteten Konservatismus der Briten im Hinblick auf Verfassungsreformen zusammen – eine Haltung, die durch zwei Weltkriege verstärkt wurde. In den 90er Jahren unseres Jahrhunderts ist der europäische Föderalismus in Großbritannien genauso verdächtig wie der keltische Föderalismus vor 1919.

Peter Lyon

Federalism in British Imperial and Commonwealth Experience

Federalism has not invariably been a swear-word in British political vocabulary. Quite often the reverse is true, though the richness and variety of British federalist theorizing and advocacy is not widely known – no doubt because these have remained relatively minor motifs in British political culture.

The present essay is an exercise in stocktaking, in the manner of historical sociology or an historian of ideas, with a considerable emphasis on bibliographical items.[1] It is organized chronologically and phasically, attempting to take account of the main vicissitudes in avowal and practice regarding federalism within the British Empire and its rather different transmuted successor, the Commonwealth – for federalists are frequently inclined to comment on, and argue with, their predecessors and to engage in historical analysis and exegesis.

Genuine federalism is a species of constitutional government. Although the pedigree of federalist ideas can be traced from early constitutionalist ideas and advocacy, and from some experiments with confederacy, it is undoubtedly the case that the first classical modern exposition (if such is not a contradiction in terms) is to be found in *The Federalist Papers*,[2] with its famous triumvirate of authors.

1 The literature on federalism relevant to British Imperial and Commonwealth experience is already enormous, and there is no one comprehensive, authoritative, up-to-date guide. A useful 38-page pamphlet which provides bibliographical guidance to April 1988, despite the inclusion of a number of items which have very slight federalist content, was compiled by *Michael Burgess* (Ed.), Modern Federalism: A Select Bibliography, London 1988.

2 These were a series of 85 articles by Alexander Hamilton (who wrote 51 of them), James Madison (24) and John Jay (5). The Papers were first published (under the single pseudonym Publius) in support of the campaign for ratification of the US Constitution in 1787–88. See *A. Hamilton, J. Madison* and *J. Jay*, The Federalist, ed. by *M. Beloff*, Oxford 1948. It has been argued that it is of the essence of the truly modern constitutional state to be federal. Writing in the late 1920s and some time before he became the distinguished and yet idiosyncratic editor of Britains's left-wing weekly, *The New Statesman*, Kingsley Martin claimed that "the argument that every modern State is really federal, and draws its authority from the fact that particular associations and corporations all play their part in the composition of any genuine community, is not of course confined to those whose federalism is mainly economic, but is equally found in Maitland, Figgis and Laski. This position is really first stated in Rousseau's Political Economy." *B.K. Martin*, French Liberal Thought in the Eighteenth Century (1929), 2nd edition, London 1954, p. 21, fn. 1.

The terms federal and confederal[3] were frequently confused and used interchangeably as virtual synonyms before the early twentieth century.

I. To the First World War

The British Empire, throughout its many mutations, was always a baroque affair, displaying heterogeneous qualities which defied easy, neat definition or much regulation by uniformities. Debates about its proper composition and organization, and about the most appropriate form of government, were thus, not surprisingly, similarly diverse, and from the late eighteenth century federalist ideas made up one set of strands within the skeins of ongoing argument and advocacy. Before the twentieth century, though, there are no towering treatises or works of canonical distinction regarding federation for or within the Empire, though there were in the nineteenth century innumerable tracts, exercises in advocacy, articles, and polemical broadsides and exchanges.[4] Canada and the British North America Act of 1867 marked one watershed. Although the British Empire was basically run by the British (with the assistance, incidentally, of many Irishmen, especially in the armies), many locals, indigenes, brown, black and yellow as well as whites, were co-opted as collaborators, and some of these became Imperial or local federalists, though until the twentieth century these would-be federalists came almost entirely only from the white cohorts because others were shut out from exercising and enjoying political power.

The British Empire thus was ruled by white men (and very occasionally by white women) but was more numerously served and serviced by co-opted non-whites. Despite deliberate Anglicization (for instance, in Canada, South Africa and India in the early nineteenth century), there was not a great deal of explicit white, ideological racialism, though the Empire was undeniably a system of white men's hegemony. In theorizing about the Empire, federal ideas and schemes were a recurrent, if minor, motif.

[3] Confederation means a qualified union. Although the distinction between confederation and federation did not become usual in English until after 1870, in Germany the thing and the words were distinguished clearly by 1815 *(Staatenbund, Bundesstaat).* The practical distinction is as old as the US constitution, first drafted in 1787, and coming into force in 1788. It was explicitly made by Hamilton in *The Federalist,* No. 15. The common English synonym for confederation is confederacy. "In recent years, both single purpose and multi-purpose confederations have proliferated and dominate diplomacy": *C.J. Hughes,* Confederation, in: *Vernon Bogdanor* (Ed.), The Blackwell Encyclopedia of Political Science, Oxford 1991, pp. 129 – 130. See also *Murray Forsyth,* Unions of States. The Theory and Practice of Confederation, Leicester 1981.

[4] The flavour of some of these can be obtained from the following three anthologies: *Klaus Knorr,* British Colonial Theories, 1570 – 1850, Toronto 1944; *Jack Simmons,* From Empire to Commonwealth. Principles of British Imperial Government, London 1949; *George Bennet* (Ed.), The Concept of Empire. Burke to Attlee, 1774 – 1947, London 1953.

John Stuart Mill and the Liberal Orthodoxy

Among the few British luminaries who wrote about federalism in general before the First World War, J.S. Mill stands out both because he was one of the earliest to write and the brevity of what he had to say ensured that virtually every serious student of the subject read or knew what he had written, though he had relatively little to say explicitly about the British Empire and its governance, or even about how precisely to arrange its dissolution and supersession.

In his famous essay, *Considerations on Representative Government,* first published in 1861, when he was at the height of his powers as pundit and publicist, John Stuart Mill entitled his penultimate chapter "Of Federal Representative Governments". In a mere ten terse pages Mill argued that "to render a federation advisable, stable and sustainable" three basic conditions are necessary: (1) "a sufficient amount of mutual sympathy among the populations" (and what he had written in his previous chapter on nationality, and indeed his general position on liberty and representative government, is relevant to an understanding of his stress on this point); (2) the separate constitutive states of the federation should not be so powerful as to be able to rely, for protection against foreign encroachment, on their individual strength; and (3) a condition, he insists "not less important than the two others", is "that there should be not a marked inequality of strength among the several contracting states" – this latter condition anticipates the subsequent mortality of several incipient federations, in the Caribbean and in Africa in the 1950s and 1960s, for instance.

The range of practical experience Mill referred to principally in his short disquisition on federation was North American and European – in particular the experience of the United States of America and of the Swiss and German confederations. A student and admirer of the *Federalist Papers* and of the writings of Alexis de Tocqueville and Wilhelm von Humboldt (it was a phrase from the latter's *Sphere and Duties of Government*[5] which supplied the epigraph for Mill's essay *On Liberty*), Mill was no insular Englishman, but European in his outlook. On federations, however, he made it very clear that he much preferred the American example, and in this he was anticipating the weight of emphasis of most subsequent theorising. For even in genuinely comparative studies the United States is often treated as the quintessential example:

> "There are two different modes of organising a Federal Union. The federal authorities may represent the Governments solely, and their acts may be obligatory only on the Governments as such; or they may have the power of enacting laws and issuing orders which are binding directly on individual citizens. The former is the plan of the German so-called Confederation, and of the Swiss Constitution previous to 1847. It was tried in America for a few years immediately following the

[5] An alternative English title for Humboldt's essay is: Some Ideas Concerning the Attempt to Define the Limits of State Action (1792). See *Wilhelm von Humboldt,* The Limits of State Action, ed. by *J.W. Burrow,* Cambridge 1969.

War of Independence. The other principle is that of the existing Constitution of the United States, and has been adopted within the last dozen years by the Swiss Confederacy. The Federal Congress of the American Union is a substantive part of the government of every individual State. Within the limits of its attributions, it makes laws which are obeyed by every citizen individually, executes them through its own officers, and enforces them by its own tribunals."[6]

Mill then affirms, "This is the only principle which has been found, or which is ever likely, to produce an effective federal government". And he adds dismissively, "A union between the governments only is a mere alliance and subject to all the contingencies which render alliances precarious".

At the time when Mill was writing Britain presided over a sprawling, heterogeneous and expanding empire. Mill was a characteristic mid-Victorian liberal (in this respect like Gladstone) in not wanting to see the Empire expanded but in insisting that Britain behave responsibly towards its dependencies as a trustee for civilized standards. In fact, the very last, and also short, chapter of the essay on *Representative Government* is entitled "Of the Government of Dependencies by a Free State". There Mill ruminates on the responsibilities of a free state possessing dependencies, deplores the supersession of the East India Company (for which both he and his father had worked for decades), but curiously enough makes no suggestion, still less recommendation, that federalism is relevant to the government of dependencies: not for Canada, not even eventually for India.

The British liberal historian E.A. Freeman proposed to write a compendious history of Federal Government in several volumes, but actually only completed a first volume (which in chronological terms does not get beyond ancient Greece), which was published in 1863 and which Mill knew even before it was published and he refers to it with respect, in passing, in one footnote. As far as I know, however, Freeman's ambitious historical scheme has never been successfully undertaken and completed, though J.B. Bury produced an interesting volume on early Italian and German ideas of federation from Freeman's posthumous papers.[7]

Mill, advocate of universal female as well as male suffrage, died in 1873, just a few years after Walter Bagehot's famous essays on the English Consitution had been published and twelve years before the launching of A.V. Dicey's *Law of the Constitution*, by that champion of Whiggish constitutionalism and critic of federalism whose tract was to become a standard British text, running through many editions, for decades thereafter. Arguments for or against Dicey, including his brief, rather dismissive comments on federalism, were thus part and parcel of British constitutional argument and theorising from the 1880s until the 1920s or even later. By the 1880s extension of the franchise,

6 *J.S. Mill*, Considerations on Representative Government (1861), ed. by *A.D. Lindsay*, London 1948, p. 368.
7 *E.A. Freeman*, History of Federal Government (Vol. 1, 1863), ed. by *J.B. Bury*, London 1893.

constitutional and parliamentary reform, and Ireland, were prominent items on the agendas of British public life, and in the middle of that decade an Imperial Federation League was launched – though it only lasted for ten years.

The phrase "Imperial Federation" was first coined by a Wesleyan clergyman in 1853 and did not enter common political usage in Britain until the 1870s, or even the 1880s. Ged Martin has tellingly argued and demonstrated, however, that the idea of Imperial Federation was "an integral, if usually minor, aspect of imperial ideas from the mid-eighteenth to the twentieth centuries".[8] Martin also combats two persistent and interrelated misconceptions. First, he maintains that "there was no single dominant scheme of imperial union, and it was more helpful to think not of the monolithic aim of 'Imperial Federation' but of a broader collection of empire federalist ideas". This view, which the present writer endorses, diminishes the significance of the Imperial Federation League in the UK, which formally lasted for just under a decade between 1884 and December 1893, whilst deepening and widening the pedigree and anthology of federally related British imperial ideas. Second, Martin repudiates the notion that would-be imperial federationists were primarily, if not solely, "interested in superimposing on the empire the full machinery of a federal constitution analogous to that of the United States" – which is not to deny the recurrent popularity and advocacy of the American paradigm, especially for its American promoters, either in early imperial federal schemes or in more recent Europhile federalism. F.S. Oliver's quasi-biographical study of *Alexander Hamilton* became almost a bible for many British Imperial Federalists in the decade and a half before the First World War.

In the 1880s and 1890s Henry Sidgwick, close friend of Dicey and Bryce, lectured to Cambridge undergraduates on "The Development of European Polity". He concluded his last course in the Easter term of 1899 with a compressed version of eight lectures, the last one entitled "Modern Federalism". After his death his widow arranged, with the help of friends, to publish a posthumous version of these lectures. In this version Sidgwick spoke of the federality of Germany, Austria and Hungary, Sweden and Norway, and the development of the Swiss polity – "uniquely continuous among less enduring confederations". Sidgwick had nothing to say here about Canada or about Imperial Federation, thus providing further negative confirmation of the recurrent European-versus-Imperial-Commonwealth schizophrenia in the British political mind – for which there are many contemporary examples. Sidgwick argued that the most important cause of federalism is the need for strength in external relations, adding that commercial considerations are another cause. After these rather off-the-cuff remarks, he ended on

[8] *Ged Martin*, Empire Federalism and Imperial Parliamentary Union, 1820 – 1870 in: Historical Journal 16 (1973), pp. 65 – 92; revised and reprinted in *Ronald Hyam* and *Ged Martin*, Reappraisals in Imperial History, London 1975, pp. 121 – 138. For a more limited and contrasting view, see *Michael Burgess*, Forgotten Centenary: The Formation of the Imperial Federation League, 1884, in: The Round Table, No. 289, January 1984, pp. 76 – 85. The minute books of the League are in the British Library in London.

an apostrophic note, prophesying that the federal example of America may become a model for some further integration of west European states. He asserted that:

> "When we turn our gaze from the past to the future, an extension of federalism seems to me the most probable of the political prophecies relative to the form of government."[9]

The first decade of the twentieth century witnessed a quantum leap in constitutional change and development within the British Empire/Commonwealth – with the launching of the federation of the Commonwealth of Australia in 1900, the setting up of a separate Dominions department within the Colonial Office (precursor of a full fledged Dominions Office from 1925 and of a Commonwealth Relations Office from 1947), and the inception of the Dominion of New Zealand (though not as a federation, despite earlier federalist urgings[10] in that country). Last, but not least, there was a very active debate and much campaigning for and against federation for South Africa,[11] which in the event was decided in 1907 – 09 in favour of Union rather than federation.

Just after the South African Union had been launched, the Beit Professor of Colonial History in Oxford, Hugh Edward Egerton, published a compendium with an introductory essay of about 100 pages, in 1911, "at a time when our own unwritten Constitution is in the melting pot", entitled *Federations and Unions within the British Empire.* This curious compilation reprinted the New England Confederation of 1643, William Penn's plan for a Union of the colonies in America, Benjamin Franklin's proposed union for eleven colonies "and for extending the British settlements in North America" (which Egerton called a scheme for federation), before reprinting the British North America Act of 1867, the Australian Commonwealth Act of 1900, and the Union of South Africa Act of 1909. Neither excerpts from *The Federalist Papers* nor the American Constitution were included in Egerton's *travaux preparatoires* for later British experiments in federation or union. The general tone of Egerton's introductory essay is, however, distinctly celebratory. He concluded that "the most keen-sighted of imperialists now recognize that what is necessary is a federation of nations not of provinces", and he added that "in this state of things past precedents count for very little; and a new form of Constitution must needs be evolved to meet a condition of affairs wholly new". Impressed apparently by the Imperial Conference system which had recently emerged, he saw this as a preliminary "from which may be evolved a more systematic organization of the Empire". Thirteen years and another edition later, he had to admit that after

9 *H. Sidgwick,* The Development of European Polity, London 1903, Lecture 29, pp. 462 – 439, "Modern Federalism", especially p. 439.

10 See *K. Sinclair,* A Short History of New Zealand, 2nd edition, Harmondsworth 1987.

11 The best single account of the federalist versus unionist debate in early 20th century South Africa is by *L.M. Thompson,* The Unification of South Africa, 1902 – 10, Oxford 1960. See also *Thompson's* bibliographical chapter, South Africa, in: *R.W. Winks* (Ed.), The Historiography of the British Empire-Commonwealth, Durham (N.C.) 1966. Smuts's contribution was immense and uniquely influential. See especially *W.K. Hancock,* Smuts, Vol. 1: The Sanguine Years 1870 – 1919, Cambridge 1962, especially Chapter 13.

the expectations raised by co-operation during the First World War "the systematic organization" of the British Commonwealth of Nations seemed as far from realization as it had been in 1911. Also, from South Africa the young men around Lord Milner, his kindergarten as they became known as, regrouped in London and launched *The Round Table*,[12] with Lionel Curtis as one of its principal promoters. Not all the Round Tablers were imperial federalists or unionists but many were, and for a time they acted as an able, intellectual "ginger group" or "think tank" in imperial arguments and controversies. And, for all the mellow mistiness of his thought, Curtis[13] may be said to be a principal putative father of the modern Commonwealth.

II. 1914 – 1945

Although Britain had emerged out of the First World War and the Peace Settlements which followed with more territory (principally because of the mandatory powers assumed under Article 22 of the League of Nations Covenant), the partition of Ireland and the consequent emergence of the independent state of Eire in 1921 marked a major watershed in British history. It ended the era of the expansion of England and marked a real contraction of the United Kingdom, with the newly independent State of Ireland beginning independence with irredentist ambitions, to recover eventually the "lost counties" of Ulster and frankly preferring a European rather than an Imperial or Commonwealth orientation. Indeed, the Irish were no votaries for Imperial Federation, already in fact a dead cause by 1921, and from 1921 to 1949 Eire was a markedly reluctant Dominion (substantially withdrawing from the Commonwealth in fact after 1937, though not formally until 1949) but in some other respects remains a curiously tenacious, semi-detached hinge to the United Kingdom of Great Britain and Northern Ireland, with Ulster imparting some quasi-federalist characteristics to this ostensibly United Kingdom.

Two world wars and the experience of the great depression greatly affected the workings and assessments of federations in this period. Within Canada and Australia centrist claims as against local State or Provincial authority tended to prevail, and both systems in their inter-war perturbations produced some searching examinations of their federal condition.[14]

A splendid literary epilogue on this phase of the history of federalism was provided by the publication of K.C. Wheare's *Federal Government* in 1946.[15] Australian born but

[12] See *John Kendle*, The Round Table Movement and Imperial Union, Toronto 1975.

[13] We await the publication of *Deborah Lavin's* authoritative biography of Curtis (this imperial *éminence grise*-fixer), now in the press.

[14] The relevant bibliographical items here are too extensive to cite. I would like to express a personal debt to Professor James Walter, Head of the Sir Robert Menzies Centre for Australian Studies, University of London, 1990 – 92, for much help and guidance with Australian material. Among extensive Canadian literature the writings of *Smiley* and of *Alan C. Cairns* are particularly illuminating.

[15] *K.C. Wheare,* Federal Government, London 1946.

long domiciled as a don in Oxford, Wheare had already achieved a considerable academic reputation for his authoritative study of the Statute of Westminster and its significance. Wheare now published what has been characterized as "the first truly path-breaking book in the comparative study of federalism".[16] All subsequent general study of federalism must locate itself by some reference to his work.

Wheare defines federalism as that system of government in which the federal and regional governments are both co-ordinate and independent. Following this definition, he stressed the sharp division of powers and functions of two coequal sovereignties as a basis for classifying systems of government as federal. His definition derived primarily from his analysis of the American Constitution, and most notably from its formally sharp division of powers between national and state governments.

Wheare then compared the constitutions of governments with their actual operations in order to classify them as federal or non-federal in practice. He claimed that only three actual working constitutions clearly satisfied his criteria of "federal" – those of the United States, Australia, and Switzerland. Canada, the fourth system which he examined in some depth, did not for him qualify as having a federal constitution, primarily because the powers of disallowance and reservation of provincial legislation accorded the federal government effectively nullified the co-equal status of the provincial governments. Ironically enough, although Wheare's book soon became a *vade mecum* for all would-be informed federalists and was to re-emerge in subsequent editions, there is little sign in this first edition that Wheare foresaw that federalism would attract as much support and experimentation as it actually has commanded since 1945. It may well be, however, that Wheare was substantially right in claiming that at any one time there are actually few extant working and genuine federations.

III. Since the Second World War

Apart from the continuing and richly controversial histories of Canada and Australia, Commonwealth experience of federalism since the Second World War has been notably that of Malaya (and Malaysia), Nigeria, perhaps India and Pakistan, and perhaps increasingly will concern South Africa too. There is a record, which should at least be noted, also of frail and failed federations especially in the 1950s, a time when, ironically, British governments were emphatically rejecting a federal future for their country in Europe.[17]

In the last stages of its life the British Empire was an incubator, and since 1945 the Commonwealth has proved to be a laboratory, or rather a series of laboratories, for

16 *Michael B. Stein,* Federal Political Systems and Federal Societies, in: World Politics 20 (1967/68), p. 722.

17 On this theme, see a number of pertinent essays by *Max Beloff,* republished in: The Great Powers, London 1959, especially: "The Federal Solution" in its application to Europe, Asia and Africa, from: Political Studies 1 (1954).

testing and according federal constitutional experiments. If bibliographical and academic evidence is required for North American interest in federalism in the Commonwealth, then this was amply forthcoming in the 1960s as decolonization gathered pace. For example, in 1963, a very useful and comprehensive bibliographical, book-length compilation on *Federalism in the Commonwealth* was published by Cassell for The Hansard Society for Parliamentary Government. Edited (with a short introductory chapter) by William G. Livingstone of the University of Texas (himself already the author of a treatise primarily devoted to the theme of the relation between the federal system and the amendment of the Constitution), it had eight substantive chapters of countries or regions (Canada, Australia, West Indies, India, Pakistan, Malaya, Nigeria, Rhodesia and Nyasaland). Nine of its eleven contributors (two chapters, those on Australia and on Rhodesia-Nyasaland, were co-authored) were teaching in North American universities. S.R. Davis and C.A. Hughes, who jointly wrote the chapter on Australia, were at universities in Australia.

Livingstone, in his introduction, claimed that federalism as employed in the Commonwealth displayed certain distinguishing characteristics, largely derived from the British connection, that differentiate it from federalism elsewhere. These (in reverse order to his listing), he suggested, were basically four:

(i) The sharing of a common political culture or common civic tradition with Britain, though "This quality is not easy to define but it centres around a common tradition of decency, a common sense of the value of human dignity and liberty, the uses of the rule of law, a particular conception of the place of bureaucracy, and a common (if sometimes attenuated) respect for the traditional values of free constitutional government".

(ii) Commonwealth federalism differs from the continental types of Europe in that both central and component governments administer their own laws as they have enacted them under their allotted shares of legislative authority.

(iii) Federalism in the Commonwealth is different from its counterpart in the US in that it has regularly been combined with a parliamentary system of responsible government, even in most of those nations that have chosen to become republics rather than to continue as monarchies under the Crown.

(iv) Many of the "federal" member-nations of the Commonwealth are still monarchies and have retained the legal and constitutional usages of the British Crown, together with many of the sentimental and legal myths that surround it in Great Britain.

All of these are eminently arguable points today and I would maintain that the fourth point is only tangentially related to the theme of federation. Of the Commonwealth autochthonous monarchies only Malaysia has proved to be a reasonably resilient and durable federation, despite uncertainties regarding the powers and prerogatives of the hereditary rulers of its component states.

After Wheare, however, the most substantial, comprehensive and original single author-study of federalism in relation to the Commonwealth (perhaps the only one of real authority and wide-ranging scholarship) was that published by R.L. Watts, Professor of Political Studies from Queen's University, Kingston, Ontario, Canada, in 1966. Entitled *New Federations. Experiments in the Commonwealth*, this was a study which took within its purview six federations: those of India, Pakistan, Malaya and Malaysia, Nigeria, Rhodesia and Nyasaland, and the West Indies. Of these, only Malaysia and Nigeria are indubitably federal systems in the early 1990s, though a case could be made to include India in this company. Watts's treatise was, however, much more than a series of six case-studies. It was a far-ranging, sharply analytical, sociologically and legally sophisticated treatment of its subject in a wide perspective. Basically, Watts contends that "the fundamental and differentiating characteristic of a federal political system is the co-ordinate status of the governments exercising authority", and he claims that "what distinguishes federal from other forms of government is that neither the federal nor the regional government is subordinate to the other as in unitary or confederal political systems". This is a study which deserves to be reprinted and perhaps some of its material updated, for it is one of the very few outstanding book-length treatments of this subject relevant to Commonwealth experience.

It is relevant here to say something briefly about Malaya/Malaysia, Australia, counterfeit federations, India and Pakistan, and South Africa. Lack of space here, given the necessary essay length of this paper, allows only the merest passing mention of Canada, although this is the Commonwealth federation which has spawned far and away the greatest amount of analysis, polemic and controversy – utilising in the process veritable forests of paper.

Malaya/Malaysia

The federation of Malaya which emerged in 1948 was the fruit of a successful revolt spearheaded jointly by leading Malays (especially through UMNO, the United Malay National Organisation) and British expatriate Malaya-hands against the original British governmental plan for a Malayan Union. The basic communal pluralism of Malaya (and its hitherto administrative complexity) thus was reasserted and reformulated in a federal political form, which fundamentally has prevailed down to today. For the Malaysian federation of 1963 was basically built on the 1948 federal foundations, and these lineaments are still evident despite the amendments of 1983. Since he became Malaysia's Prime Minister in 1981, Dr. Mahathir Mohammed has provided a spirited and controversial premiership of the federation, based on his ascendancy in UMNO (now incorporated within the ruling Alliance) – which is in itself a reminder of the importance that attaches to political party formations and to so-called informal factors in the workings of federations. The Constitution provides for one of the nine rulers of the Malay states to be elected from among themselves to be Yang di Pertuan Agong (Head of State) for five years. In the early 1990s Dr. Mahathir is attempting to restrict the powers and privileges of the hereditary rulers. Malaysia's federation repeatedly has demonstrated strong centrist tendencies in the endless ding-dong between centre and constituent states.

Regarding Malaysia's future, it is possible, as with most federations, to imagine pessimistic or optimistic scenarios.

The pessimist is inclined to mention the communal riots of 1969 and the fear that something like these could be repeated, the conservatism and social hierarchies of the Malay courts, the autocratic tendencies of the present Prime Minister, and the fear that Sabah and/or Sarawak may eventually make a bid to secede and thus "Pakistanize" the State (to cite what happened to east Pakistan in 1971 by way of an unhappy analogy).

The optimist is inclined to mention the buoyancy of the economy, the relative rareness of communal violence, and the persistence and workability of Malaysia's federal institutions over the past 30 – 40 years.

Australia

After nearly a century of federation, the nature of the Australian federal system (officially designated the Commonwealth of Australia) currently is undergoing close scrutiny. Arguably, some features of the debates of the 1890s, which brought about Australian federation, are being repeated in the 1990s. Throughout its history the character and provenances of the Australian federation have been much debated by Australians, and for much of the federation's history the Australian Labor Party has been in favour of its abolition and replacement by a stronger central state. This national ALP government (in power since 1983) at present advocates moves not to replace the federal system, but to make it work better. The current Australian reform movement has not, so far, been lacerated by deep discords similar to those afflicting the Canadian federation. Instead, a dominant motif seems to be the recognition that a strong central state (with majoritarian notions of democracy) does not usually well serve a geographically dispersed and regionally highly differentiated country. Therefore co-operation between levels of government and acknowledgement of appropriate political authority at each level (along with consensus notions of democracy) now seem to be regarded as the best way forward. Thus currently Australians are grappling with the questions of national efficiency versus regionalism, the centrifugal tendencies of judicial review and financial regulation, the correct role of local government, and how to manage intergovernmental relations.

Counterfeit Federations

Two common versions of counterfeit federation should be mentioned briefly, as they often stray like digressive hares across the broad courseway of federal theory and practice. These two counterfeit forms of federalism may be called "Stalinist federation" and "Praetorian federation".

"Stalinist federation" was classically expressed in Stalin's 1936 Constitution for the USSR which, formally speaking, allowed for the secession of constituent states. In practice, however, the monopolistic position of the Communist party vitiated and rendered nugatory all the ostensible claims that were made for this as a federal system. The dissolution of the USSR and of the Titoist version of a federal Yugoslavia in the past few years might be seen by some to prove the inherent fragility and friability of federations. But these were counterfeit federations, at best, not genuinely constitutional arrangements. Whilst they worked, or at least lasted, the ruling Communist party always exercised a *de facto* monopoly, independent judicial review was not really possible, and provision for constitutional revision was either non-existent or entirely illusory. There is a small past but no serious future for this category in Commonwealth practice.

"Praetorian federalism" is a label for ostensible federations where governmental power has been seized by the armed forces, usually the army. As with monopolistic rule by a Communist party, this invariably means that party political competition is banned or rendered nugatory. This, too, therefore must be regarded as a counterfeit form of federalism, as constitutional government has been abandoned or at least held in suspense. Usually, however, those army leaders who have seized power proclaim their intention of returning to the barracks as soon as, in their judgement, this is feasible, and of restoring civilian rule. The themes of whether or not soldiers are at all sincere and successful in such aims – of the militarization and demilitarization of polities, and of coups and their sequels – are intrinsically interesting matters but range wider, or at least in different dimensions from federalism. Where soldiers have seized power in a federation, as they have most notably in recent Commonwealth history in Nigeria, then they have not shown themselves to be subtle governors nor more sensitive than their civilian predecessors to the indubitable need to maintain a dynamic system of checks and balances in any genuinely constitutional federation.

Nigeria

The Nigerian federation since Nigeria became fully independent in 1960 has experienced the traumas of a civil-cum-secessionist war, the imposition and reimposition of military rule following military coups in December 1983 and August 1985, and much re-jigging of the constituent states of its federation, which has a pedigree going back to arrangements made by the British in 1954 and in some senses back to 1914. On 1 October 1960 Nigeria became sovereign and independent and a member of the Commonwealth, and on 1 October 1963 a republic. In 1967 the federation was rearranged into 12 component states; in 1976 these were increased to 19; and in 1987 to 21 – classic applications, perhaps, of attempts to heed J.S. Mill's warnings about the dangers inherent in mighty subordinate states – but also, and publicly more justifiable, they were designed to make the federation more comfortably congruent with the ethnic and linguistic diversities of the Nigerian polity. There is no doubt that since the early 1980s Nigeria has had a species of praetorian federalism, and one distinguished Nigerian constitutional lawyer, Professor Nwabueze, has written of "the ineffectiveness of federalism to foster national unity, stability and constitutionalism in Nigeria",[18] but the present government, headed by General Ibrahim B. Babangida, is professedly set on a path designed to provide practical refutations of the Professor's pessimistic claims.

It would be seriously misleading, however, to state, or even imply, that the overall record of federalizing endeavour within the Commonwealth is principally one of a series of successes. Frankness and fidelity to the rather mixed actual record have compelled the admission that there are a number of failed federations and of phases of counterfeit federations.

The British as Tutors in Federalising

It is perhaps more of a curious fact that the British, who had little or no practical experience of running, and even less of living under, federations should have prescribed so many in their early planning efforts to decolonize and to fabricate federations – in the Caribbean, in east and central Africa, and in Southeast Asia, for example – in the 1950s. It is not surprising that most, not all, of these proved to be frail, gimcrack structures which did not last very long. Although there have been one or two brief attempts to account for this rather inglorious and unsuccessful aspect of British decolonization, it is in fact a rather large and interesting theme which still awaits a serious historian and academic scrutiner-cum-assessor.

It is necessary to say something briefly about India and Pakistan, both populous states which are often included in taxonomies of federations, if only as quasifederal systems.

India

There is an element of paradox about India in relation to federalism. Formally speaking, India is not a Federation but a Union of states with a central or Union government explicitly vested with superior powers to those of its constituent states. Such, however, is the size, complexity and heterogeneity of India that there are quite a few "federalising" qualities (to employ a useful, if not entirely unambiguous transitive verb invented by the late Carl Friedrich) in the actual workings of the Indian political system. Since the dominance of the Congress at both the centre and in all, or virtually all, of the states came to an end, the endless process of discussion, compromise, bargaining and occasional uses of force by the centre have displayed "federalising" characteristics, even if ultimately the federal quality of India remains a metaphor. Such is the size and peculiarity, complex idiosyncrasy, of India, however, that it remains an abdurate, awkward case and challenge (and often the dissolvent or deviant case) to all forms of comparative political analysis, including the comparative study of federalism.

18 *B.O. Nwabueze,* Constitutionalism in the Emergent States, London 1973, especially Chapter 5: The Ineffectiveness of Federalism to Foster National Unity, Stability and Constitutionalism in Nigeria, pp. 111 – 138.

Pakistan

Since being launched as an independent state in 1947, Pakistan has veered between praetorianism and a feverish populism. The political, economic and administrative dominance of the province of the Punjab and of Punjabis in Pakistan's political life has been a central feature of Pakistan's political system ever since the severance of east from west Pakistan in 1971, with the consequent emergence of Bangladesh. Even between 1947 and 1971 Pakistan was in no serious sense a practising federation, and attempts to invest Pakistan's history with elements of federalism are more ingenious than persuasive and, in any case, refer only to transient moments or marginalia of its national life hithertofore.

South Africa

South Africa left the Commonwealth in 1961, exactly 50 years after the launching of its Union in 1910–11, but it is widely expected that she might return to the Commonwealth some time in the mid-1990s.

In early September 1992, President F.W. de Klerk addressed a conference of progovernment parties on federation: What Mrs. Helen Suzman, the veteran South African campaigner against apartheid, calls the "f" word.

When negotiations get seriously underway on a new Constitution, the debate for or against federation will be one of the toughest to resolve, for it goes to the heart of how political power will be shared in the new South Africa, surely one of the most divided countries, ethnically, racially, culturally and linguistically, in the present-day world.

Federation might seem to be the obvious solution for the problem of South Africa's diversity. An Oxford political scientist, R.W. Johnson, writing in Johannesburg's *Star* newspaper on 9 September 1992, pointed out that "nowhere else in the world has the democratic government of so large and various a population even been attempted without resort to federation".

Unhappily for those who currently favour some kind of federal solution in South Africa – such groupings or interests, for example, as the incumbent government, the Zulu-based Inkatha Freedom party, and the Liberal Democratic party – the very concept has been discredited by decades of apartheid, which was itself a demented version of federalism. For the guiding principle of apartheid was that each of South Africa's peoples – white, coloured, Indian, Zulu, Xhosa, Sotho, Swazi, etc – should be granted the right of self-determination in their own nation-state.

Accordingly, ten black tribal states were created (officially labelled homelands). Each was to have gained independence (four did accept independence, while the other six are known as "self-governing" states) as part of a confederation of regional states, including white South Africa. Given that background, it is not surprising that the African National Congress (ANC) views Pretoria's plans for a federal South Africa as a renewed attempt to "divide and rule". The present government undoubtedly sees devolution of power to regional and local levels as the best means of preventing domination by an omnipotent black government ruling from Pretoria. It could be that there will be some kind of a federal future for South Africa.

Canada

Does the continual evidence of constitutional crisis in present-day Canada point to the intrinsic pathology of this federation or its creative adaptability? The result of the referendum on 26 October 1992 and the consequent rejection of the Charlottetown formula (coming not long after the failure of the Meech Lake accord) leave Canada's immediate constitutional future as uncertain as the immediate past which preceded it. All in all, there is quite a lot of evidence to suggest that constitutional federations are at least as successful as unitary states at constitutional crisis management. Recent Canadian evidence could support rather than refute this proposition.

Some Conclusions

The varieties of federalism revealed in even this rather cursory survey of British imperial and Commonwealth experience amply confirm that there is no single quintessential federation, that this very variety attests to the vitality of the federal idea, and that the continual institutionalized centre/state tussels and arguments which always ensue ensure that federalism will endlessly be a controversial form of government.

Federalism is not an intrinsically frail constitutional vessel but a system which centrally incorporates discussion and debate and accords formal recognition to ideas of devolution and decentralization. It is thus liable to be found more and more relevant by democrats in many countries, amongst those seeking to reconcile unity with diversity, stability with persisting pluralities.

Five general points seem to me pertinent, or at least plausible, at the end of this somewhat discursive essay:

(1) Federalist ideas and practices have been fertilizing in Commonwealth political theory and practice. Even where macro-federalist ideas (such as those for Imperial Federation in the 19th century or for Caribbean, east or central African federations in the 1960s) failed to fructify, their votaries and the fact that such schemes were promoted led to serious public discussion about the conditions for co-existence and co-operation between diverse adjacent peoples. And the enduring examples of Canada, Australia, Nigeria and Malaysia attest both to the variety as well as to the vitality of federalist ideas and practices in a Commonwealth context.

(2) The nature and quality of local nationalism, concern and respect for human rights, the conduct of free and fair elections, a marked preference for genuinely open (transparent) political competition in a multi-party system rather than a single-party, monopolistic system – these are currently the ascendant orthodoxies espoused by

the Commonwealth in its collective endeavours, and liable to affect the fortunes, or misfortunes, of its federations as well as its other systems.

(3) It is a sombre thought, given the recurrent propensity during the past two or more centuries of many politicians and publicists to regard American federalism as the paradigm case, that today no-one, neither Americans nor others, seem to be urging that the American case is exemplary. And, of course, the American federal union is always changing somewhat. In the age of Bush and Clinton, it is not as it was in the days of F.D.R., still less what it was at the time of Lincoln, Andrew Jackson or George Washington. This simple thought prompts a further reflection. If the American example or norm no longer seems so persuasive, as near to the ideal typical federation, as J.S. Mill or Kenneth Wheare seemed to regard it, then is there not a strong case in the 1990s for some fresh comparative studies of federalism, not only taking account of recent history but also rethinking the categories of analysis and explanation?

(4) Federalism certainly is not the simplest form of government. In a certain sense it is a complex, institutionalized form of binary government, of government proceeding by parliamentary, or at least representative assembly, discussion. The student of contemporary federalism, interested in tracing the achievements and shortcomings of actual federations at work, could spend a great deal of time, some of it profitably, merely endeavouring to read relevant publications recently and currently emanating either from Australia or from Canada.

(5) "When the conditions exist for the formation of efficient and durable Federal Unions, the multiplication of them is always a benefit to the world." So wrote John Stuart Mill in his chapter on Federal Representative Government, mentioned above. This nearly tautological proposition exudes an air of liberal optimism. Will it remain a remnant of mid-Victorian naivety, or could it be an epigraph for new federal constitutional experiments in the late twentieth and early twenty-first centuries?

Zusammenfassung

Thema: Die Gestaltungskraft föderaler Ideen, Argumente und Experimente in der Geschichte des britischen Empire und deren wichtigste Veränderungen

4 Hauptphasen:

1) Vor 1914
- Makro- und mikro-föderalistische Ideen und Pläne in der Frühphase: J.S. Mill und die liberale Orthodoxie
- Aufstieg und Fall des Gedankens einer "Imperial Federation"
- Kanada, Australien und Südafrika – Varianten des föderalen Gedankens

2) 1914 – 1945
- Föderalistische Ideen in Krieg, Depression und Kaltem Krieg
- Ein Vergleich der kanadischen und der australischen Erfahrung

3) 1945 – 1970
- Föderalismus und Entkolonialisierung – "Entwicklungsfähigkeit" und Mannigfaltigkeit
- Gescheiterte und beginnende Föderationen
  (die westindischen Inseln, Ost- und Zentralafrika, Südarabien, Malaysia)
  (föderale Transformation, vor allem Kanada, Australien und Indien)
  (von Wheare zu Beloff, Livingstone, Sawer und Winks)

4) Von den 70er bis in die 90er Jahre
- Föderalismus und das post-koloniale Commonwealth der Gegenwart
- Das Verhältnis von Föderalismus zu Menschenrechten und einer sinnvollen Regierungsform
  - Föderale Transformationen in Kanada und Australien
  - Das Schicksal von Commonwealth-Föderationen in der Dritten Welt
  - Eine föderale Zukunft für Südafrika?

Murray Forsyth

British Suspicions of a Federal Europe: A Consideration of the Long-Term and Short-Term Factors

The negotiations over the Maastricht Treaty, and in particular the debate over the inclusion of the word "federal" in the opening article of the Treaty, revealed once again that, of all the members of the European Community, with the possible exception of Denmark, the United Kingdom is the most suspicious of a federal Europe. The purpose of this paper is to investigate the reasons for this deep-seated distrust.

It is important at the outset not to over-intellectualise the widespread suspicion of a federal Europe that exists in Britain at the present time. In other words, it would be a mistake to imagine that the average British citizen has reflected on the meaning of federalism and has concluded that it is not the kind of system in which Britain ought to participate. Much of the suspicion of federalism springs from pure ignorance of what federalism is, and an instinctive distrust of what is unknown, unfamiliar and strange. Federalism has a long history in Germany. Not only does a rich literature exist there on the subject, but there has been a long experience of the thing itself. In Britain the situation is quite different. There have been several distinguished British contributors to the study of federalism – E.A. Freeman, Lord Bryce and K.C. Wheare, for example – but there is scarcely a strong tradition of writing on it. There have been active pressure groups at various times for federalism – the Imperial Federation movement, the Round Table organisation, and Federal Union (which evolved into the Federal Trust for Education and Research) are the best known – but federalism has rarely, up to the present time, come near to being a central issue in British politics. Finally, although the United Kingdom has always been a unitary state with strong regional elements, the dominant position of England within the union has tended to mean that the issue of regionalism has not been discussed in terms of federalism, but in terms of "home rule" and "devolution".

Thus federalism is an unfamiliar concept to the average Briton. It is also not easy to distinguish the specific suspicion which British people have of federalism in Europe, from the broader suspicion which many of them have of European integration in general. Clearly, if one is against integration, one will be automatically against federalism too. The most interesting category of British opinion, from the point of view of this discussion, consists of those who are expressly *for* closer ties with Europe, but *against* any form of federal Europe. This category includes many of the leading politicians in Britain at the present moment – for example, the Foreign Secretary, Douglas Hurd, who told the House of Commons in June 1991, that, as regards Europe, the United Kingdom "was happy, as in the past, to endorse the goal of an ever-closer union, but commitment to a federal model, even as a distant aim, raised a different question".[1] The Prime Minister at that time, Mrs Thatcher, also made it plain that her opposition to federalism did not mean anti-Europeanism. Those who supported a federal Europe, she told the House, were not more European than the rest, "they were just more federal". "True Europeans", she added, "based themselves on European history and traditions rather than on constitutional blueprints".[2]

"Constitutional blueprints" – I am not sure if there is a word in German which corresponds to that of "blueprint" – expresses the heart of what many British people distrust in federalism. Dislike of federalism is an extension of the widespread dislike, or at least suspicion, of a written constitution. Britain, of course, has never had a written constitution in the sense in which this phrase is generally understood to-day. It has never been a "constitutional state" in the sense in which all the other countries of western Europe are now constitutional states, and in which the newly transformed countries of eastern Europe are becoming constitutional states. Federalism implies a written constitution by its very nature. It is hence a far less strange or foreign concept for those who already have written constitutions than for those who do not.

Here then is one of the long-term factors underlying the current British mistrust of federalism. The questions it raises, and which I wish to discuss, are these: What is the origin of the British antipathy to a constitution as blueprint? Why has there been historically so little pressure to transform Britain into a constitutional state on the continental pattern? Why has British liberalism taken a different course from continental liberalism and rarely bothered itself with securing the establishment of a fixed constitutional framework for the country's ruling institutions?

British and Continental Constitutionalism

The continental constitutional state arose out of a struggle against monarchical absolutism. Its inspirational starting point was the overthrow of French absolutism in 1789, and its replacement by the constitutional regime of 1791. The French Constitution of 1791, short-lived as it was, represented an epochal moment in European history; it was the archetype of the constitutions that were to be produced throughout the continental mainland in the course of the nineteenth and twentieth centuries, as a concomitant of the various national struggles against abolutism. Of course, the constitutions of the North American states – produced in conscious reaction against the "imperial absolutism" of Great Britain from 1776 onwards – as well as the Constitution of the United States

1 *The Times*, 27 June 1991.
2 Ibid.

itself, preceded the French Constitution of 1791. They too exercised an influence in Europe, but it was scarcely as potent as that of the example nearer home, the example of France.

Great Britain never experienced a prolonged phase of monarchical absolutism. The general trend towards absolutism on mainland Europe during the seventeenth century was not followed in England. Thomas Hobbes, the greatest theorist of absolutism, and the despiser of the "estates-state", remained a prophet without honour in his own land. Indeed G.M. Young tells us that when Hobbes's nineteenth-century editor, Molesworth, stood as a parliamentary candidate for Southwark, the populace paraded the streets shouting "NO OBBS" – a curious testimony to the deep seated English distrust of the philosopher of absolutism.[3]

Instead it was John Locke's view, that civil or political society *did not exist* except where the legislature "was placed in collective bodies of men, call them Senate, Parliament, or what you please", that carried the day in England.[4] As Locke observed, at the close of the seventeenth century, the "slowness and aversion in the people to quit their old constitutions has, in the many revolutions which have been seen in this kingdom in this and former ages, still kept us to, or after some interval of fruitless attempts still brought us back again to, our old legislative of King, Lords, and Commons".[5]

To ask why the British did not follow the absolutist path is to broach a huge question, which cannot be explored here. It may, however, be suggested that it is intimately bound up with the fact that Great Britain is an island, and that hence the pressure on its borders were, and are, less intense than those on the borders of its mainland neighbours. The case for building up a large, standing army and concentrating its control in the hands of a monarch is far stronger, and far more likely to be accepted, when there is a real danger of land invasion, than when the danger is further off and more nautical. In more concrete terms, the geopolitical threat to France from Spain in the first half of the seventeenth century, when Richelieu was laying the basis of French absolutism, was of quite a different nature and intensity from that posed by Spain, or any other country, to England at that time. Alexander Hamilton and Sir John Seeley – two shrewd observers – both linked the preservation of British "liberty" in the early modern period to Britain's insular position.[6]

From the Glorious Revolution of 1688 to the French Revolution one hundred years later, Great Britain provided thus the outstanding example in Europe of a "constitutional" as opposed to an absolutist form of government, and Montesquieu held it up as a splendid example to other countries in his *Esprit des lois* (1748). The British Constitution, however,

3 *G.M. Young*, Victorian England. Portrait of an Age, 2nd edition, London 1964, p. 8, n. 1.
4 *John Locke*, The Second Treatise of Government, paragraph 94.
5 Ibid., paragraph 223.
6 *Alexander Hamilton*, The Federalist, No. VIII. *J.R. Seeley*, Introduction to Political Science, London 1902, pp. 131 – 133.

was not a written text, drafted in the name of the people as the constituent power, in which the various parts of government were defined, distinguished, and limited. It was not a "paper" but a "real" thing, the institutional crystallisation of a long historical struggle between social forces and monarchical authority. The constitution hence did not exist outside the institutional structure of parliament, rather it was that institutional structure itself. More precisely it was the concurrent or mutually restraining power of "King, Lords, and Commons", each with their own historically acquired rights and duties, in the work of making law. The tripartite British Parliament, mixing monarchy, aristocracy, and democracy, was the very heart of the British Constitution.

In the course of the eighteenth century a further significant development occurred, which is relevant to our theme. The tradition began in Britain of ascribing to parliament, in somewhat extravagant terms, an unlimited or absolute power. This may seem curious, in view of the emphatic British rejection of absolutism, but it is nonetheless the case. Blackstone's *Commentaries on the Laws of England* (1765 – 69) is the key text here. His words are worth recalling. Parliament, he wrote, "hath sovereign and uncontrolable authority in making, confirming, enlarging, restraining, abrogating, repealing, reviving, and expounding of laws, concerning matters of all possible denominations, ecclesiastical or temporal, civil, military, maritime, or criminal: this being the place where that absolute despotic power, which must in all governments reside somewhere, is entrusted by the constitution of these kingdoms. All mischiefs and grievances, operations and remedies, that transcend the ordinary course of the laws, are within the reach of this extraordinary tribunal. It can regulate or new model the succession to the crown; as was done in the reign of Henry VIII and William III. It can alter the established religion of the land; as was done in a variety of instances, in the reigns of Henry VIII and his three children. It can change and create afresh even the constitution of the kingdom and of parliaments themselves; as was done by the act of union, and the several statutes for triennial and septennial elections. It can, in short, do everything that is not naturally impossible; and therefore some have not scrupled to call its power, by a figure rather too bold, the omnipotence of parliament".[7]

Blackstone's words point up an ambiguity in the nature of the British Parliament which continues to exist to-day. On the one hand Parliament was seen as a fixed, immutable part of the fabric of the country, the expression (as the earlier writers put it) of an ancient, "original contract" between people and ruler. On the other it was seen as having altered, and indeed as being capable of transforming itself completely, as a result of the push and pull of historical evolution. It had no limits but those established by historical "fact".

It is worth noting that Blackstone, in a subsequent passage, expressly pushed to one side Locke's notion that prior to, and behind any legitimate constitution, stood the

7 *Gareth Jones* (Ed.), The Sovereignty of the Law. Selections from Blackstone's Commentaries on the Laws of England, London 1973, p. 71.

"people", who could, as a last resort, take action to remove or alter the legislative. Locke's idea of the people, united by an original "social contract", deciding upon the form of their government, stands at the very root of the notion of the modern constitutional state, as it has developed over the last two centuries on mainland Europe. It encapsulates the idea of the people or nation as the constituent power, making a constitution that decides, defines, and limits the organs of government. It is wholly different from the idea of an ancient compact between people and ruler, a compact expressed in the ruling institutions themselves, to which the protagonists of the British Constitution frequently referred. Blackstone typically had little time for Locke's view. However just Locke's "conclusion may be in the theory", he wrote, "we cannot practically adopt it, nor take any *legal* steps for carrying it into execution, under any dispensation of government at present actually existing . . . So long therefore as the English constitution lasts, we may venture to affirm, that the power of parliament is absolute and without control".[8]

The contrast between, on the one hand, British constitutionalism, and on the other, continental absolutism, in the period from the Glorious to the French Revolution, thus turns out to be not quite so sharp and complete as might at first appear. It was rather a contrast between monarchical absolutism, or absolutism concentrated at one point, and parliamentary absolutism, or absolutism exercised by three concurrent powers – King, Lords, and Commons – each of whom possessed the formal right to veto the other. The oil that was needed to make these three powers work together in a reasonably frictionless manner was provided by patronage and corruption.

The British Reaction to the French Revolution

The next critical divergence between Britain and mainland Europe – which flows out of the first – comes with the French Revolution itself. In the early years of that Revolution here were many who wanted France to follow the British constitutional model, but the so-called Anglophiles were outvoted by those who wanted to move beyond the British model to a nationally constituted "representative system", in which a sharp distinction was drawn between the constituent power and constituted powers, and between constitutional law and ordinary law. These ideas, which contain the basic principles of the modern constitutional state, were incisively and memorably set out by the Abbé Sieyès in his pamphlet *What is the Third Estate?* published early in 1789, and the French Constitution of 1791, ill-fated though it was, was an attempt to put them into practice. As we have already noted, the constitutions of mainland Europe to-day are all to some extent the descendants of this revolutionary document.

Britain, not having experienced monarchical absolutism, saw far less need to move along this fresh constitutional path. It was, indeed, to defend the ancient British Constitution against the new principles that were spreading outwards from revolutionary France that Edmund Burke wrote his immensely influential *Reflections on the Revolution*

8 Ibid., p. 72.

in France in 1790. Tom Paine immediately responded to Burke and attempted to combat his views in the *Rights of Man* (1791 – 92), presenting the French conception of a constitution in language which is at times very close to that of Sieyès. The crux, however, is that Burke's views triumphed, and that Paine's advocacy of the continental mode of constitutionalism remains an isolated moment in the history of British political thought. It has had virtually no successors until the present time. Burke's views, by contrast, have been appealed to again and again by subsequent political thinkers.

The victory of Burke over Paine resulted not solely from the extraordinary force and eloquence with which Burke presented his ideas. It resulted largely, as has been stressed, because Britain was not subject, and had not been subject, to a system of monarchical absolutism, and hence did not feel so strongly the need to establish a constitutional circumscription of governmental power. Burke's impact was also immeasurably strengthened by the fact that he proved to be so prescient in his forecast of the disastrous culmination of the revolutionary movement (under Robespierre). Finally, the long war between Britain and France, which began in 1793 and lasted with a few interruptions, until 1815, led to a closing of the ranks around the existing regime, and helped to immunise Britain against the seminal ideas of the French Revolution. When British radicalism revived in the reactionary years after Waterloo, it bore little or no imprint of French constitutional ideas.

Burke's language and doctrine, and above all his antithesis of the British and French way of doing things, have bitten deep into the British political psyche. For him the British Constitution was a concrete, historically evolved set of institutions, which mirrored in their reciprocal restraint the God-given order of the natural universe. The British Constitution was balanced, moderate, the work, not of speculation, but of prudence interacting with, and reacting to circumstance. The new French style of constitution, by contrast, was the work of "theory", "philosophy" and "metaphysics". It was an artificial, "parchment" thing, "mechanical", "arithmetical", "geometrical", "abstract", and "extreme". This kind of antithesis has remained part of the coinage of British political dialogue and debate since Burke's time, and can be seen to-day in the discussion of European integration in general and of federalism and the Maastricht Treaty in particular. A striking example can be found in an article in the *Times* of 20 February 1993. The "spirit of Maastricht," it states, "is utterly alien to the spirit of Burke . . . Maastricht is the latest phase in a sustained effort to destroy an established system of government . . . upon a theory, that of federalism".

The British Constitution after the French Revolution

It would be an error, of course, to suggest or imply that the British Constitution, so eloquently defended by Burke against the new ideas developing on the continent, remained unchanged from that moment onwards. What deserves to be stressed, however, is the fact that the changes wrought in the form of the constitution since his time have rarely, if at all, been the product of a drive to implement the continental conception of constitutionalism, and that the old Blackstonean-Burkean way of regarding the constitution and parliament has persisted despite the changes.

Thus British liberalism, which was such a powerful reforming force throughout the nineteenth and early twentieth century, never, so far as I am aware, called for parliament to be placed within a formal constitutional framework. Locke's and Paine's ideas, above all the idea of a "social contract", were abandoned. Some of the reasons for this have already been suggested, but the contribution of David Hume's critique of the "social contract" theory deserves also to be mentioned. It helped to give British liberalism a distinctive twist.

A glance at some of the reforming movements that made up British liberalism – in the widest sense of the term – in the nineteenth century will illustrate the point. Jeremy Bentham and his utilitarian followers showed not the slightest interest in establishing a constitution on the continental pattern. Bentham had as much scorn as Burke for the "metaphysical" ideas of the French Revolution. Where the Benthamites differed from Burke was that they had considerable scorn too for much of the ancient British Constitution that Burke revered. They looked to the future more than to the past. They wanted to strip away what they regarded as the irrational and unnecessary trappings of the "mixed" or "balanced" constitution, and to make the British system of parliamentary rule as "simple", that is, as direct, unobstructed, majoritarian and effective as possible.

The eyes of the Free Trade Liberals, such as Cobden and Bright, were fixed on the abolition of monopoly, wherever it was to be found, and not on constitutionalising government. What of John Stuart Mill? One might have expected that, with his keen appreciation of the value of individual liberty, he would have espoused the cause of constitutionalism, but his writings show that he broadly accepted the existing British system, which he defined as being one in which the representatives of the people in practice, though not in theory, exercised supreme power, and that the change in which he was primarily interested was the establishment of a new system of proportional representation which would allow a more adequate representation of minorities in the Commons. Finally, the late Victorian and early twentieth-century liberals, such as T.H. Green and L.T. Hobhouse, while they often showed a strong theoretical interest in the proper scope and extent of governmental action, did not link it to a demand for a new kind of constitutional framework.

The changes that were wrought in the British Constitution during this period came not from any movement to bring it into line with continental developments, but rather from a strong and persistent movement, fed from many sources, to democratise it. It was, in other words, the movement to bring the new industrial middle-class and the new working-class within the bounds of the old constitution, by means of electoral reform, that changed the whole character of that constitution. Put succinctly, the power of the monarch, and of the Lords, faded gradually into the background, while the power of the Commons, and of the Prime Minister at the head of the majority party in the

Commons, moved steadily into the foreground. From being a "concurrent" system of King, Lords, and Commons, the British Parliament changed into a highly "unitary" system, with a single dominant chamber, and a single person, the Prime Minister, standing at the apex of power. The demands that have from time to time come from the Labour Party, in the twentieth century, for the abolition of the House of Lords, may be seen as the continuation and extension of this democratising, unitarising movement.

While these changes were taking place the old, exuberant language about the absolute nature of the British Parliament, and of the superiority of the British type of constitution to any that existed elsewhere, which we encountered in Blackstone and Burke, continued to be employed. This language is to be found at perhaps its most extreme in A.V. Dicey's famous study of *The Law of the Constitution,* which was first published in 1885, and has gone on being reprinted, over and over again, right up until the present.

Dicey positively revels in the unlimited nature of parliamentary sovereignty in Britain. He cites Blackstone's words on parliamentary absolutism (quoted earlier) with approval, and has no hesitation in referring to the "despotic" power of the British Parliament. Like Blackstone, he is very wary of theory, and keeps closely to what he calls legal facts, or, in other words, to what has been, and is accepted by British courts of law as valid. He often seems more concerned with providing British judges and lawyers with completely clear-cut working rules than with understanding the nature of the constitution.

The argument of the three successive chapters that Dicey devotes to parliament are highly relevant to our theme. In the first, he shows that there are no legal limitations on the sovereignty of the British Parliament. In the second, he shows that foreign legislatures, such as the French or Belgian, or those of the British colonies, are not sovereign because there are legal limitations on them. They are merely "non-sovereign law-making bodies". In the third, he shows that in a federal system, such as the American, the legislature is inherently subject to stringent legal restrictions, so that this form of government is the exact opposite of the British. To dispel any doubts about which system is the best, Dicey leaves his strictly legal standpoint towards the end of this chapter, and levels three criticisms at federalism: federal government means weak government; federalism tends to produce conservatism; and federalism means legalism, or the predominance of the judiciary in the constitution. The unique, pre-eminent nature of the British system is not questioned for a moment.

The Irony of British Constitutional Development

This brief sketch of the evolution of British ideas about what a constitution is and should be, and, in particular, of the distinctive British habit of equating the existence of a "real" constitution with the non-existence of any legal restraints on the power of parliament, will, it is hoped, have helped to show why British people, more than most others, tend to look upon federalism as a sinister attack on their way of doing politics.

The irony of the developments that have been sketched deserves also to be underlined. It lies in the fact that Hobbes's doctrine of concentrated absolutism, which, as we noted, was swept firmly out of the front door in Britain in the seventeenth century, seems to have crept back in through the window in the course of the nineteenth and twentieth centuries, when parliament changed from a concurrent to a simple or unitary system. Hobbes's doctrine of government provides not a bad guide to the reality of the present, and the tremendous changes effected by the Tory government since 1979, which will be discussed further below, have highlighted the seemingly boundless nature of the power held by a determined Prime Minister, at the head of a majority party in the Commons.

The very experience of this radical regime – combined with such other factors as Scottish nationalism and the problems raised by the European Community's legal order – may provoke a change, however. Ferdinand Mount's recent study of *The British Constitution Now* (1992), which is bitingly critical of the level of British constitutional debate, may perhaps stimulate a richer dialogue, and this in turn could possibly bring British ways of looking at constitutions in general, and federalism in particular, closer to those of mainland Europe.

The Short-Term Factors

The long-term reasons for British suspicions of federalism, which have been discussed above, have been supplemented in recent years by more specific ones. The political ethos or ideology that has been in the ascendant in Britain since the Conservatives came to power in 1979, and which is usually referred to as "Thatcherism", has been far from favourably disposed towards federalism in Europe. What are the additional grounds for suspicion that this ideology has brought with it? In this final section I shall try and answer this question.

Thatcherism was and is – the present tense still seems permissible despite the departure of Mrs Thatcher – a distinctive blend of nationalism and individualism. Thus Thatcherite economic and social policy tends to start from the assumption that British society is little more than the sum of its individual competing parts. However, when it comes to the question of defending or asserting claims in the international arena – as in the case of the renegotiation of Britain's contribution to the agricultural budget of the European Community, or the Falklands War – then British society is seen as a resolutely united and independent national community. That the element of revived nationalism in Thatcherism should militate against European federalism scarcely requires proof. That the individualistic side of Thatcherism has also led to a heightened suspicion of federalism is no less true, but perhaps less obvious, and deserves further substantiation.

Viewed from the standpoint of economic and social policy Thatcherism can be seen as a revival of the Free Trade Liberalism that played such an important role in mid-nineteenth century Britain, and to which reference has already been made. While the earlier form of liberalism turned its fire against all the economic and corporate privileges and monopolies that infested Britain at the start of the Victorian era, the new liberalism attacked all the economic and corporate privileges and monopolies that had grown up in the wake of Britain's economic and social policy since the Second World War – and more besides.

In some ways the sudden breakthrough of Thatcherism in 1979 can be compared to the German discovery of the "social market economy" at a much earlier period, but in Britain there was far less stress on the need to establish a firm, fixed, overall framework for economic activity, and on the need to build in a strong "social" dimension. Conversely there was a comparatively much greater stress in Britain on the need to open up all areas of economic and social life to the beneficial effects of market forces, or simulated market forces, and to prune the economic and social role of the state as much as possible. It is important to underline that, in pursuing the latter goal, the policy was not only one of privatising public corporations, and of cutting back state aid to sectors and regions of the economy, and of refusing to have anything to do with an incomes policy, it was also a policy of subjecting those areas in which public or state action was unavoidable – for example education, health, and local government – to the rules of the private sector, or of making them act "as if " they were private. In so far as foreign intellectual influences had an impact on this programme, they came from America and Austria, rather than from Germany, and this was perhaps unfortunate. As regards domestic influences, the Institute of Economic Affairs deserves to be mentioned, while the more recent rise to prominence of the Adam Smith Institute is indicative, and illustrates the parallel with nineteenth-century liberalism.

To see this new liberalism as automatically opposed to European integration is obviously wrong. To its protagonists the programme of pushing forward the liberalisation of economic exchange between the countries of the European Community, and of establishing a single European market by the start of 1993, seemed a thoroughly worthwhile idea, and Jacques Delors shrewdly perceived this area of common ground between the British government and the others when he first put forward the programme in 1985. On the other hand, the idea of creating a federal system in Europe, which surfaced a few years later in the lead-up to the Maastricht Treaty, seemed wholly abhorrent. This was because it signified the introduction of a new level of the state, above the nation, at the very moment when the British government was trying to cut back the role of the state at the existing, national level.

As many Thatcherites considered that socialism had been primarily responsible for the growth of the overmighty state in the first place, European federalism could also be branded as a form of socialism, or as a mean of reintroducing socialism by the back door – and the drafting of the European Social Charter only reinforced these fears and suspicions.

The belief that federalism runs counter to the basic tenets of the new liberalism is epitomised by the constant tendency of Mrs Thatcher and her supporters to equate federalism in Europe with "centralisation", or, more revealingly, with the creation of a "superstate" – as if this term was enough to damn federalism irrevocably. The equation understandably puzzles many Germans, and it also, incidentally, runs counter to Dicey's equation (mentioned above) of federalism with "weak" and "conservative" government.

The irony of the Thatcherite castigation of federalism as centralisation springs from the fact that the policies introduced by the Tory government since 1979, for all their avowed intention of cutting back the state, have in practice tended to make Britain itself far more centralised than before. In their single-minded determination to bring all areas of economic and social life under the governing principle of market forces, or, failing this, of simulated market forces, the new liberals have shown singularly little respect for traditional areas of autonomy in British life – in particular local government, the universities, and the medical, teaching, and legal professions. These have been driven peremptorily by central government to obey new criteria for managing their affairs, and to submit to new forms of central monitoring and supervision. Even the privatisation of nationalised industries and services has led to the sprouting of new regulatory mechanisms.

Conclusion

The combination of the traditional British suspicion of federalism as a theoretical, paper system, radically different from the age-old notion of the unlimited power of parliament, with the more recent hostility to federalism as a reactionary means of reasserting state intervention in the economy and society, largely accounts for the shrill tone of British opposition to it in recent years. Yet it must be stressed in conclusion that neither of these two attitudes is immutable. The European Community stirs old rivalries, but it also encourages its members to look again, and with fresh eyes, at the idiosyncrasies of their own historical development, and to rethink them in a less isolated and more comparative manner. As for the ideology of Thatcherism, it has brought undoubted benefits, but its limitations seem likely to become more apparent in the years ahead.

Zusammenfassung

In diesem Beitrag soll das tief verwurzelte Mißtrauen vieler führender britischer Politiker und großer Teile der britischen öffentlichen Meinung gegenüber dem föderalen Gedanken näher erläutert werden. Natürlich ist es schwierig, die britische Haltung zum Föderalismus von der britischen Haltung zur europäischen Integration insgesamt zu trennen – wenn man letzteres ablehnt, wird dies wahrscheinlich auch für ersteres zutreffen – aber beide Einstellungen fallen nicht immer zusammen. Viele führende Konservative halten sich für "gute Europäer", sind aber jeglichen föderalen Gedanken gegenüber zutiefst abgeneigt. Douglas Hurd beispielsweise stellte vor dem Unterhaus im Juni 1991 fest, daß "das Vereinigte Königreich, wie in der Vergangenheit, einer immer engeren Union gern beipflichten werde; die Verpflichtung auf ein föderales Europa, auch als weit entferntes Ziel, sei indes eine andere Frage." Frau Thatcher gab in derselben Debatte zum Ausdruck, daß "man nicht annehmen sollte, daß jene, die ein föderales Europa unterstützten, bessere Europäer als die anderen seien. Sie seien es nicht, sie seien einfach föderaler". Es ist also möglich, zwischen Anti-Föderalismus und Anti-Europa-Affekten zu unterscheiden, auch wenn man damit nicht zu weit gehen sollte. Woher kommt aber die Abneigung gegenüber dem Föderalismus?

Meines Erachtens ist die Antipathie gegenüber dem Föderalismus teilweise Ausdruck des seit langem gehegten, weit verbreiteten britischen Vorurteils gegen eine geschriebene Verfassung. Auf eine kurze Formel gebracht, gehört zum Föderalismus eine geschriebene Verfassung, so daß das Mißtrauen gegenüber dem Föderalismus nichts anderes ist als eine Erweiterung des traditionellen Mißtrauens gegenüber einer geschriebenen Verfassung. Dahinter verbirgt sich die instinktive, tief eingewurzelte Überzeugung, daß eine Anzahl aus einer historischen Entwicklung hervorgegangener Institutionen – allen voran das britische Parlament – eine "wirkliche" Verfassung darstelle, während ein geschriebener Text, in dem Macht und Grenzen einer Regierung festgelegt werden – wie in fast jedem anderen westlichen Land –, etwas weniger "Reales", sondern lediglich eine Verfassung aus "Papier" sei. Das eine ist ein organisches, lebendes Wesen, das andere ein künstliches, mechanisches Konstrukt – eine "Blaupause". Dieses Vorurteil zugunsten historischer Entwicklung und gegen Pergament wird in den Schriften Edmund Burkes am anschaulichsten dargestellt – und darauf berufen sich die gegenwärtigen Gegner des Föderalismus des öfteren.

Man kann natürlich dieses Vorurteil damit zu erklären versuchen, daß die Briten "von Natur aus" ein pragmatisches Volk seien. Aber dies ist keine Erklärung. Die wirklich interessante Frage lautet: Warum hielt sich Großbritannien in der neuesten Geschichte stets fern von der konstitutionellen Bewegung? Warum berühte diese mit der französischen Revolution einsetzende Bewegung, die sich über den europäischen Kontinent im 19. und 20. Jahrhundert verbreitete, indem sie den konstitutionellen Staat als Norm eines modernen liberalen Gemeinwesens etablierte, Großbritannien nicht? Warum beschäftigte sich der britische Liberalismus – im Unterschied zu seinen kontinentalen Varianten – nie mit dem Problem, dem Staat eine Verfassung zu geben, sondern mit ganz anderen Fragen? Diese Fragen stehen im Mittelpunkt dieses Beitrags.

Im Hinblick auf die kurzfristigen Faktoren, die Antipathien gegenüber dem Föderalismus hervorgebracht haben, werde ich mich auf das politische Ethos – einige würden sagen die Ideologie –, das sich seit dem Regierungsantritt der Konservativen im Jahre 1979 verbreitet hat, konzentrieren. Dies beinhaltet, den Staat zurückzudrängen, um den freien Kräften des Marktes soviel Spielraum wie möglich einzuräumen. Es stellt ein Wieder-Aufbrechen einer älteren britischen Ideologie dar, jene, die das Viktorianische England dominierte. Den Protagonisten dieser staatsfeindlichen Doktrin erscheint die zunehmende Liberalisierung des wirtschaftlichen Austausches zwischen den Ländern Europas – mit dem Endpunkt eines einheitlichen europäischen Marktes im Jahre 1993 – als ein sehr lohnendes Ziel. Der Föderalismus hingegen, mit dem die Einführung einer zusätzlichen staatlichen Ebene verbunden zu sein scheint, ist ihnen ganz und gar zuwider, stellt er doch einen Schritt zurück gegenüber dem Erreichten dar. Dieses Ressentiment wird zusammengefaßt in der wiederholten Gleichsetzung von Föderalismus und "Zentralismus", oder, mit der Schaffung eines "Superstaates" – als ob dieser Begriff ausreiche, um das Konzept unwiderruflich zu verwerfen.

Peter Haungs

Chancen und Probleme des kooperativen Föderalismus in der Bundesrepublik Deutschland und ihre Bedeutung für Europa

Deutschland ist das einzige Mitglied der EG mit einer föderalistischen Ordnung, die seit Jahrzehnten praktiziert wird. Da die EG bereits in ihrer gegenwärtigen Verfassung föderalistische Strukturen aufweist,[1] die sich zudem eher am deutschen als am amerikanischen Föderalismus-Modell orientieren,[2] da europäische Konzepte wie die „Gemeinschaftscharta der Regionalisierung" des Europäischen Parlaments (1988) ebenfalls vom deutschen Beispiel inspiriert sind[3] und da schließlich die weitere Ausgestaltung der EG zu einer politischen Union nur als föderalistische Ordnung vorstellbar ist, dürften Strukturen und Entwicklung des Föderalismus in der Bundesrepublik Deutschland von einigem Interesse sein. Dies gilt auch im Hinblick auf Dezentralisierungs- und Regionalisierungstendenzen in mehreren Mitgliedstaaten.

Gerade Bundesstaaten pflegen freilich historisch geprägt zu sein, ihre Strukturen auf spezifischen Voraussetzungen zu beruhen; sie können also keine universale Geltung beanspruchen[4] – in geringerem Maße jedenfalls als Demokratie-Prinzipien oder rechtsstaatliche Grundsätze –, wenn es auch gute Gründe für die besondere Wertschätzung föderalistischer Systeme unter den heutigen gesellschaftlichen Bedingungen gibt.[5]

Die *politische* Diskussion über die Ausgestaltung des Verhältnisses von Nationalstaaten und supranationaler Gemeinschaft, die ja auf sehr verschiedene Weise erfolgen kann, ist bisher nicht in der wünschenswerten Breite und Konkretion geführt worden, in Deutschland jedenfalls nicht. Hier kam eine ernsthafte öffentliche Debatte erst wieder

1 Vgl. *Ulrich Everling*, Zur föderalen Struktur der Europäischen Gemeinschaft, in: Staat und Völkerrechtsordnung. Festschrift für Karl Doehring, Berlin 1989, S. 179 – 198.

2 Vgl. *Rainer-Olaf Schultze*, Föderalismus als Alternative? Überlegungen zur territorialen Reorganisation von Herrschaft, in: Zeitschrift für Parlamentsfragen 21 (1990), S. 475 – 490.

3 Vgl. *Wolfgang Renzsch*, Deutsche Länder und europäische Integration, in: Aus Politik und Zeitgeschichte, B28/90, S. 28 – 39.

4 Vgl. *Josef Isensee*, Idee und Gestalt des Föderalismus im Grundgesetz, in: Handbuch des Staatsrechts der Bundesrepublik Deutschland, Bd. 4, Heidelberg 1990, S. 519.

5 Vgl. *Renate Mayntz*, Föderalismus und die Gesellschaft der Gegenwart, in: Archiv des Öffentlichen Rechts 115 (1990).

als Folge der Vereinbarungen von Maastricht in Gang. Dies mag freilich in der Bundesrepublik den Grund haben, daß man sich – bewußt oder unbewußt – dieses Verhältnis analog zu den Beziehungen zwischen Bundesstaat und Ländern vorstellt, also im Sinne eines zentrifugalen Verständnisses von Föderalismus, das die Bedeutung zentraler (europäischer) Strukturen relativiert. Dagegen scheint die britische Auffassung von Föderalismus bzw. von einem europäischen Bundesstaat durch andere Vorstellungen geprägt zu sein, etwa die zentripetale Stoßrichtung etatistischer Föderalismus-Doktrinen (Altiero Spinelli, Guy Héraud).[6] Die Dichotomie zentrifugal-zentripetal ist natürlich eine Vergröberung, wenn man an die starken unitarischen Tendenzen in der Bundesrepublik denkt.[7] Letztlich geht es in einem Bundesstaat um die Balance dieser beiden Tendenzen.

Ich werde in meinem Beitrag vor allem auf die *Praxis* der föderalistischen Ordnung in der Bundesrepublik und ihre mögliche Bedeutung für die verfassungspolitische Gestaltung der EG eingehen. Dabei beschränke ich mich auf das Verhältnis von Bundesebene und Ländern, obwohl die Einbeziehung von Kommunen und Regionen geboten wäre.[8] Eine interessante Frage wäre auch das Verhältnis von Regionen und Ländern: Nach anfänglicher Zurückhaltung entfalten die Landesregierungen zunehmende Aktivitäten in Sachen „Europa der Regionen", wobei sie von der durchaus plausiblen Annahme ausgehen dürften, daß Einflußmöglichkeiten der Regionen auf europäischer Ebene auch im Interesse der deutschen Länder liegen. Andererseits steht ihrem Selbstverständnis als Regionen die Größe der meisten Länder entgegen: Nordrhein-Westfalen ist bekanntlich dreimal so groß wie die Schweiz! Zudem sind die Regionalstrukturen innerhalb der EG sehr heterogen.

Zunächst werde ich etwas über die Problematik des Begriffes „Kooperativer Föderalismus" vor dem Hintergrund der förderalistischen Tradition in Deutschland (1) sagen. Danach gebe ich einen kurzen Überblick über die Entwicklung des Föderalismus in der Bundesrepublik (2), bevor etwas ausführlicher die Probleme des kooperativen Föderalismus und mögliche Alternativen (3) erörtert werden. Weiterhin möchte ich wenigstens einen knappen Blick auf das Verhältnis von Bundesstaat und Parteiensystem (4) werfen. In einem letzten Abschnitt werde ich auf die Bedeutung der EG für den deutschen Bundesstaat eingehen und schließlich die Erfahrungen mit der föderalistischen Ordnung der Bundesrepublik im Hinblick auf die verfassungspolitische Entwicklung der EG (5) erörtern.

6 Vgl. dazu *Heinrich Schneider,* Rückblick für die Zukunft. Konzeptionelle Weichenstellungen für die Europäische Einigung, Bonn 1986, S. 50ff. – Vgl. im übrigen *Nevil Johnson,* Landesbericht Vereinigtes Königreich, in: *Fritz Ossenbühl* (Hrsg.), Föderalismus und Regionalismus in Europa, Baden-Baden 1990, bes. S. 330ff., der darauf hinweist, daß die britische Vorsicht im Hinblick auf die „Konstruktion des europäischen politischen Gebäudes" „keineswegs einfach negativer Art" sei; sie beruhe vielmehr auf einer „hohen Wertschätzung demokratischer Werte".

7 Vgl. zuletzt (in freilich recht einseitiger Sichtweise) *Heidrun Abromeit,* Der verkappte Einheitsstaat, Opladen 1992.

8 Vgl. etwa *Rudolf Hrbek,* Bundesländer und Regionalismus in der EG, in: *Siegfried Magiera* und *Detlef Merten* (Hrsg.), Bundesländer und Europäische Gemeinschaft, Berlin 1988, S. 127–149.

1. Problematik des Begriffs „Kooperativer Föderalismus"

Von „kooperativem Föderalismus" zu sprechen, ist in Deutschland zwar seit der zweiten Hälfte der 60er Jahre üblich geworden, und der anfangs der 70er Jahre (von Fritz W. Scharpf) kreierte Begriff „Politikverflechtung" ist damit weitgehend identisch. Die Annahme wäre jedoch unzutreffend, daß sich in der Bundesrepublik Deutschland erst von diesem Zeitpunkt an kooperative Strukturen herausgebildet hätten. Vielmehr kannte der Föderalismus in Deutschland seit dem Kaiserreich stark ausgeprägte kooperative Elemente – es genügt auf die Kooperationserfordernisse hinzuweisen, die aus der funktionalen Zuordnung der Gesetzgebung zum Reich bzw. Bund und der Verwaltung zu den Ländern bzw. Gemeinden resultieren. Ein solches System kann ohne gegenseitige Kooperationsbereitschaft überhaupt nicht funktionieren. Im Grunde ist der aus den USA übernommene Begriff in der Bundesrepublik wenig sinnvoll. In den USA hat es eine Entwicklung vom „dualistischen" zum „kooperativen" Föderalismus tatsächlich gegeben,[9] in der Bundesrepublik kann man dagegen allenfalls von einer Intensivierung der kooperativen Strukturen in den 60er und 70er Jahren sprechen, die schon in der zweiten Hälfte der 70er Jahre von zunehmenden Zweifeln und Kritik an den Verfahrensweisen und Ergebnissen der „Politikverflechtung" abgelöst wurde; schließlich stagnierte die „Politikverflechtung", und es kam sogar zu einer gewissen Auflockerung. In letzter Zeit ist von einem „neuen kooperativen Föderalismus" die Rede – gemeint ist damit die „Patenschaft" alter Bundesländer für neue.[10]

Der Begriff „Kooperativer Föderalismus" hat in der Bundesrepublik also eine doppelte Bedeutung: Zum einen ist er tautologisch, insofern nämlich die traditionellen Strukturen des deutschen Föderalismus als kooperativ zu charakterisieren sind; zum anderen bezeichnet „kooperativer Föderalismus" eine bestimmte Entwicklungsphase des deutschen Regierungssystems von Mitte der 60er bis Mitte der 70er Jahre, charakterisiert durch eine Intensivierung von „Politikverflechtung", die später zwar eher kritisch gesehen wurde, aber im wesentlichen nicht revidiert wurde. Dem deutschen Regierungssystem wird wohl zu Recht die ausgeprägteste Verflechtung der Politikebenen zugeschrieben.

2. Entwicklung des Föderalismus seit Gründung der Bundesrepublik

Es scheint mir sinnvoll zu sein, zunächst einen (knappen) Überblick über die Entwicklung des Föderalismus in der Bundesrepublik[11] zu geben, bevor Chancen und Probleme des kooperativen Föderalismus erörtert werden. Ich werde mich zunächst den gut vier

9 Vgl. etwa *Peter Lösche*, Amerika in Perspektive. Politik und Gesellschaft der Vereinigten Staaten, Darmstadt 1989, S. 64ff.
10 „Ein neues Wort: Kooperativer Föderalismus", in: *Süddeutsche Zeitung*, 13. November 1990, S. 4.
11 Vgl. *Heinz Laufer*, Das föderative System der Bundesrepublik Deutschland, 6. Aufl. München 1991.

Jahrzehnten von 1949 bis zur Vereinigung der beiden deutschen Staaten im Herbst 1990 zuwenden und dann auf die daraus resultierenden aktuellen Probleme eingehen.

Obwohl die Bundesrepublik eine Schöpfung der Länder ist, wurde im Grundgesetz kein „dualistischer" Föderalismus verankert, der sich im Laufe der Jahrzehnte in einen „kooperativen" gewandelt hätte. Für wesentliche Bereiche sieht das Grundgesetz die *konkurrierende Gesetzgebung* von Bund und Ländern vor: Hier haben die Länder die Gesetzgebungsbefugnis, solange der Bund davon keinen Gebrauch macht. Diese Regelung sollte sich als Hauptinstrument für Kompetenzverschiebungen zugunsten des Bundes erweisen. Als Begründung diente in der Regel eine der in Art. 72 GG genannten Voraussetzungen für die Notwendigkeit einer bundesgesetzlichen Regelung, die *„Einheitlichkeit der Lebensverhältnisse"*. Dieses Kriterium, das den Zugriff des Bundes auf die konkurrierende Gesetzgebung begrenzen sollte, hatte also paradoxerweise den gegenteiligen Effekt.

Differenzierter ist die *Entwicklung der Finanzverfassung* zu beurteilen. Ohne auf Einzelheiten dieser komplizierten Materie[12] eingehen zu können, läßt sich doch sagen, daß die Steuern anfangs weitgehender als heute Bund, Ländern oder Kommunen zugeordnet waren. Doch bereits im Finanzverfassungsgesetz vom Dezember 1955 wurden Einkommen- und Körperschaftsteuer zwischen Bund und Ländern im Verhältnis von 1/3 zu 2/3 aufgeteilt. Die Finanzreform von 1969 bezog auch die Umsatzsteuer in den Steuerverbund ein; dieser umfaßte nun zwei Drittel des gesamten Steueraufkommens der Bundesrepublik: Während sich Bund und Länder fortan Einkommen- und Körperschaftssteuer jeweils zur Hälfte teilten, werden die Anteile an der Umsatzsteuer von Zeit zu Zeit neu ausgehandelt. Seit 1969 ist auch die Gewerbesteuer in den Steuerverbund einbezogen: Sie stand nun nicht mehr ausschließlich den Gemeinden zu; diese wurden jedoch an der Einkommensteuer beteiligt, wodurch sich ihre Einnahmen verstetigten.

Der *Finanzausgleich* – ein besonders kompliziertes Element der föderalistischen Ordnung, das nachgerade systematisch kaum mehr verständlich ist, sich vielmehr nur noch dem Kenner der historischen Entwicklung erschließt – wies dagegen von jeher einen hohen Verflechtungsgrad auf: Gelder fließen vom Bund zu den Ländern und von den Ländern zu den Gemeinden sowie zwischen den Ländern in beträchtlicher Größenordnung.

Charakteristisch für den politischen Prozeß in der Bundesrepublik sind weiterhin vielfältige – formelle und informelle – Formen der Abstimmung zwischen Bund und Ländern sowie zwischen den Ländern, an denen vor allem Beamte, aber auch Regierungsmitglieder und Parlamentarier beteiligt sind. Eine Erhebung in Nordrhein-Westfalen förderte vor kurzem zutage, daß derzeit etwa 300 Bund-Länder-Kommissionen und

[12] Vgl. *Rüdiger Voigt*, Finanzierung des bundesstaatlichen Systems in den 80er und 90er Jahren, in: *Arthur G. Gunlicks* und *Rüdiger Voigt* (Hrsg.), Föderalismus in der Bewährungsprobe: Die Bundesrepublik Deutschland in den 90er Jahren, Bochum 1991, S. 119 – 140.

120 – 140 (die genaue Zahl ist offenbar nicht zu ermitteln!) reine Länderkommissionen von unterschiedlichster Bedeutung und Tagungshäufigkeit bestehen, an denen das Land Nordrhein-Westfalen beteiligt ist.[13]

Die Kompetenzverlagerung im Bereich der Gesetzgebung verstärkte noch die Bedeutung der Verwaltung als Zentrum der Landespolitik. Diese Entwicklung hatte unterschiedliche Wirkungen auf Landesregierungen und Landesparlamente. Für die Parlamente stellte sich aufgrund des rückläufigen Anteils der Gesetzgebung an ihrem Arbeitsprogramm die Frage nach ihrem Selbstverständnis. Die (naheliegende) Antwort lautete in der Regel: Konzentration auf die Verwaltungskontrolle. Dagegen erhielten die Landesregierungen einen Ausgleich für die an den Bund abgegebenen Kompetenzen dadurch, daß sie im Bundesrat mit entsprechenden Aktivitäten der Bundesregierung befaßt sind. Auch deshalb haben sie den Bund wohl selten durch ein Veto an der Nutzung der konkurrierenden Gesetzgebungskompetenz gehindert.

Die politische Karriere des Bundesrats ist bemerkenswert: Ursprünglich gerade nicht als mit dem Bundestag gleichrangiges Gesetzgebungsorgan konzipiert, bedürfen inzwischen in der Praxis alle wichtigen Gesetze der Zustimmung dieser in föderalistischen Systemen einzigartigen Institution. Die ihm von den Verfassungsvätern zugedachte parteipolitische Enthaltsamkeit hat sich in einer Parteiendemokratie als unrealistisch erwiesen. Dies hindert den Bundesrat freilich nicht daran, die Verwaltungserfahrung der Länder in die Formulierung von Rechtsnormen des Bundes einzubringen. Dies kommt auch „bisweilen wirklichkeitsfernen"[14] Regelungsvorhaben der EG zugute.

Kann die Verstärkung des kooperativen Föderalismus Ende der 60er Jahre in Beziehung zu gesellschaftlichen Uniformisierungstendenzen gesetzt werden, so zeichnet sich zehn Jahre später ein deutlicher Wandel ab: „Nach Jahren einer fast rauschhaft erlebten Mobilisierung und Dynamisierung macht sich . . . ein stärkeres Verlangen nach Befestigung, Überschaubarkeit, stabilen Zuordnungen bemerkbar. Das Pathos des Wiederaufbaus und der industriellen Expansion wird von einem Pathos der Bewahrung abgelöst . . .".[15] An Stelle von Planungseuphorie, der Zusammenlegung von Gemeinden und Kreisen zu „effizienteren" Verwaltungseinheiten, der Erweiterung zentralstaatlicher Aufgaben und des Aufbaus von Strukturen der vertikalen Politikverflechtung werden nunmehr kleine Bezugsräume, Entbürokratisierung, kommunale und regionale Problemlösungsformen geschätzt.

13 *Roland Lhotta*, Verfassung, Bundesstaatsreform und Stärkung der Landesparlamente im Zeichen der deutschen Einheit und der europäischen Integration: Zur Arbeit einer Sachverständigenkommission des Landtags Nordrhein-Westfalen, in: Zeitschrift für Parlamentsfragen 22 (1991), S. 266.

14 *Bernhard Vogel*, Föderalismus und Parlamentarismus. Erfahrungen in der Bundesrepublik Deutschland mit zwei Strukturprinzipien des demokratischen Bundesstaates, in: Zeitschrift für Parlamentsfragen 19 (1988), S. 545.

15 *Hans Maier*, Der Föderalismus – Ursprünge und Wandlungen, in: Archiv des öffentlichen Rechts 115 (1990), S. 225.

Aktuelle Probleme nach der Vereinigung

Zu den bemerkenswerten Vorgängen nach dem Zusammenbruch der Parteidiktatur in der DDR gehört die Selbstverständlichkeit, mit der dort wieder Länder entstanden. Gute Gründe hätten für einen größeren Zuschnitt gesprochen, doch machte die starke Identifizierung der Bevölkerung mit den tatsächlich – in Anknüpfung an die Länderstruktur von 1946 bis 1952 – rekonstituierten 5 Ländern solche Überlegungen illusorisch.

Die Entstehung dieser Länder und ihr Beitritt zur Bundesrepublik läßt sich durchaus als Bestätigung ihrer föderalistischen politischen Ordnung interpretieren, die dadurch wieder vielfältiger wird. Werner Webers Einschätzung, der 1951 mit einer gewissen Berechtigung einen „Atavismus" darin sah, das klein gewordene Deutschland als einen Bund von Staaten zu begreifen,[16] wäre heute wohl weniger zutreffend. Allerdings erhalten die neuen Bundesländer die erforderliche Unterstützung (selbst im kulturellen Bereich!) in wesentlich größerem Maße vom Bund als von den alten Bundesländern. Dies gilt vor allem in finanzieller Hinsicht, während vielfältige personelle und technische Hilfe seitens der alten Bundesländer durchaus geleistet wurde und wird. Dieses Gefälle ist im Hinblick auf die in einer föderalistischen politischen Ordnung wichtige Kräftebalance bedenklich; es begünstigt die „klassische" Allianz zwischen finanzschwachen Ländern und dem Bund – eine Konstellation, die auch in der EG durchaus vertraut ist.

Die Lösung des schwierigsten Problems, die für 1995 vorgesehene Einbeziehung der neuen Bundesländer in den *Finanzausgleich,* steht noch bevor.[17] Wenn man bedenkt, daß in der alten Bundesrepublik nur noch ganz wenige Länder Geberländer im horizontalen Finanzausgleich waren, daß jedoch bei Einbeziehung der neuen Bundesländer voraussichtlich auch die finanzschwächsten Länder der alten Bundesrepublik Geberländer würden, wird die Größenordnung und Brisanz der Problematik deutlich.[18] Hinzu kommt, daß der Finanzausgleich in den Jahren vor der Vereinigung zu einer sehr kontroversen Thematik vor allem zwischen den ärmeren und den reicheren Ländern der Bundesrepublik geworden war. Da sich keine akzeptablen Kompromisse erzielen ließen, wurde das Bundesverfassungsgericht eingeschaltet, das 1986 und 1992 Urteile zu dieser Problematik fällte.

Die anstehende Neuordnung des Finanzausgleichs ließe sich als Chance zu einer Reform des komplizierten Systems nutzen – möglichst im Sinne einer klaren Zuordnung von Einnahmen und Ausgaben zu den verschiedenen politischen Ebenen, wodurch zumindest der Umfang des Finanzausgleichs reduziert werden könnte. Das Dilemma dieses Systems besteht nämlich darin, die richtige Mitte zwischen Autonomie und Solidarität zu finden. Angesichts der bisherigen Tendenz im Vereinigungsprozeß zur Fortset-

[16] *Werner Weber,* Spannungen und Kräfte im westdeutschen Verfassungssystem, Stuttgart 1951, S. 96ff.

[17] Vgl. *Hartwig Donner* und *Uwe Berlit,* Verfassungsrechtliche und verfassungspolitische Konsequenzen der Wiedervereinigung für die Bundesstaatlichkeit Deutschlands, in: Zeitschrift für Parlamentsfragen 23 (1992), S. 334ff.

[18] Vgl. *Klaus von Beyme,* Das politische System der Bundesrepublik Deutschland nach der Vereinigung, München 1991, S. 335ff.

zung angeblich bewährter Verfahren erscheint freilich Skepsis angebracht, ob die erforderliche Neuordnung als Reformchance wahrgenommen wird.[19] Wahrscheinlicher ist, wie Scharpf vermutet, „die volle Ausschöpfung vorhandener Bundeszuständigkeiten und die zusätzliche Übernahme von Länderaufgaben durch den Bund – freilich ohne das Erfordernis einer qualifizierten oder gar einstimmigen Zustimmung der Länder und ohne Rücksicht auf das Prinzip der Gleichbehandlung. Ebenso wie in den Zeiten der Fonds-Wirtschaft des Bundes in den fünfziger Jahren käme es also wieder zu bilateralen Arrangements oder jedenfalls zu Förderprogrammen, die lediglich einem Teil der Länder zugute kommen. Und anders als in den sechziger Jahren könnten die finanzstarken Länder eine solche Entwicklung diesmal nicht mehr durch den Appell an die Ländersolidarität aufhalten".[20] Als Folge einer solchen Entwicklung oder auch einer Ausweitung des vertikalen Finanzausgleichs müßte der Anteil des Bundes am Steueraufkommen ansteigen; dementsprechend würde sich die Fähigkeit auch der leistungsstarken Länder verringern, eigene Aufgaben aus eigener Kraft wahrzunehmen.

3. Probleme des kooperativen Föderalismus

Ich möchte nun auf die Probleme des kooperativen Föderalismus bzw. der Politikverflechtung eingehen, die in der Bundesrepublik vor allem im Zusammenhang mit ihrer Intensivierung – über die in Bundesstaaten generell erforderliche und speziell in Deutschland traditionelle Kooperation hinaus – auftraten.

Charakteristische Beispiele sind die „Gemeinschaftsaufgaben", wie sie in den Artikeln 91 a und 91 b des Grundgesetzes verankert wurden. Art. 91 a bezieht sich auf die Mitwirkung des Bundes bei der Erfüllung von Aufgaben der Länder, und zwar beim Ausbau und Neubau von Hochschulen, bei der Verbesserung der regionalen Wirtschaftsstruktur und bei der Verbesserung der Agrarstruktur und des Küstenschutzes. Art. 91 b betrifft das Zusammenwirken von Bund und Ländern bei der Bildungsplanung und Forschungsförderung. In diesen Zusammenhang gehören auch die in Art. 104, Abs. 4 geregelten Finanzhilfen des Bundes für „besonders bedeutsame Investitionen der Länder und Gemeinden". Diese Verfassungsänderungen von 1969 bezogen sich nur teilweise auf neuartige Sachverhalte, vielmehr wollte man nicht zuletzt eine bereits bestehende Praxis formalisieren und legitimieren.

Formalisierung bedeutete im Falle der Gemeinschaftsaufgaben des Art. 91 b GG die Einrichtung von Planungsausschüssen, die paritätisch von Ministerialbeamten aus Bund und Ländern besetzt wurden und die – ständig fortgeschriebene – Rahmenpläne aufstellten. Für die in Art. 91 b umschriebenen Aufgaben wurde 1970 die Bund-Länder-

19 Vgl. *Joachim Jens Hesse* und *Thomas Ellwein*, Das Regierungssystem der Bundesrepublik Deutschland, Bd. 1, Opladen 1992, S. 90ff.

20 *Fritz W. Scharpf*, Entwicklungslinien des bundesdeutschen Föderalismus, in: Die alte Bundesrepublik. Kontinuität und Wandel, Leviathan-Sonderheft 12/1991, S. 154.

Kommission für Bildungsplanung und (später auch) Forschungsförderung konstituiert, die sich – im Zeichen der Planungseuphorie dieser Zeit – jahrelang um einen „Bildungsgesamtplan" bemühte, der schließlich 1973 auch zustande kam, in dem aber gravierende inhaltliche Kontroversen mit Hilfe von Mehrheits- und Minderheitsvoten formal übertüncht wurden. Als entsprechend gering erwies sich die Tragfähigkeit eines solchen Konsenses bei seiner praktischen Umsetzung.[21] Bedingt auch durch das Wiedererstarken der Unionsparteien, verlor die Bund-Länder-Kommission in der zweiten Hälfte der 70er Jahre zunehmend an Bedeutung. (Bezeichnenderweise wurde 1975 auch der Bildungsrat aufgelöst.) 1982 mißlang die Fortschreibung des Bilungsgesamtplans endgültig. Aufgelöst wurde die Kommission aufgrund des Widerstands der SPD zwar nicht, seither fristet sie jedoch ein Schattendasein mit reduziertem Mitarbeiterstab.

Die Intensivierung der Kooperation läßt sich nicht nur aus den erwähnten verfassungsrechtlichen und institutionellen Neuerungen ablesen, sie gilt auch für die Handhabung bestimmter Verfahrensweisen, insbesondere etwa die *Selbstkoordination* der Länder. Die Abstimmung wurde in so umfassender Weise praktiziert, daß das Verhältnis von Aufwand und Ertrag fragwürdig wurde; offenbar ist sie namentlich der Ministerialbürokratie derart selbstverständlich geworden, daß gemeinsame Lösungen selbst dann gesucht wurden, wenn individuelle durchaus möglich und sinnvoll gewesen wären.[22]

Warum kam es zu dieser Intensivierung des kooperativen Föderalismus, welche Chancen wurden darin gesehen? Ohne den Hintergrund der Planungs- und Reformeuphorie Ende der 60er, Anfang der 70er Jahre, die Politik und Wissenschaft gleichermaßen erfaßt hatte, ist diese Entwicklung nicht zu verstehen. Eine wesentliche Rolle spielte in diesem Zusammenhang die Vorstellung, der Staat könne die gesellschaftliche und speziell die wirtschaftliche Entwicklung steuern. Art. 91 a und 104 GG sollten der Bundesregierung hierfür Instrumente zur Verfügung stellen, sei es für strukturpolitische Maßnahmen oder zur Beeinflussung der Wirtschaftskonjunktur. Auf solche zusätzlichen Instrumente war die Bundesregierung schon deshalb angewiesen, weil sie zwar für die Konjunkturpolitik in erster Linie verantwortlich, aber für weniger als 20 % der öffentlichen Investitionen zuständig ist. Die Länder versprachen sich von den Gemeinschaftsaufgaben und Investitionshilfen des Bundes weitere Bundesmittel. Die finanziell schwächeren Länder sahen darin einen zusätzlichen Finanzausgleich.

Mögen diese Vorstellungen, namentlich der technokratische Steuerungsoptimismus, auch unrealistisch gewesen sein, so ist doch einzuräumen, daß gemeinsame Planung und Finanzierung im Hinblick auf Weiträumigkeit und Komplexität staatlicher Aufgaben *prinzipiell* als problemadäquate politische Strategie gelten konnte. Auch sind für Ge-

21 Vgl. *Rainer Mathes*, Gesamtstaatliche Bildungsplanung in der Bundesrepublik Deutschland. Eine empirische Analyse der Implementierung des Bildungsgesamtplans in Hessen und Rheinland-Pfalz, Köln 1987.

22 Vgl. etwa *Gerhard Lehmbruch*, Föderalismus und Politikverflechtung. Zwischen Unitarisierung und Differenzierung, in: Politische Bildung 16 (1983), S. 35 – 50.

meinschaftsaufgaben (im engeren und weiteren Sinne) Ausgaben in einer Höhe getätigt worden, die sonst wohl kaum zustande gekommen wären. Dies gilt speziell auch im Bereich der Bildungspolitik: Erwies sich der Bilungsgesamtplan in qualitativer Hinsicht auch als Fehlschlag, so wurden die quantitativen Zielgrößen doch weitgehend erreicht.

Kritik der Politikverflechtung

Die in der Institutionalisierung der Gemeinschaftsaufgaben gipfelnde Hochzeit des kooperativen Föderalismus hielt nicht lange an. Bald wurde vielfache Kritik an institutionellen und inhaltlichen Defiziten der Politikverflechtung geübt, und zwar sowohl von wissenschaftlicher als auch von politischer Seite, wobei sich hier namentlich die finanzstarken Länder zu Wort meldeten.[23] Aber auch der Bund konnte mit den erzielten Resultaten keineswegs zufrieden sein, scheiterten strukturpolitische Schwerpunktbildungen doch daran, daß die Mittelverteilung in zunehmendem Maße nach Proporzgesichtspunkten erfolgte. Daß für Beschlüsse faktisch (und seit der Entscheidung des Bundesverfassungsgerichts vom 4. März 1975 auch formell) Einstimmigkeit erforderlich war, trug dazu maßgeblich bei.

Auch als konjunkturpolitische Instrumente bewährten sich die Gemeinschaftsaufgaben nicht: Teils weil sich längerfristige Investitionen dafür nicht eignen, teils weil die beteiligten Akteure – von der CDU regierte Bundesländer etwa – aus politischen Gründen unterschiedliche Strategien verfolgten.

Zweifelhaft war weiterhin, ob der mit den Gemeinschaftsaufgaben verbundene große Verwaltungsaufwand und die erzielten Politikergebnisse in einem vernünftigen Verhältnis standen. In empirischen Untersuchungen wurde in mehreren Politikbereichen „Überverflechtung" diagnostiziert.[24] Schließlich bezieht sich die Kooperation von Bund und Ländern im Rahmen der Gemeinschaftsaufgaben jeweils auf bestimmte politische Sektoren; eine Koordination zwischen diesen Sektoren wurde jedoch nicht vorgenommen, obwohl es auf der Hand liegt, daß Maßnahmen zur Verbesserung der Agrarstruktur oder Hochschulbaumaßnahmen ebenso regionalpolitische Auswirkungen haben wie die regionale Wirtschaftsförderung. „Sektorale Versäulung" und damit einhergehende „Fachbruderschaften" (Frido Wagener) erschweren die horizontale Koordination sowie die parlamentarische Kontrolle.

Neben defizitären Politik-Ergebnissen wurden der Politikverflechtung auch institutionelle Fehlentwicklungen angekreidet: Dadurch würde die Stellung der Ministerialbürokratie im politischen Prozeß noch gestärkt, die der Parlamente zusätzlich geschwächt. Denkt man etwa an die Bedeutung und Zusammensetzung der Planungsausschüsse für

[23] Vgl. *Arthur Benz*, Bund-Länder Beziehungen in den 80er Jahren, in: *Gunlicks* und *Voigt* (Hrsg.), S. 200ff.

[24] *Fritz W. Scharpf u.a.*, Politikverflechtung. Theorie und Empirie des kooperativen Föderalismus in der Bundesrepublik, Kronberg 1976.

die verschiedenen Gemeinschaftsaufgaben, so läßt sich diese Kritik nicht von der Hand weisen. Sie betrifft vor allem die Landesparlamente, die zwar versuchten, über die geplanten Anmeldungen der Länder zu den Rahmenplänen wenigstens rechtzeitig informiert zu werden; doch erwiesen sich schon diese Bemühungen als wenig erfolgreich, von wirksamer parlamentarischer Mitwirkung ganz abgesehen. Zwar sind die Parlamente eingeschaltet, wenn letztlich über die finanzielle Beteiligung der Länder im Rahmen der Haushaltspläne zu entscheiden ist. Doch ist zu diesem Zeitpunkt eine parlamentarische Ablehnung kaum mehr möglich, zumal an die Bewilligung der Landesmittel entsprechende Bundesmittel gekoppelt sind. Zwar läßt sich fragen, ob die vielbeklagte „Entmachtung" der Parlamente nicht zumindest teilweise auch „Selbstentmachtung" ist; auch läßt sich die Politikverflechtung als nur *formale* Zentralisierung zutreffend charakterisieren, die Länder und Kommunen erhebliche Möglichkeiten *faktischer* Mitwirkung einräumt. Doch bleibt die grundsätzliche Frage, inwieweit die Mitwirkung an der Willensbildung des Gesamtstaates eine Kompensation für den Verlust autonomer Aufgabenerfüllung darstellt. Zumal diese Kompensation nicht allen Akteuren gleichermaßen zugute kommt, dürfte in der Tat „Beteiligungsföderalismus keine gleichwertige Alternative zum Kompetenzföderalismus"[25] sein.

Alternativen?

Alternativen wurden freilich durchaus erörtert. Man suchte sie in zwei Richtungen. Auf der einen Seite wurden Modifikationen des bestehenden Systems vorgeschlagen, wodurch beispielsweise die Beteiligungsmöglichkeiten der Parlamente an politischer Planung erweitert werden sollten. Für diese Strategie steht der Schlußbericht der Enquete-Kommission Verfassungsreform des Deutschen Bundestags von 1976, der so wenig politische Resonanz gefunden hat. Auf der anderen Seite wurde für „Entflechtung" plädiert. In diese Richtung gab es auch einige, allerdings zaghafte politische Schritte zu Beginn der 80er Jahre, die als *„Reföderalisierung"* etikettiert werden.[26] In der Endphase der sozial-liberalen Koalition kündigte Bundeskanzler Helmut Schmidt 1980 im Zusammenhang mit den Haushaltsschwierigkeiten seiner Regierung ziemlich unvermittelt den Rückzug aus dem Planungs- und Finanzierungsverbund mit den Ländern an. Der Bund beteiligte sich nicht mehr an der Vergabe von Graduiertenstipendien und dem Bau von Studentenwohnheimen sowie – nach dem Regierungswechsel von 1982 – auch dem Krankenhausbau. Über weitere Schritte wurde zwischen Bund und Ländern verhandelt, jedoch ohne positives Ergebnis – hauptsächlich wohl deswegen, weil sich die Länder eine Rückverlagerung von Kompetenzen nur zusammen mit einer entsprechenden finanziellen Ausstattung vorstellen konnten, der Bund dazu aber nicht bereit war, weil sich damit seine politischen Handlungsmöglichkeiten verringert hätten. Außerdem ver-

[25] *Isensee,* S. 672.

[26] Vgl. *Hartmut Klatt,* Der Kooperative Bundesstaat: Entwicklungslinien und neue Herausforderungen, in: *Gunlicks* und *Voigt* (Hrsg.), S. 237ff.

schärft sich bei einer solchen Rückverlagerung auch das Problem der ungleichen Ressourcenausstattung der Länder.

Immerhin kam es zu der am Beispiel der Bund-Länder-Kommission illustrierten Rückverlagerung bildungspolitischer Willensbildung in die Länder bzw. in die Konferenz der Kultusminister (und stärker als zuvor auch in diejenige der Ministerpräsidenten). In diesem Falle trat also an die Stelle vertikaler Kooperation die horizontale: In Form der Selbstkoordination der Länder. Man kann sich darüber streiten, wie groß der Unterschied im Sinne authentischer föderalistischer Strukturen ist.

Eine wirkliche Alternative wäre die *Neugliederung* der nunmehr 16 Länder, etwa die Halbierung ihrer Zahl durch entsprechende Zusammenschlüsse. Solche Überlegungen gab es bereits in der alten Bundesrepublik, doch gediehen sie jeweils über Empfehlungen von Experten-Kommissionen nicht hinaus. Auch die Bildung von 5 Ländern in der DDR führte zu verschiedenen Vorschlägen für eine Umgliederung zu größeren Einheiten. So gut begründet diese Neugliederungsvorschläge sein mochten, ernsthafte politische Realisierungschancen bestanden zu keinem Zeitpunkt. Letztlich handelte es sich um Reißbrettkonstruktionen, deren Realisierung ein gewachsenes Landesbewußtsein, politische Besitzstände sowie der institutionelle Konservativismus zahlreicher Organisationen entgegenstanden oder – im Falle der neuen Bundesländer – ein politischer Symbolwert, den man nicht gleich wieder in Frage stellen konnte.

Daß das System der Politikverflechtung trotz immer wieder formulierter wissenschaftlicher und politischer Kritik ohne größere Modifikationen fortbestand, läßt sich damit erklären, daß es wichtigen Interessen Rechnung trägt. Wie Scharpf u.a. dargetan haben, sind einerseits die politischen Spezialisten an der zusätzlichen Legitimierung interessiert, die ihre Forderungen durch die Aufnahme in Rahmenpläne erhalten, die immer wieder fortgeschrieben werden. Andererseits erscheint die Kooperation zwischen den verschiedenen politischen Ebenen aber auch den politischen Generalisten (Regierungschefs, Finanzminister) als nützlich, weil sich dadurch mehrere Ziele erreichen lassen: Die Beteiligung an gemeinsamen Erfolgen mit geteilten Kosten ebenso wie eine Risikoverteilung für Mißerfolge und unpopuläre Entscheidungen.

Wenn jedoch auch künftig die radikale Alternative einer Länderneugliederung – sie könnte nicht zuletzt zu einer Reduktion des Finanzausgleichs beitragen – kaum ernsthafte Realisierungschancen haben dürfte, bleibt Politikverflechtung in erheblichem Umfang für das deutsche Regierungssystem charakteristisch und wohl auch unentbehrlich. Problematische Aspekte dieses Sachverhalts sind gewiß nicht zu verkennen, doch kam es in den 80er Jahren zu einer „de-facto Dezentralisierung ohne strukturelle Reform“, zu einer „pragmatischen Umgestaltung der Interaktionsmuster, die je nach den besonderen politischen und sozioökonomischen Bedingungen der einzelnen Politikbereiche variieren“.[27] Deshalb ist es übertrieben, von einer „Politikverflechtungsfalle“ mit

[27] *Benz,* Bund-Länder-Beziehungen, S. 222f.

dem Risiko der Selbstblockade zu sprechen. *Scharpf* bezieht diese Diagnose sowohl auf die Bundesrepublik als auch auf die EG. Nun mögen die institutionellen Strukturen in beiden Fällen tatsächlich „suboptimale Politik-Ergebnisse systematisch begünstigen".[28] Wo gibt es aber in der politischen Realität schon „optimale" Politik-Ergebnisse oder gar institutionelle Strukturen, die solche Ergebnisse gewährleisten? Zudem scheint Scharpfs Bewertung aus einem fragwürdigen zentralistischen Maßstab zu resultieren, nämlich einer integrierten Steuerung wohlfahrtsstaatlicher Verteilungs- und Modernisierungspolitik,[29] der aber weder einem Bundesstaat noch gar der EG gerecht wird. Im übrigen können weder zentralistische Systeme als leistungsfähiger gelten, noch ist die befürchtete Politik-Blockade in den beiden Beispielen eingetreten. In der EG ist bei der Vorbereitung des Binnenmarktes in erheblichem Umfang nach dem Mehrheitsprinzip verfahren worden, dessen Nicht-Anwendung in Scharpfs Argumentation eine zentrale Rolle spielt; und in der Bundesrepublik hat sich der Föderalismus als „dynamisches System" erwiesen, und zwar in dem Sinne, daß in kooperativen Beziehungen „Lernprozesse prinzipiell möglich und wahrscheinlicher als unter anderen strukturellen Bedingungen sind" und daß Politikverflechtung abrupte Wechsel verhindert, aber „pragmatische Anpassungsprozesse" zuläßt.[30] Daraus läßt sich auch eine gewisse Zuversicht ableiten, daß „das in vier Jahrzehnten ausgebildete bundesstaatliche Gleichgewicht die doppelte Erschütterung der deutschen Vereinigung und der Vollendung des europäischen Binnenmarktes ... überdauern kann", obwohl dies von namhaften Experten wie Scharpf bezweifelt wird.[31]

4. Parteienkonkurrenz im Bundesstaat

Das Parteiensystem der Bundesrepublik Deutschland ist heute auf den verschiedenen politischen Ebenen ähnlich strukturiert, wenn auch im lokalen Bereich die Vielfalt größer ist: Hier konkurrieren vor allem in den süddeutschen Ländern verschiedenartige Wählergruppen mit den Parteien. Zwar haben sich die Regionalparteien aus der Gründungsphase der Bundesrepublik aufgelöst oder sind bedeutungslos geworden, doch gibt es immer wieder zeitweilige Unterschiede zwischen der Zusammensetzung des Bundestages und der Landtage, künftig vielleicht in den neuen Bundesländern, wo sich die PDS als Regionalpartei behaupten könnte.

28 *Fritz W. Scharpf*, Die Politikverflechtungs-Falle. Europäische Integration und deutscher Föderalismus im Vergleich, in: Politische Vierteljahresschrift 26 (1985), S. 324.

29 *Klaus Simon*, Politikblockade oder dynamischer Föderalismus? Die regionale und kommunale Ebene in der Politik der Europäischen Gemeinschaft, in: Politische Bildung 24 (1991), S. 33.

30 *Arthur Benz*, Regierbarkeit im kooperativen Bundesstaat – Eine Bilanz der Föderalismusforschung, in: *Stephan von Bandemer* und *Göttrik Wewer* (Hrsg.), Regierungssystem und Regierungslehre, Opladen 1989, S. 192.

31 *Scharpf*, Entwicklungslinien, S. 151.

Der Bundesstaat eröffnet den Parteien – wie auch den Interessenverbänden – zusätzliche Arenen politischer Gestaltung. Das ist vor allem für die Oppositionsparteien auf Bundesebene bedeutsam. Diese zusätzlichen personellen und programmatischen Profilierungsmöglichkeiten sind jedoch nicht nur für die Konkurrenz *zwischen* den Parteien wichtig, sondern auch für die *inner*parteiliche Willensbildung. So können etwa in einem Politikbereich verschiedene Konzepte der Landesverbände um die Anerkennung durch die Bundespartei konkurrieren.[32] Oder führende Landespolitiker konkurrieren um Führungspositionen der Bundespartei.

Bei allen Parteien ist ein reger Austausch des politischen Personals zwischen Bund und Ländern in beiden Richtungen üblich geworden. Vier der sechs Bundeskanzler waren Regierungschef eines Landes oder hatten dort ein wichtiges Regierungsamt inne!

Kommunalwahlen, Landtags- und Bundestagswahlen sowie seit 1970 auch Europawahlen folgen einander in dichter Folge. Dieser strapaziöse Dauerwahlkampf, der eine längerfristige Politikgestaltung sehr erschwert, führt immer wieder zu der Überlegung, ob man nicht Wahltermine zusammenlegen sollte.[33] Andererseits läßt sich argumentieren, daß die dichte Wahlfolge auf den verschiedenen Gebietsebenen zwar „ein anstrengender, aber nützlicher Dauertest" ist, „der das politische System zwingt, sich dem Bürger gegenüber personell und programmatisch zu exponieren"; auf diese Weise bildet die föderalistische Ordnung auch „ein Ventil für quasi-plebiszitäre Äußerungen, für spontane Entladungen, für Momentaufnahmen der politischen Meinung".[34]

Inkompatibilität zwischen Parteienkonkurrenz und Bundesstaat?

Namhafte politikwissenschaftliche Autoren wie Gerhard Lehmbruch[35] sehen einen „Strukturbruch" zwischen den Kooperationserfordernissen im Bundesstaat und den Funktionsvoraussetzungen der Parteienkonkurrenz. Das föderative System und das Parteiensystem seien von tendenziell gegenläufigen Entscheidungsregeln bestimmt, die sich wechselseitig lahmzulegen drohten. Dies sei insbesondere bei divergierenden Mehrheitsverhältnissen in Bundestag und Bundesrat der Fall. In der Tat kommt es in dieser Konstellation bei wichtigen Gesetzgebungsvorhaben – spätestens im Vermittlungsausschuß zwischen Bundestag und Bundesrat – zu breiten Koalitionen aus Regierungs- und Oppositionsparteien, weil weder das Passierenlassen von Regierungsvorlagen im Bundesrat noch gar permanente Obstruktion für die Bundestagsopposition, die im Bundesrat – vereinfacht gesagt – die Mehrheit besitzt, realistische Alternativen sind. Daß die Verdeutlichung der eigenen politischen Position im Falle solcher breiten Koalitionen

[32] Vgl. *Josef Schmid*, Die CDU. Organisationsstrukturen, Politiken und Funktionsweisen einer Partei im Föderalismus, Opladen 1990.
[33] Vgl. neuerdings *Klaus von Beyme*. Zusammenlegung von Wahlterminen: Entlastung der Wähler – Entlastung der Politiker?, in: Zeitschrift für Parlamentsfragen 23 (1992), S. 339–353.
[34] *Maier*, S. 224.
[35] *Gerhard Lehmbruch*, Parteienwettbewerb im Bundesstaat, Stuttgart 1976.

schwierig ist, läßt sich ebenfalls nicht bestreiten. Doch heben Kooperationsverhältnisse mit ihren typischen Verhandlungsstrategien die Parteienkonkurrenz nicht auf, wenn sie auch unter komplizierteren Bedingungen stattfindet und für die Öffentlichkeit weniger transparent ist, insbesondere etwa die politische Zurechnung parteipolitischer Entscheidungen erschwert.[36] Umgekehrt schließen parteipolitische Gegensätze Koalitionen aufgrund bestimmter Länderinteressen nicht aus: Von Küsten- und Zonengrenzländern, Wein- und Agrarländern, „armen" und „reichen" Ländern oder neuerdings zwischen „alten" und „neuen" Bundesländern.

Winfried Steffani hat in seinem schönen Vortrag auf der Tagung dieser Gesellschaft im Jahre 1984 für angemessene demokratietheoretische Maßstäbe zur Beurteilung parlamentarischer Bundesstaaten plädiert: „Pluralistische Demokratie ist gewaltenteilige Demokratie, in der der Bundesstaat als eine Form vertikaler Gewaltenteilung begriffen wird. Gewaltenteilung erschwert bewußt Mehrheitsbildung. Im parlamentarischen Bundesstaat werden die verhältnismäßig einfachen Mehrheitsstrukturen des parlamentarischen Systems bundesstaatlich relativiert".[37] Es sind hier eben „doppelte Mehrheiten" erforderlich.

Die behauptete strukturelle Inkompatibilität wird auch durch die beträchtliche Autonomie der Parteiverbände auf den verschiedenen politischen Ebenen relativiert. Die Parteien in der Bundesrepublik sind alles andere als zentralistisch geführte Organisationen. Dies gilt heute gewiß auch für die SPD.[38] Trotz der beträchtlichen personellen Verzahnung der Parteiführungsgremien auf den verschiedenen politischen Ebenen sollten die vertikalen Koordinationsleistungen der Parteien nicht überschätzt werden. Insbesondere die Führungsgremien der Bundesparteien bemühen sich zwar durchaus um eine solche Politik-Koordination, doch gelingt sie ihnen nur teilweise,[39] wie auch die ständige, durchaus berechtigte Klage der Kommunen darüber dokumentiert, daß ihnen von Bund und Ländern Aufgaben ohne entsprechende Finanzausstattung übertragen werden.

[36] Kritische Relativierung der Inkompatibilitätsthese auch bei *Oscar W. Gabriel,* Föderalismus und Parteiendemokratie in der Bundesrepublik Deutschland, in: *Gunlicks* und *Voigt* (Hrsg.), S. 95 – 118.

[37] *Winfried Steffani,* Der parlamentarische Bundesstaat in Deutschland heute, in: Zeitschrift für Parlamentsfragen 16 (1985), S. 229.

[38] Vgl. die pointierte Charakterisierung von *Peter Lösche* und *Franz Walter,* Die SPD. Klassenpartei, Volkspartei, Quotenpartei, Darmstadt 1992.

[39] *Peter Haungs,* Parteipräsidien als Entscheidungszentren der Regierungspolitik – Das Beispiel der CDU, in: *Hans-Hermann Hartwich* und *Göttrik Wewer* (Hrsg.), Regieren in der Bundesrepublik II, Opladen 1991, S. 113 – 123.

5. Europäische Perspektiven

Unter Europa verstehe ich weiterhin die EG – angesichts der sich abzeichnenden Erweiterung und ihrer Gestaltungsaufgaben in den angrenzenden europäischen Ländern eine in zunehmendem Maße vertretbare Verkürzung der europäischen Perspektive!

Bedeutung der EG für den deutschen Bundesstaat

Bevor von der möglichen Bedeutung der politischen Ordnung der Bundesrepublik für die Entwicklung der EG gesprochen wird, sollte die Bedeutung der EG für den deutschen Bundesstaat nicht unerwähnt bleiben: Wird die bundesstaatliche Balance nicht durch nationalen Kompetenztransfer auf die EG gefährdet, zumal die Bundesregierung davon profitiert, da sie an der Wahrnehmung dieser Kompetenzen durch den EG-Ministerrat beteiligt ist? Man hat deshalb vom „Dilemma des deutschen Föderalismus in der Europäischen Gemeinschaft"[40] gesprochen, brauchen EG-Entscheidungen doch den Föderalismus der Bundesrepublik nicht zu berücksichtigen, obwohl er zu deren wichtigsten Verfassungsprinzipien gehört. Die Problematik solcher Entwicklungen wird jedoch seit einigen Jahren wahrgenommen, und die Länder setzen sich dagegen zur Wehr – durchaus mit Erfolg: Zunächst nutzten sie das Zustimmungsgesetz zur Einheitlichen Europäischen Akte zur Absicherung ihrer Mitwirkungsmöglichkeiten. Die Teilnahme von Ländervertretern in EG-Gremien bei länderrelevanten Fragen ist gängige Praxis geworden. Zur eventuell eilbedürftigen Behandlung von EG-Angelegenheiten hat der Bundesrat eine EG-Kammer gebildet, die an seiner Stelle entscheiden kann. In der Gemeinsamen Verfassungskommission von Bundestag und Bundesrat wurde der Zusammenhang von europäischer Integration und bundesstaatlicher Ordnung ausführlich erörtert. Als Ergebnis dieser Beratungen wurden bei der parlamentarischen Ratifikation des Maastrichter Vertrags im Dezember 1992 verstärkte Mitwirkungsrechte des Bundesrates und damit der Bundesländer in europäischen Angelegenheiten in der Verfassung verankert.

Die Länder wissen sich also in verfassungspolitischer Hinsicht zu behaupten: Eine drohende bundesstaatliche Schieflage dürfte dadurch abgewendet werden. Die Länder können auch davon ausgehen, daß ihre Bedeutung mit der weiteren Entwicklung der EG zunimmt: „In dem Maße, in dem die nationalen Entscheidungskompetenzen nach oben, also etwa auf die Europäische Gemeinschaft verlagert werden, wächst zwangsläufig die Bedeutung der Bundesländer bzw. anderer regionaler Untereinheiten".[41] Diese Einschätzung beruht darauf, daß auf der supranationalen Entscheidungsebene noch häufiger als auf der nationalen nur Rahmenregelungen möglich sind und dadurch die Anforderungen an die situationsbezogene Konkretisierung auf der Entscheidungsebene der Länder wachsen. Daß dieses Prinzip in der Praxis der EG häufig nicht beachtet wurde, steht auf einem anderen Blatt: Als überflüssig oder unzweckmäßig erscheinende Regle-

[40] *Isensee,* S. 679.
[41] *Mayntz,* S. 241.

mentierungen der Brüsseler Bürokratie haben gerade in Deutschland und Großbritannien berechtigte Kritik ausgelöst.[42] Die Revision dieser Praxis soll nach einer Vereinbarung des Gipfeltreffens in Lissabon (1992) künftig dadurch erreicht werden, daß Kommission und Ministerrat jeden Akt der Gesetzgebung rechtfertigen müssen. Unter dem Eindruck der Maastricht-Debatte könnte diese Kurskorrektur im Sinne des Subsidiaritätsprinzips durchaus Realisierungschancen haben.

Begünstigt werden regionale und lokale Beteiligungsmöglichkeiten auch durch das Eigeninteresse der EG, namentlich der Kommission, „die Implementationschancen ihrer Entscheidungen durch Kontakte mit der Vollzugsebene schon in der Vorbereitungsphase zu verbessern".[43] Schließlich kann die Vollendung des Europäischen Binnenmarktes dazu führen, daß die Bedeutung der Länder für die wirtschaftliche Entwicklung wächst, indem sie ihre Zuständigkeiten (im Hinblick auf Schulen und Hochschulen, berufliche Weiterbildung, wirtschaftsnahe Forschung, Technologietransfer, Verkehrserschließung und andere Bereiche der öffentlichen Infrastruktur) für regionale Entwicklungsprogramme nutzen, die „auf die jeweiligen Chancen und Defizite der Region im europäischen Wettbewerb zugeschnitten sind".[44] Diese Einschätzung beruht auf der Annahme, daß die Bedeutung der Nationalstaaten als Wirtschaftseinheiten abnimmt, während die Konkurrenz zwischen den europäischen Produktionsstandorten zunimmt.

Bedeutung des deutschen Föderalismus für die EG

Welche Bedeutung können nun die Erfahrungen mit der föderalistischen Ordnung der Bundesrepublik für die EG haben? Daß solche Übertragungen generell problematisch sind, wurde bereits zu Beginn erwähnt. Auch wird der Vorbildcharakter des deutschen „Modells" durch die erwähnten problematischen Entwicklungen des „kooperativen Föderalismus" relativiert.[45] Vor allem ist jedoch an die wesentlich größere Heterogenität der gesellschaftlichen und politischen Verhältnisse innerhalb der EG im Vergleich zur recht homogenen (alten) Bundesrepublik oder an das Parteiensystem zu erinnern, das auf EG-Ebene nur ein sehr rudimentäres Pendant (mit den Parlamentsfraktionen als Kern) hat.

Daß eine föderalistische Ordnung auf europäischer Ebene in noch stärkerem Maße, als dies für die Bundesrepublik gilt, durch *dezentrale* Strukturen geprägt sein müßte, scheint mir aus zwei Gründen evident zu sein: Einerseits muß sie genügend Raum für die Bewahrung der nationalen Identitäten lassen, andererseits der doppelten Relativierung der Nationalstaaten Rechnung tragen. Diese sind ja heute – nach Daniel Bells Diktum – nicht nur für die großen Probleme zu klein geworden, sondern auch für

42 Vgl. neuerdings *Stefan von Senger und Etterlin,* Das Europa der Eurokraten. Zentralismus, Partikularismus und die Rolle des Nationalstaats, in: Aus Politik und Zeitgeschichte, B42/92, S. 16–27.
43 *Simon,* S. 26.
44 *Scharpf,* Entwicklungslinien, S. 156.
45 So auch *Gisela Müller-Brandeck-Bocquet,* Europäische Integration und deutscher Föderalismus, in: *Michael Kreile* (Hrsg.), Die Integration Europas, PVS-Sonderheft 23/1992, S. 161.

die kleinen Probleme zu groß. Es bedarf also sowohl geeigneter politischer Strukturen oberhalb wie unterhalb der Nationalstaaten. Ein solches Föderalismus-Konzept ließe die Kooperation in der EG nicht nur „Zwangsjacke" werden, wie Charles Powell befürchtet.[46] „Wahrung von Eigeninteressen" und ein Föderalismus, der sich als institutionalisierte Chance zu gesellschaftlicher und politischer Vielfalt versteht, sind kein Gegensatz.

Wichtig erscheint mir vor allem, daß mit der geplanten Kompetenzerweiterung der EG eine möglichst klare Verteilung der Aufgaben auf die verschiedenen politischen Ebenen erfolgt. Eine solche Kompetenzverteilung war bisher überhaupt nicht vorgesehen, weil es nach dem EG-Vertrag keine Bereiche gibt, die ihrem Zugriff vollständig verschlossen sind. Die Befugnisse der EG sind nicht gegenständlich, sondern *final* bestimmt; „Final bestimmte Befugnisse lassen sich aber gegenständlich nur schwer begrenzen. Alles was die Zielverwirklichung hindern kann, fällt potentiell in die Regelkompetenz der EG."[47] Die EG zielt im Kern auf die Herstellung eines freien Personen-, Waren-, Dienstleistungs- und Kapitalverkehrs. Deshalb kann sie alle nationalen Regelungen, die die Erreichung dieses Zieles hemmen, harmonisieren. Da sämtliche Lebensbereiche einen ökonomischen Aspekt haben, ist die potentielle Zuständigkeit der EG unbegrenzt, zumal das Subsidiaritätsprinzip in der Form, wie es in den Vertrag von Maastricht aufgenommen wurde, wenig aussagekräftig ist: „Es muß konkretisiert werden, wenn es limitierende Wirkung für die EG-Befugnisse entfalten soll. Das kann angesichts der im EG-Vertrag angelegten Expansionsmöglichkeiten nur durch Negativkataloge geschehen, in denen alle Gegenstände aufgeführt sind, welche die EG selbst dann nicht regeln darf, wenn nationale Regelungen den gemeinsamen Markt behindern. Das betrifft besonders den kulturellen Bereich im weiteren Sinn einschließlich Rundfunk und Fernsehen, Bildung und Erziehung."[48]

Die EG kann erst ein demokratischer Verfassungsstaat werden, wenn es ein europäisches Staatsvolk und eine europäische Öffentlichkeit gibt.[49] Solange dies nicht der Fall ist, muß sie ein *Zweckbündnis* bleiben: „Es geht um Bereichsintegration bestehender und in ihren Überzeugungen und Interessen verwandter Nationalstaaten, nicht um deren

[46] *Charles Powell*, Zwangsjacken sind höchst unbequem. Englands skeptischer Blick auf Europa, in: *Frankfurter Allgemeine Zeitung*, 6.10.1992, S. 36. Diese Skepsis wurde im Herbst 1992 von der deutschen Bevölkerung durchaus geteilt: Drei Viertel der Deutschen lehnten einen europäischen Bundesstaat ab. Vgl. *Elisabeth Noelle-Neumann*, Nur eine relative Mehrheit für Maastricht, in: *Frankfurter Allgemeine Zeitung*, 8.10.1992, S. 5.

[47] *Dieter Grimm*, Subsidiarität ist nur ein Wort, in: *Frankfurter Allgemeine Zeitung*, 17.9.1992, S. 38.

[48] *Ders.*, Der Mangel an europäischer Demokratie, in: *Der Spiegel* 43/1992, S. 59.

[49] Vgl. zu dieser Problematik eindringlich *Peter Graf Kielmansegg*, Ein Maß für die Größe des Staates. Europa fehlt die Zustimmung der Bürger, in: *Frankfurter Allgemeine Zeitung*, 2.12.1992, S. 35: „Alles spricht dafür, daß es eine wirklich belastbare kollektive politische Identität der Europäer als Europäer noch nicht gibt. Sie läßt sich nicht herbeireden, sie kann nur wachsen. Und sie wächst viel langsamer, als die Europapolitik fortschreitet. Darin liegt das Problem für die Anwendung von Demokratieregeln."

Aufhebung in einem Überstaat."[50] Die Befugnisse dieses Zweckbündnisses können durchaus zunehmen. Die (mit fortschreitender Erweiterung der EG erst recht) notwendige deutlichere Kompetenzabgrenzung zwischen Gemeinschaft und Mitgliedstaaten sollte freilich auch einen „Rückbau" von Kompetenzen erlauben, wenn entsprechende Erfahrungen mit ihrer Wahrnehmung dies geboten erscheinen lassen. Jedenfalls sollten Kompetenzverlagerungen in *beiden* Richtungen (Zentralisierung und Dezentralisierung) vorstellbar sein.

Berücksichtigt man das oben über Politikverflechtung Gesagte, sollten die Kompetenzen nach Möglichkeit einer bestimmten politischen Ebene zugeordnet werden, um sonst vermeidliche Defizite im Hinblick auf Transparenz und politische Verantwortlichkeit nach Möglichkeit zu vermeiden.

Eine Form der Politikverflechtung, wie sie den Föderalismus in Deutschland traditionellerweise kennzeichnet, empfiehlt sich freilich für die EG erst recht: Die Aufteilung von Legislative und Verwaltung auf die verschiedenen politischen Ebenen. Die Verwaltung sollte (wie bisher) nur ausnahmsweise auf der zentralen Ebene angesiedelt sein, in der Regel vielmehr möglichst denzentralisiert.

Unter den Bundesorganen des deutschen Regierungssystems hat – neben dem Bundesverfassungsgericht – vor allem der *Bundesrat* eine erstaunliche Karriere gemacht, die sich im Zusammenhang mit der europäischen Integration noch fortsetzt. Auf EG-Ebene läßt sich der Ministerrat mit ihm insofern vergleichen, als diesem ebenfalls demokratisch legitimierte Regierungsmitglieder angehören. Seine Position wird wohl – neben dem Europäischen Rat – für geraume Zeit dominierend sein,[51] aber selbst gegenüber einem Parlament mit erweiterten Kompetenzen und einer von diesem abhängigen europäischen „Regierung" (Kommission) bliebe sie bedeutsam, wie dies für den deutschen Bundesrat gegenüber dem Bundestag gilt. Daß für praktisch alle wichtigen Gesetze doppelte Mehrheiten erforderlich sind, dokumentiert diese Bedeutung, die mir auch in europäischer Perspektive bemerkenswert zu sein scheint und Bedenken gegenüber einer parlamentarisch kontrollierten Zentralregierung relativieren könnte.

Ich spreche natürlich nicht von einem parlamentarischen Regierungssystem auf EG-Ebene – vor allem aus zwei Gründen: Es ist fraglich, ob und wann das Europäische

[50] *Grimm*, Mangel, S. 59. Vgl. in diesem Sinne auch die Beiträge in: *Rudolf Wildenmann* (Hrsg.), Staatswerdung Europas? Optionen für eine Europäische Union, Baden-Baden 1991; besonders prägnant: *M. Rainer Lepsius*, Nationalstaat oder Nationalitätenstaat als Modell für die Weiterentwicklung der Europäischen Gemeinschaft, S. 19–40; *Beate Wieland*, Verfassungspolitische Probleme der „Staatswerdung Europa", S. 429–459.

[51] Solange dies der Fall ist, obliegt die politische Kontrolle in erster Linie den nationalstaatlichen Parlamenten – eine Konsequenz, die in der politischen Praxis der Bundesrepublik erst neuerdings wieder gebührend beachtet wird.

Parlament die dafür erforderlichen Funktionen erfüllen kann[52] – der rudimentäre Charakter des europäischen Parteiensystems ist symptomatisch für diese Problematik, die sich mit jeder Erweiterung der EG noch verschärfen wird; und vor allem ist die Existenz des Europäischen Rats gebührend zu berücksichtigen, der gegenwärtig und auch weiterhin eine Art Richtlinienkompetenz und Krisenmanagement-Funktion wahrnimmt und ohne dessen Mitwirkung die Bestellung einer europäischen „Regierung" – vorerst jedenfalls – nicht vorstellbar ist. Insofern sind eher Analogien zu präsidentiellen oder semi-präsidentiellen Regierungssystemen angebracht, zu denen übrigens auch locker gefügte Fraktionen im Europäischen Parlament passen würden, wie sie wohl auf absehbare Zeit für ein europäisches Parteiensystem charakteristisch sein dürften.

Das Erfordernis doppelter Mehrheiten wie auch generell die vielfältigen Kooperationserfordernisse in einer föderalistischen politischen Ordnung lassen sich demokratietheoretisch unter dem Stichwort „Konkordanzdemokratie" subsumieren. Konkordanzdemokratische Vorstellungen sind eine legitime, mit anderen Varianten gleichwertige Demokratiekonzeption, die gerade im Hinblick auf die spezifischen Bedürfnisse der EG besondere Aufmerksamkeit verdient. Ein typisches Merkmal konkordanzdemokratischer Strukturen sind Proporzregeln, wie sie in der Schweiz etwa noch charakteristischer sind als in der Bundesrepublik.[53] Die in der Schweiz für die Zusammensetzung der Regierung maßgeblichen Proporzgesichtspunkte ließen sich auf die Zusammensetzung einer europäischen Regierung übertragen, was im übrigen der Fortsetzung der bisherigen Praxis bei der Zusammensetzung der Kommission entspräche. Auch im Ministerrat werden nach Art. 148 EWG-Vertrag die Stimmen in ähnlicher Weise gewogen wie im deutschen Bundesrat: In beiden Institutionen haben bekanntlich die größeren Länder mehr Stimmen als die kleinen, wobei diese allerdings bevorzugt werden. In entsprechender Weise könnte auch in einem mit größeren Kompetenzen ausgestatteten Parlament das Proporzprinzip im Hinblick auf die Abgeordnetenzahl modifiziert werden, ohne daß dies eine unzumutbare Verzerrung der politischen Willensbildung bedeutete, zumal ohnehin in allen wichtigen Fragen auch die Zustimmung des Ministerrats als „Erster" oder „Zweiter" Kammer erforderlich wäre. Eine solche Abweichung vom Proporzprinzip ist im übrigen schon aus Gründen der Arbeitsfähigkeit des Parlaments unvermeidlich, wobei sich die Problematik mit steigender Mitgliederzahl der EG verschärft.

[52] In dieser Hinsicht skeptisch auch *Hans-Peter Schwarz,* Konzepte zur Parlamentarisierung des europäischen Zusammenschlusses. Eine entwicklungsgeschichtliche Skizze, in: *Gesine Schwan* (Hrsg.), Internationale Politik und der Wandel von Regimen, Köln u.a. 1987, S. 29 – 53, der im übrigen mit Recht an die Vorzüge der Doppelmitgliedschaft in nationalen Parlamenten und im Europäischen Parlament erinnert (S. 50).

[53] Vgl. etwa *Franz Lehner,* Grenzen des Regierens. Eine Studie zur Regierungsproblematik hochindustrialisierter Demokratien, Königstein/Ts. 1979, S. 185ff.

Schlußbemerkung

Der kooperative Föderalismus der Bundesrepublik befindet sich gegenwärtig in einer schwierigen Phase: Vorhandene Probleme werden durch die Wiedervereinigung verschärft, gleichzeitig sieht er sich der Herausforderung durch die Entwicklung der EG gegenüber. Der deutsche Föderalismus mag trotzdem von europäischem Interesse sein, umgekehrt gilt jedoch ebenfalls: Die europäische Integration eröffnet auch Chancen für den Föderalismus, in Deutschland und anderswo.

Summary

Germany is the only member of the EC with a federal political order. As the present EC constitution contains federal structures and its development towards political union is conceivable only as a federal order, the example of Germany may be of some interest. This also applies to the trend towards decentralisation and regionalisation in a number of the member states.

In Germany, the federal order has traditionally had well developed co-operative elements. In the Federal Republic co-operative structures became stronger during the 1960s and 1970s, only to be subjected to growing doubts and criticism of the procedures and consequences of "political interconnections" *(Politikverflechtung)* during the second half of the 1970s. Nevertheless the essentials of this system have not been revised, because any alternatives put up have proved to be impractical. To speak of a "trap" in this connection is exaggerated.

This paper examines how co-operative federalism works in the Federal Republic, analysing its strengths and weaknesses. *Politikverflechtung* can be described as purely formal centralisation which gives *Länder* and local government scope for real participation. Nevertheless, the fundamental question remains: to what extent does participation in the development of objectives for the whole state compensate for the lost autonomy?

The relationship between a federal structure and the political parties is also part of co-operative federalism. The federal state provides parties with additional arenas for political activity, which are significant especially for opposition parties at federal level. These opportunities for gaining a public profile are important not only for competition between the parties, but also for the development of aims within parties.

Finally, the Federal Republic's experience of a federal order is discussed with reference to constitutional developments within the EC. Special attention is paid to the *Bundesrat*, and general reference is made to the significance to *konkordanzdemokratische* ideas.

Michael Hodges

Britain and Germany: Economic Differences and Expectations

A Single European Market, but Differing Industrial Cultures

One of the most significant differences between the economic systems of the two countries springs from their respective industrial cultures – a general term embracing the structure of market regulation and the method of corporate governance. The advent of the Single European Market in 1993 will inevitably lead to a debate in the EC about the possibility of convergence of these two value-systems, and whether the cultural differences between the German social market economy and the British version of the Anglo-American liberal market can coexist in a frontier-free Europe.

As the turbulence in the European Community's Exchange Rate Mechanism in 1992–93 clearly shows, market frontiers now bear little or no relationship to state frontiers. Traditional macro- and microeconomic policies are of decreasing effectiveness and even relevance in a world of globalised competition with an emerging structure of international production. These global pressures, along with the fears of the political marginalisation and immobilism of Europe, were a major stimulus for the Single European Market, just as the Maastricht Treaty has been seen as a way of building on the momentum achieved by the SEM to achieve further European integration. The EC's current agenda implicitly recognises that Europe must aim for both economic stability and external security in a world where unrest on Europe's borders is likely to increase, in the East and to the South, and where Europe's competitiveness in global markets – particularly in high-technology industries and those where low labour costs confer a significant advantage – is coming under increasing pressure.

The EC will find it difficult to proceed with further economic integration without resolving two important questions:

1. Does a single market require a common concept of market behaviour and regulation, and if so, how should decision-making power be distributed?
2. What can and should EC member-states do to ensure that their industries adjust to the emerging structure of global competition and how should the costs and benefits of such adjustment be allocated?

There is, at present, no single paradigm of European capitalism: instead the Single European Market is an arena for competition among different concepts of market behaviour and regulation. The potential for conflict between these various industrial cultures will undoubtedly increase as the EC single market is built and the membership of the Community expands.

The EC's underlying approach to economic integration since the mid-1980s has been to accommodate diversity by adopting a 'competition among rules' approach, but the unification of Germany in 1990 has changed the calculus of European economic integration. Within the EC there is now a country that, despite the travails and enormous expense of re-integrating the five new eastern Länder, outstrips its partners in terms of population (23 per cent ot the EC total) and share of industrial output (31 per cent of EC total). The dominant role of Germany in the functioning of the Exchange Rate Mechanism of the European Monetary System, and the way in which its ERM partners were obliged to adopt deflationary economic policies in the early 1990s because the Bundesbank was pursuing the goal of domestic price stability, have given rise to fears that the EC will develop into a multi-tier grouping consisting of a "fast-track" inner core of countries centred on Germany, trailed at a distance by the remaining EC member-states.

The paranoia in some quarters about German intentions was increased by German assertiveness over the recognition of Slovenia and Croatia at the end of 1991, and the apparent partiality of the Bundesbank in supporting the French Franc (but not the British Pound or Irish Punt) in the ERM crises of September 1992 and January 1993. Such fears of German dominance are certainly overdrawn, given Germany's reluctance to assume the position of hegemon and bear the costs of leadership in addition to those arising from its own unification process. Nonetheless, Germany's leading position in the EC does raise the question of whether the German form of the social market economy will become the norm on which the industrial cultures of the other EC member-states will ultimately converge.

A number of features distinguish the different forms of European capitalism. A key element is the degree of discretionary intervention by the state. Although the attempts to classify state power along some strong/weak state continuum are of limited analytical utility, the degree to which governments (of whatever persuasion) are constrained by law is of considerable importance in assessing the prospects for a stable environment for industrial development. Germany has *Ordnungspolitik,* an extensive regulatory framework which allows market forces to operate within prescribed rules and limits the scope for discretionary intervention. Germany's use of politically independent bodies such as the Federal Cartel Office also help ensure that discretionary state intervention in the pursuit of short to medium term political objectives is limited, and that when it occurs the exercise of political influence is open and explicit. In contrast, France and Britain have traditionally based their policies on the discretionary interpretation of public interest by the government of the day, without the restrictions of a comprehensive regulatory framework.

Mutual recognition of national rules, a key EC principle, means that an economic agent operating under one nation's rules is allowed to operate in all other member-states, subject to certain minimum essential regulations to safeguard public welfare and security. This competition among rules raises the possibility of either convergence towards a single European model, or the continuation of diverse national models of capitalism. Some analysts, such as Michel Albert, fear that the competitive forces unleashed by the '1992' process will undermine the framework of the social market economy ("Rhine Capitalism"), with its emphasis on collective achievement and public consensus, and the Anglo-American model (which can be called "Atlantic Capitalism"), based on individual achievement and short-term profits, will displace it.[1]

Within the Single European Market the competition between states and regions to attract and retain industrial investment will undoubtedly lead to a certain degree of "regulatory arbitrage" as firms seek the lowest costs of production and least onerous regulatory environment. Yet this need not mean the reduction to the lowest common denominator feared by Michel Albert. Although the SEM will ensure market access to producers located anywhere in the EC, there will be pressure on multinational companies to adopt best practice in all their operations wherever they are. Rather than lowest common denominator, the regulatory arbitrage process will place a ceiling on effective regulation (which, for some EC member-states, will represent some deregulation or liberalisation).

In the battle to attract investment, one of the traditional instruments of industrial policy, that of state subsidies to industry, will come under increasing attack from within and without the EC. The search for a globally competitive industrial base will probably result in further pressure for 'horizontal' funds, not designed to aid a particular sector but to promote infrastructure development (especially training and regional development). While the EC budget remains so small – only 4 % of member-state budgets and 2 % of total EC public expenditure – the bulk of this aid will remain member-state based and thus a potential source of intra-EC friction as well as attack by the EC's trading and investment partners.

Since July 1991 each EC government must notify the Commission of any aid given to state-owned firms before it is paid. Although state aid in the last EC Commission survey has fallen slightly from 1986 to 1990 – manufacturing aid was down from 39 to 36 billion ECU over the five years – the four largest EC economies (Germany, France, Italy and Britain) are responsible for an increased share of it – up from 75 % in 1986 to 80 % in 1990. Germany's industrial subsidies are only slightly higher than Britain's (2.5 and 2 % of manufacturing value-added respectively) and significantly lower than in France (3.5 %) and Italy (6 %).[2] While Germany's subsidies to manufacturing are low (only Denmark and Britain give proportionately less aid), it gives much more in state aid overall when farming, energy and transport are included – 26 billion ECU in

1 *Michel Albert,* Capitalism Against Capitalism, London 1993, pp. 191–210.
2 *The Economist,* 8 August 1992, p. 65.

1989 – 90, compared to 8 billion ECU by the UK. In addition for Germany there are the enormous costs of infrastructure investment and employment maintenance in the new eastern Länder, estimated to involve annual transfers of DM 150 billion (ECU 77 billion) for the next decade.[3]

Another important feature of the various industrial cultures within the EC is the extent to which consensus, both within the firm and within society, is seen as an important policy objective. Here there is a clear division between the Anglo-American model, which places little or no importance on such consensus, and the continental European approaches (as they have developed in Germany, the Benelux countries and Scandinavia) designed to create and maintain consensus; even France is now considering how to emulate the German model by upgrading the role of works councils. In Germany, consensus among management, owners and the work force of each firm and with society as a whole is considered a prerequisite for sustained prosperity. Once established, agreements on acceptable conditions of work and the level of social welfare are often translated into statutes.

In the Atlantic capitalist economies, on the other hand, there has been no tradition of seeking such understandings. Efforts there to establish a social consensus or social contract, whether between management and the labour force, or government and interest groups are seen as inimical to competitiveness and efficiency. Statutory provisions concerning employment conditions and social welfare are in particular seen as increasing costs, reducing competitiveness and damaging prosperity. Wealth creation is seen as the exclusive responsibility of the entrepreneur, with the benefits feeding through or trickling down into the rest of the economy.

There are also significant differences among EC states in the nature of their capital markets and the provision of industrial finance. The distinctive Atlantic Capitalist model combines large open capital markets, as well as practices and policies favouring short-term financial performance and distribution of profits to shareholders rather than long-term investment. As a result, corporate takeovers are used more often to bring about corporate restructuring than in most other EC countries. Continental Europe is undergoing some liberalisation but even if the relevant EC Company Law Directives are adopted, and succeed in removing national barriers to takeovers that exist in company law and takeover provisions, structural barriers and preferences will still prevent continental Europe from following the Anglo-Saxon model. For example, in Germany only 650 firms *(Aktiengesellschaft – AG)* are listed on the stockmarket, compared to over 2500 firms in the UK.

Over twenty five years ago Andrew Shonfield pointed to the close relationship between the major banks in Germany and the principal industrial firms, with the banks having representation on the supervisory board *(Aufsichtsrat)* of companies and

[3] *The Sunday Times*, 7 February 1993, p. 21.

emphasising long-term profitability and viability.[4] Although it appears that the influence of the *Hausbank* on German companies is not as great or as beneficial as some have argued,[5] there can be little doubt that banks in Germany have a much closer relationship with their industrial clients than is the case in Britain or the USA.[6] Germany remains to be convinced that it should adopt a model of industrial finance and corporate governance that has failed to prevent the progressive decline of British and US manufacturing.

The Liberal Market Economy in Britain

In Britain the role (and, some would argue, the effectiveness) of the state has been substantially diminished over the last decade, with extensive privatization and significant deregulation of certain sectors – notably financial services and telecommunications. The British (or Anglo-American) conception of the liberal market emphasises market discipline as the main means of promoting efficiency in the private sector, but many observers consider that emphasis on the financial performance of firms promotes short-termism and is contributing to the deindustrialization of the U.K. At the same time, these liberal values make Britain a hospitable location for foreign direct investment, especially so since the British government no longer promises "national champions" and permits a very open market for corporate control.

The British (or Atlantic Capitalist) conception of the liberal market emphasises market discipline as the main means of promoting efficiency in the private sector, but some observers consider that emphasis on the financial performance of firms promotes short-termism and is contributing to the deindustrialisation of the U.K. "The proportion of GOS [Gross operating surplus] paid out to keep shareholders happy in British manufacturing is typically 3 – 4 times as high as in German manufacturing."[7] Britain is the only industrialised country in which there has been no sustained growth of manufacturing output over the last two decades, leading to the criticism that large British firms are "distinguished by lack of commitment to manufacturing, absence of world-class productive capability and indifference to market presence."[8]

In Britain during the 1980s the role of the state in the economy was significantly reduced as a result of a very large programme of privatisation, and public ownership

4 *Andrew Shonfield,* Modern Capitalism, Oxford 1969, pp. 255 – 262.

5 *Josef Esser,* Bank Power in West Germany Revised, in: West European Politics 13 (1990), No. 4, pp. 29 – 30.

6 *J. S. S. Edwards* and *Klaus Fischer,* Banks, Finance and Investment in West Germany since 1970, London 1991, p. 44.

7 *Karel Williams, John Williams* and *Colin Haslam,* The Hollowing Out of British Manufacturing and its Implications for Policy, in: Economy and Society 19 (1990), p. 474.

8 *Williams, Williams* and *Haslam,* p. 472.

of industry ceased to be used as a method of promoting social or industrial policy objectives – except in the case of such sectors as nuclear power generation that were economically unsuited for successful privatisation and which therefore remained in state ownership. State subsidies for industry were significantly reduced, except where these were designed to encourage privatisation or attract inward investment by foreign firms. Britain effectively abandoned previous attempts to create and maintain "national champions" in its industries and adopted a very liberal policy toward foreign investments, with no enthusiasm (aside from its participation in aerospace collaboration, such as the EFA and Airbus projects) for the creation of purely European champions that excluded non-European participants.

The Conservative governments of both Mrs Thatcher and Mr Major also gave enthusiastic support for the demolition of internal market barriers in the EC and deregulation throughout the Community, having already achieved significant deregulation of the telecommunications, transport and financial services in the UK itself. At the same time, there was a certain amount of new regulation, usually substituting supervision of newly-privatised industries by governmental or industrial regulatory bodies for previous state control through ownership. In some cases, such as in financial services, the regulatory regime consisted of self-regulation under overall state supervision, although this has not been judged a great success and will in many cases be superseded by some form of statutory public regulatory body.

Domestically, the last vestiges of corporatism were abandoned by the British government in 1992 with the abolition of the National Economic Development Office, which for over twenty-five years had been a forum for discussions between the central government, trade unions and employers. British trade unions are now much weaker and less inclined to confrontation; despite a number of mergers during the last decade they remain a fragmented, craft-based movement with a declining membership and severe problems of credibility and legitimacy where issues of national policy are concerned. British unions have, however, experienced something of an epiphany concerning European integration. Whereas in the past the British Trades Union Congress and individual unions held a "naive Keynesian" vision of economic policy that saw the nation-state as the most appropriate level for the formulation of economic policy, and neglected the EC dimension,[9] the failure of the Labour Party to win elections from 1979 has turned the union movement in the UK much more in favour of increased powers for the EC in social and employment policy to compensate for their own weakness.

British industry and trade associations are for the most part under-resourced, less representative and hence less influential than their German counterparts; like the unions, they have ceased to be actively consulted in the policy-making process. The abandonment

9 *Paul Teague* and *John Grahl*, Industrial Relations and European Integration, London 1992, pp. 208 – 209.

in the early 1990s of the Department of Trade and Industry's industrial sponsorship role (in favour of a less sectoral approach to trade promotion and industrial development) has limited the possibilities for peak associations to exert influence in Whitehall.

The absence of an insitutional form for government, employers and unions to engage in an ongoing dialogue, the lack of social consensus and the ambivalent attitude of the British government toward the EC (favouring liberalisation but opposing loss of sovereignty to Brussels) means that British influence on EC policy-making, especially in the area of positive integration, has been less than it might have been – indeed, the relative success of the British in influencing the various market directives on financial services was a product of much greater coordination and consensus between the British government and financial associations (principally the British Bankers Association and the Association of British Insurers) than was the case in other policy areas.

In competition and monopolies regulation, there was in the mid-1980s a shift toward competition-based criteria of regulation and away from the more politically-influenced public interest criteria, although the latter was not by any means abandoned. The overall liberal approach meant that British companies were far more vulnerable to hostile takeover than is the case in the rest of the EC; Britain has an open market for corporate control and there are many British industrialists who look enviously at the financial structure of German companies, whose relative invulnerability to hostile takeover enables them to take a longer view on investment. At the height of the late 1980s takeover wave in Europe, for example, the total value of mergers and acquisitions in the UK for 1988 and 1989 was £ 84 billion; for Germany in the same two year period it was £ 7 billion – less than nine per cent of the UK level.[10]

At the same time, these liberal values make Britain a hospitable location for foreign direct investment, especially so since the British government no longer sponsors "national champions" and actively welcomes inward investment with very few restrictions. For this reason Britain has attracted 36 % of all US direct investment in the EC and 52 % of all Japanese investment, leading other EC member-states to accuse it of "social dumping" by exploiting its low labour costs arising from a relatively unregulated labour market and lower levels of social provision.[11]

British hostility to positive integration in the European Community (in the sense of increased supra-national policy-making) should not obscure real enthusiasm for the creation of the Single European Market and the increasingly European orientation of Britain's trade and investment. Britain has been a vocal opponent of protectionism within and without the European Community, and strongly favours rapid enlargement of the

10 *UK House of Commons Select Commitee on Trade and Industry,* Report on Takeovers in the European Community, London 1992.

11 *David Goodhart,* Social Dumping: Hardly an Open and Shut Case, in: *The Financial Times,* 4 February 1993, p. 2.

EC. Even so, there are increasing doubts whether many sectors of British industry will be able to benefit from intensified cross-border competition because of the relative difficulty of making long-term investments without adversely affecting short-term gains to investors.

Just as the British political elite fears marginalisation in a multi-speed Europe, British industry now faces the real prospect of marginalisation unless it can reverse the debilitating effects of the prolonged UK recession. The abandonment of corporatism has also inhibited infrastructure development (especially human resource development) and thus the competitiveness of British industry, despite relatively low labour costs. The significant reduction in manufacturing employment in Britain (down by almost 30 % in the 1980s) increased productivity but only resulted in a sluggish growth in output and a persistent failure to produce goods that could be sold successfully abroad.

The emphasis in the UK is on individual enterprise rather than social consensus: the fact that the British government was the only EC member to vote against the creation of a European Social Charter and from the outset insisted on opting out of the social policy provisions of the Maastricht Treaty illustrates the difference in approach. Although there is a general consensus among analysts of industrial policy that the state should avoid involvement in day-to-day operations and should confine itself to being "catalytic and proactive, rather than reactive, bringing guidance where the market offers little",[12] it will be difficult for the British government to form a coherent, proactive strategic policy and abandon a tradition of reactive ad hoc interventions. Even if there were a change of policy, or a change of government from Conservative to Labour, it would take some time to institute an industrial development strategy based on an ongoing dialogue between employers, unions and government. As Peter Hall has observed, "many of the most fundamental organisational features of state and society are not readily susceptible to change."[13]

The German Social Market Economy: The Challenge of Global Competition

In Germany the essentially liberal approach to market regulation embodied in *Ordnungspolitik* – the establishment of a regulatory framework based on social consensus and legislation within which market forces can operate without constant interference by the state – is not based on an enthusiasm for deregulation as in Britain. Indeed, the unification of Germany (which does involve massive privatization and deregulation for the five new Länder), has made the subject of further deregulation much more politically sensitive. The major priority has been to establish and maintain social consensus

[12] *Keith Cowling*, New Directions for Industrial Policy, in: *K. Cowling* and *H. Tomann* (Eds.), Industrial Policy after 1992: An Anglo-German Perspective, London 1990, p. 206.

[13] *Peter A. Hall*, Governing the Economy: The Politics of State Intervention in Britain and France, Cambridge 1986, p. 266.

throughout Germany, in order to preserve the fundamental basis of the social market economy – even if this meant fiscally expensive employment creation schemes and absorbing the Ostmark at even parity with the D-Mark.

Some non-German observers, perhaps guilty of a degree of *Schadenfreude*, have been quick to point out the increase in industrial unrest, racist extremism and the soaring expense of unification, predicting the end of the German economic miracle or even the first symptoms of the "British Disease".[14] Reports of the demise of the German social market economy are, however, exaggerated. The degree of social solidarity that has been maintained (despite the speed and the massive resource requirements of the process) indicates that Germany continues to exhibit "a sense of organic unity, a commitment to action in the national interest which transcends the interests of individuals or particular groups."[15]

This is not to argue that German industrial culture is excessively introspective and insensitive to the dynamics of international competition. Quite the reverse; the emphasis on *"Exportmodell Deutschland"* has made industrial adaptation to changing structures of global competition an agreed priority among the social partners, in order to maintain and enhance export capacity. This policy of continuous consultation and adaptation has produced informal coalitions or 'modernisation cartels' to deal with sectors in decline (with the banks, rather than government, playing a primary coordinating role), the promotion of knowledge-based industries, and government sponsored research and development policy that emphasised continuous improvement of both product and process technology.[16]

Generally – as in the case of the insurance industry – Germany has deregulated to the extent necessary to satisfy emerging EC regimes, but no further. There are real doubts about the ability of German firms to sustain high labour costs and retain export market share, even when the prodigious costs of unification have been absorbed; thus the enthusiasm of German executives for investment in Eastern Europe to take advantage of lower-cost labour. Adjustment to intensified global competition is inhibited by the institutional strength of German trade unions and continuing resistance to large-scale industrial deregulation.

Although the social market economy has served Germany very well in the past (as has the close relationship between banks and industrial firms, which permits long-term planning), the movement of German firms toward internationalised production strategies will put great strain on the dialogue between the social partners that is at the heart of

14 *William Keegan,* The Spectre of Capitalism, London 1992, pp. 139 – 140.

15 *Wyn Grant, William Paterson* and *Colin Whitston,* Government-Industry Relations in the Chemical Industry: An Anglo-German Comparison, in: *Stephen Wilks* and *Maurice Wright* (Eds.), Comparative Government-Industry Relations, Oxford 1987, p. 37.

16 *J. Esser* and *W. Fach,* "Social Market" and Modernization Policy: West Germany, in: *Kenneth Dyson* and *Stephen Wilks* (Eds.), Industrial Crisis: A Comparative Study of the State and Industry, Oxford 1985, p. 108.

the social market economy. Any system built on social consensus rather than individualistic competition will find it harder to promote the flexibility that the rapid pace of global competition and technological change requires.

Despite recent examples of geographic diversification by German companies, Germany's adjustment to intensified global competition and the advent of the SEM is inhibited by the institutional strengh of German trade unions and continuing resistance to large-scale industrial deregulation. One recent analysis has warned: "Miracles emerge when spontaneity prevails over regulation, and they fade when corporatist rigidities impair the flexibility for smooth adjustment"; it predicts considerable productivity gains for Germany, especially in services, arising from the SEM – provided that the EC does not converge on the "high and stifling standards of German regulatory practices."[17] There are real doubts about the ability of German firms to sustain high labour costs, even with the enviable discipline and productivity of the German labour force: Britain's labour costs are 60 % of Germany's, and even with productivity in Britain 70 % of the German level, this gives the UK an advantage. These cost pressures make it difficult for Germany to retain export market share, even when the prodigious costs of unification have been absorbed. Thus the enthusiasm of German executives for investment in Eastern Europe to take advantage of lower-cost labour and the recent decisions by both BMW and Daimler-Benz to assemble some of their cars in the USA and elsewhere.

Increasingly German companies are looking outward, both within and outside the EC, to form strategic partnerships, joint ventures and make acquisition or new investments involving other firms and direct pressure in other markets – especially in North America and the Pacific Rim. In doing so they are responding to competitive pressures, but remain embedded in the social market economy of their home country.[18] In part this internationalisation process is due to the escalating costs of R&D – no national firm in aerospace can now afford to develop a new range of civil aircraft independently, and in telecommunications no national market is large enough to sustain costs of development of a new digital switching system. In addition these firms need to gain local market presence (to serve their existing customer base, exploit brand names provide after-sales service and customisation as well as to overcome market barriers by producing within them). Competitive pressures may also oblige them to lower production costs by gaining access to cheaper labour – the application of disciplined cheap labour to technologically sophisticated flexible manufacturing systems is a formidable combination.

17 *Herbert Giersch, Karl-Heinz Paqué* and *Holger Schmieding,* The Fading Miracle: Four Decades of Market Economy in Germany, Cambridge 1992, pp. xi, 275.

18 *Mohomed Razeen Sally,* States and Firms: The Political Economy of French and German Multinational Enterprises in International Competition, Ph. D. Thesis, University of London 1992.

Britain and Germany in the European Community

Despite the speed and costs of German reunification (estimated at three times the cost of the entire Marshall Plan at today's costs), there is no doubt that Germany will remain the most influential player in the EC. The same cannot be said for Britain, unless it can reverse the hollowing-out of its manufacturing industry and emerge from its current recession without accelerating inflation rates. Germany possesses a very sound manufacturing base, probably the best training system in Europe, and a currency which is so strong that 80 % of all German exports are invoiced in D-Marks, thus removing most foreign exchange risk for German exporters. The advantage of the British employment market lies in the ability to shed surplus workers at low cost and with few legal impediments, and the prevailing low wage costs (total wage and non-wage costs for manufacturing workers are 40 % lower in Britain than in Germany). This external flexibility enables British firms to meet price competition more easily than German ones. Unfortunately, only in the marketing of commodity items is price a decisive factor in international competition; in most sectors speed of innovation, product quality and adaptation to variations in market demand are more important than price.

International competitiveness is increasingly being determined primarily by functional flexibility: the speed with which products can be introduced and their adaptation to local market characteristics through flexible manufacturing techniques that ensure high quality. As Christel Lane has noted, "an excessive pursuit of external flexibility will be incompatible with the retention of a highly skilled labour force and the achievement of functional flexibility [through] a reasonable degree of employment stability and security."[19] This is where the German industrial culture, with its emphasis on training and social solidarity, scores.

Even so, there are doubts about the ability of the small and medium-sized German firms (the *Mittelstand)* to maintain export market share unless they expand their capital base to keep up with the necessary investment in technology, and establish a direct presence in their major export markets. This will involve some restructuring of these firms and increased reliance on external sources of capital; these changes may affect the durability of the German consensus that forms the heart of the social market economy. It is most unlikely that Germany will accept an Atlantic Capitalist style open market for corporate control, especially the idea of restructuring through hostile takeovers of underperforming companies. In financial services, however, the globalisation of markets is likely to force continued adaptation by German firms and (as is already happening in the case of insider trading laws, now being introduced in Germany for the first time) regulation at the federal level which converges on Anglo-American practices and principles.

[19] *Christel Lane,* Management and Labour in Europe, Aldershot 1989, p. 289.

Britain may have rid itself of a great deal of dead wood as a result of the liberalisation, privatisation and deregulation of the last decade. Even so, manufacturing industry is weak, its training system inadequate, and its system of corporate governance militates against long-term investment. The atomistic/individualistic approach to industrial development (with the absence of a pro-active industrial policy or institutions/mechanisms for reaching consensus between government, firms and unions) will be a grave handicap in the task of industrial renewal. Britain's trade unions are weak, still fundamentally craft-based rather than industry-based. British trade associations are for the most part under-resourced and consequently less influential than they might be in both Westminster and Brussels. The centralisation of political power in Whitehall has also sharply limited the power of local government to undertake the kinds of infrastructure development and promotion of research and development that exists in Germany. On the other hand, the British financial services and telecommunications sectors have clearly gained in competitiveness as a result of deregulation, and are in many ways better adapted to the emerging structure of global competition than is the case for Germany, where basic network telecommunications is still insulated from full competition and financial services have been only recently liberalised.

At a time when Anglo-German relations have been soured by an unprofitable bout of mutual recrimination over Black Wednesday (when sterling left the ERM on 16 September 1992 and embarked on a downward float against the mark) and the Major government's reluctance to press for early ratification of the Maastricht Treaty, it is important not to overlook the common interests of both countries. While there are fundamental differences on the ultimate goal of European integration, both countries are committed to free trade, both agree that the key to stability in the East of Europe depends on offering the countries there increased flows of resources, technology, training and improved access to West Europe's markets. Both also share a belief in relatively transparent and non-discretionary regulation, based on clear rules. Both oppose restrictions on increased investment and trade with North America, Japan and the rest of the world.

An *Ordnungspolitik* for Europe?

Can the German social market economy be exported? It is not certain that the mechanisms of the social market economy (based as they are on a concept of the national economy originating with Friedrich List in the nineteenth century) can be replicated at the level of the European Community. It is more probable that a lack of political solidarity and incompatible economic value-systems will lead to the establishment at the EC level of a minimalist structure of regulation and corporate governance along the lines of the German model, but with some Atlantic Capitalist undertones – a form of *Ordnungspolitik*, perhaps, but not a full-fledged social market economy. If that appears to be the case, then one might expect that Germany's strong support for European integration might diminish – as its enthusiasm for economic and monetary union has waned in the light of evidence that a European Central Bank would be more politically influenced and less committed to price stability than is the Bundesbank.

The indications are that *Ordnungspolitik* is more likely to prevail at an EC level than a 'public interest' approach. The rule-based, competition-based stance of the European Commission in its application of the EC Mergers Directive (such as in the De Havilland case in the autumn of 1991) is an important indication, although Sir Leon Brittan's relinquishment of the competition policy portfolio to Karel van Miert in January 1993 may mark a less robust approach to EC competition policy. A wholesale conversion to an inherently more political and value-laden 'public interest' approach is not feasible; twelve member states are simply not going to be able to define a European public interest, and pursue a coherent EC industrial policy. Indeed, the industrial policy chapter of the Maastricht Treaty specifically excludes any industrial policy measures that "could lead to a distortion of competition."[20] To be effective, the Commission must, in general, follow the *Ordnungspolitik* approach. This means the EC legislation establishes the framework of rules within which markets are to operate, and these are implemented by independent EC institutions, primarily the Commission, with the decisions of these bodies subject to redress in the European Court of Justice.

Ordnungspolitik means a fundamental change for national governments used to greater discretionary powers; the impact of integration in areas such as competition policy reduces national discretionary power. The emphasis on quasi-legal instruments instead of political intervention suggests a convergence with the more legalistic US model of regulating competition. At the same time, continental Europe is not going to follow willingly the Atlantic model of corporate governance, even if efforts are made to adopt certain aspects, such as larger, more effective capital markets.

An important question for the future is whether national or EC policies are designed to ensure that Europe retains an indigenous strength in critical industries or technologies. Since the European internal market has already caused restructuring, especially on a national basis, but increasingly on a cross-frontier basis, it has called into doubt the viability of 'national champions' in manufacturing sectors. Britain has essentially abandoned the idea in the car industry (it is likely that by 1994 Rover will be controlled by Honda – or perhaps Renault or VW) and in information technology (Fujitsu-ICL) and electronics (Siemens-Plessy Semiconductor). It is not as certain that Germany shares this view – in aerospace (Germany allowed Daimler-Benz to take over the leading role in aerospace by acquiring MBB to form Deutsche Aerospace) and information technology (Siemens rescue of Nixdorf) the German authorities have appeared to have followed a policy based on strategic rather than competition-based criteria.

It can therefore be argued that the creation of the Single European Market is the product of simultaneous processes of liberalisation, deregulation and reregulation: in

20 Maastricht Treaty on European Union, Title XIII, Article 130.

order for the SEM to function effectively, the German *Ordnungspolitik* model will need to be adopted at the EC level, although not without frequent (and sometimes acrimonious) debates on the division of authority. In that respect it is useful to remember that the German social market economy is not a substitute for conflict and disagreement, but a process in which such conflicts can be harnessed to create an acceptable solution within the context of a shared commitment to the community as a whole.

Moreover, looking beyond the EC, there is a need to regulate and stabilise the world economy. This will lead to a more extensive framework of cooperation and regulation, both among industrialised countries and between these countries and the developing countries; it is essential that the EC plays a constructive and influential role in this vital task. Progress in this area will be slow and difficult – as the disappointing results of the 1992 United Nations Rio Conference on the Environment indicates, but clearly the EC will have much more influence if it acts together and had a clear idea of its objectives.

The problem here is that the EC (as its experience of the GATT Uruguay Round negotiations and the reform of the Common Agricultural Policy show) often finds it difficult to achieve a common negotiating position that is both coherent and flexible. Unless economic and monetary union can be attained, underpinned by a large enough EC budget to redistribute resources from winners to losers and a democratic form of EC-level decision-making that can both foster some sense of social solidarity and ensure accountability, the prospects for such EC-cohesion and a pro-active stance in questions of global governance are not good. A multi-speed Europe will be less able to create a consensus and thus enable the EC to take a pro-active role in wider negotiations. In this respect Britain and Germany, two countries with a common commitment to a liberal international trade regime and a stable system of international monetary relations, have a shared responsibility to ensure that the European Community plays a positive and constructive role in shaping the global economy of the twenty-first century.

Zusammenfassung

Einer der bedeutendsten Unterschiede zwischen den Wirtschaftssystemen der beiden Länder geht auf ihre jeweilige Industriekultur zurück – ein allgemeiner Begriff, der die Struktur der Marktregulierung und die Methode korporativer Kontrolle umfaßt. Die Verwirklichung des Gemeinsamen Europäischen Binnenmarktes im Jahr 1993 wird notwendigerweise zu einer Debatte in der EG über die Möglichkeit der Konvergenz dieser beiden Werte-Systeme führen und über die Frage, ob die kulturellen Unterschiede zwischen der deutschen sozialen Marktwirtschaft und der britischen Version der anglo-amerikanischen liberalen Marktwirtschaft in einem grenzenlosen Europa nebeneinander bestehen können.

In Großbritannien ist die Rolle (und, nach der Auffassung einiger, die Effektivität), des Staates im letzten Jahrzehnt durch weitgehende Privatisierungen und die Deregulierung bestimmter Bereiche – insbesondere die finanziellen Dienstleistungen und die Telekommunikation – wesentlich reduziert worden. Die britische (oder anglo-amerikanische) Konzeption liberaler Marktwirtschaft betont die Marktdisziplin als Hauptmittel, um Effizienz auf dem privaten Sektor zu fördern, aber viele Beobachter sind der Auffassung, daß die Konzentration auf die finanzielle Leistung von Unternehmen kurzfristiges Kalkulieren fördert und zur Entindustrialisierung Großbritanniens beiträgt. Gleichzeitig begünstigen diese liberalen Werte ausländische Direktinvestitionen in Großbritannien, zumal die britische Regierung auf die Förderung „nationaler Meisterschaften" verzichtet und einen sehr offenen Markt zuläßt.

Die britische Abneigung gegenüber einer unumkehrbaren Integration in die Europäische Gemeinschaft (im Sinne einer Intensivierung der supra-nationalen Festlegung politischer Strategien) sollte nicht die bestehende Begeisterung für die Schaffung eines Gemeinsamen Binnenmarktes und die zunehmende europäische Orientierung britischen Handels und britischer Investitionen trüben. Großbritannien war immer ein ausgesprochener Gegner von Protektionismus innerhalb und außerhalb der Europäischen Gemeinschaft und bevorzugt eine rasche Erweiterung der EG. Dennoch wird in zunehmendem Maße daran gezweifelt, ob viele Sektoren der britischen Industrie angesichts der Schwierigkeit, langfristige Investitionen zu tätigen ohne die kurzfristigen Gewinne der Investoren zu gefährden, in der Lage sein werden, vom intensivierten grenzübergreifenden Wettbewerb zu profitieren.

Genauso wie die britische politische Elite befürchtet, in einem Europa mehrerer Geschwindigkeiten an den Rand gedrängt zu werden, steht der britischen Industrie das gleiche Schicksal bevor, wenn sie nicht die schwächenden Wirkungen der anhaltenden Rezession in Großbritannien umkehren kann. Der Verzicht auf Korporatismus – es gibt kein Forum für einen regelmäßigen Dialog zwischen Regierung, Arbeitnehmern und Unternehmern – hat ebenfalls die Entwicklung der Infrastruktur (vor allem die Entwicklung menschlicher Ressourcen) und damit die Wettbewerbsfähigkeit der britischen Industrie behindert, obwohl die Lohnkosten relativ niedrig sind. In Großbritannien liegt die Betonung eher auf dem freien Unternehmertum als auf dem gesellschaftlichen Konsens: daher die britische Entscheidung gegen das sozialpolitische Element des Maastrichter Vertrages.

In Deutschland ist der im wesentlichen liberale Ansatz, der mit dem Begriff Ordnungspolitik umschrieben wird – d.h. die Herstellung eines auf gesellschaftlichem Konsens und staatlichen Gesetzen beruhenden Rahmens, innerhalb dessen die Marktkräfte ohne dauernde staatliche Einmischung wirken können – nicht gleichbedeutend mit der Bereitschaft zu weitgehender Deregulierung. Durch die Vereinigung Deutschlands (die massive Privatisierung und Deregulierung in den fünf neuen Ländern mit sich bringt) ist die Frage weitergehender Deregulierung zu einem politisch heiklen Thema geworden. Die Herstellung und Aufrechterhaltung des gesellschaftlichen Konsens in Deutschland genießt Priorität, um die unabdingbare Grundlage der sozialen Marktwirtschaft zu erhalten – auch wenn dies teure Beschäftigungsprogramme und den 1:1-Umtausch von Ost-Mark zu D-Mark bedeutet.

Deutschland hat – wie in der Versicherungsbranche – im allgemeinen Regulierungen weit genug abgebaut, um neuen EG-Richtlinien gerecht zu werden, weiter jedoch nicht. Die Fähigkeit deutscher Unternehmer, den hohen Lohnkosten standzuhalten und ihre Anteile am Export-Markt zu erhalten, wird zu Recht bezweifelt. Deutsche Geschäftsführer investieren daher in Osteuropa, um von dem niedrigen Lohn-Niveau zu profitieren. Die Anpassung an den intensivierten weltweiten Wettbewerb wird durch die institutionelle Stärke der deutschen Gewerkschaften und den anhaltenden Widerstand gegen industrielle Deregulierung in großem Maßstab behindert.

Obgleich die soziale Marktwirtschaft Deutschland in der Vergangenheit gute Dienste erwiesen hat (ebenso wie die enge Beziehung zwischen Banken und Unternehmen, die langfristiges Planen zuläßt), wird die Bewegung deutscher Firmen hin zu internationalisierten Produktstrategien den Dialog zwischen den Sozialpartnern, der im Mittelpunkt der sozialen Marktwirtschaft steht, stark belasten. Für jedes System, das sich mehr auf den gesellschaftlichen Konsens als auf individualistischen Wettbewerb gründet, wird es schwieriger sein, jene Flexibilität zu fördern, die die Beschleunigung des weltweiten Wettbewerbs und des technologischen Wandels benötigt.

Die eigentliche Frage ist, ob die Mechanismen der sozialen Marktwirtschaft auf die Ebene der Europäischen Gemeinschaft übertragen werden können, ober ob ein Mangel an politischer Solidarität und die Unvereinbarkeit wirtschaftlicher Wertesysteme zu minimalistischen Strukturen der Regulierung der gemeinschaftlichen Lenkung führen werden, die auf der Linie der anglo-amerikanischen Tradition liegen. Sollte dies der Fall sein, könnte man erwarten, daß die starke deutsche Befürwortung der europäischen Integration sich verringert – ebenso wie Deutschlands Enthusiasmus für eine Wirtschafts- und Währungsunion im Licht der Erkenntnis verblaßt ist, daß eine europäische Zentralbank mehr politisch beeinflußt und weniger der Preisstabilität verpflichtet sein würde als es die Bundesbank ist.

Trevor Taylor

The Future of Defence and Security Cooperation in the European Union

Introduction: Rome and Maastricht

At the end of 1991 the members of first NATO and then the European Community met to update their organisations, to adapt them to changing circumstances which included the end of the Cold War. In the documents emerging from the meetings, specifically the NATO New Strategic Concept agreed in Rome[1], and the Maastricht Treaty[2], states agreed that there should be a stronger European security and defence identity and that such West European cooperation in the security and defence area should reinforce the Atlantic Alliance. The Maastricht Treaty recognised that no effective divisions could be drawn between foreign, security and defence policy, the European Union could not avoid involvement in all three, and should not leave defence (i.e. the use of armed forces) solely to NATO. Rome implicitly asserted a commonality of interest among the liberal democracies of the North Atlantic which would mean that closer European cooperation on defence would be compatible with NATO. Neither Rome nor Maastricht changed much immediately: both laid out paths to be followed in the forthcoming years.

Progress in 1992

During 1992 some practical progress was indeed made, particularly on the arrangements necessary to move the Western European Union Council to Brussels, where it could have more effective links with NATO and the EC, to establish a WEU military planning cell, and to give more European states access to the WEU by enlarging the membership and providing for observer and associate status.

1 Published in: NATO Review, December 1991, pp. 25–32.
2 Specifically Title V, Provisions on a Common Foreign and Security Policy, and the Declaration on the Western European Union associated with the Treaty proper.

The administrative preparations to move the WEU Council to Brussels proceeded effectively and a suitable building was found. The move is scheduled to take place at the beginning of 1993. Countries were to be free to send either their NATO or their EC ambassador to represent them at the Council, or they could designate a specialist WEU ambassador.

The precise staffing arrangements for the military planning cell were agreed and it was settled that the WEU would prepare to peace enforcement, peace-keeping and humanitarian relief operations where NATO was not involved.[3] The British suggestion[4] was that countries should earmark specified units for WEU operations as a matter of principle. The planning cell could then draw up concepts for the use of those forces. The UK felt that multinational units such as the Anglo-Dutch brigade and the planned Franco-German corps would be particulary suitable for WEU roles. In the event of a crisis and a need for forces, states would then make firm commitments to hand over forces. Normally the state making the largest commitment would be given operational command of the mission. At least in the autumn of 1992, it seemed that the UK approach was winning broad support.

Finally, negotiations proceeded with Greece to join as a full member. Maastricht had said that any EC member was eligible to join the WEU and Greece made clear that it wished to exercise that right. As Greece accepted understandings that the WEU Treaty could not be invoked against a NATO member and Greece also accepted the past agreements of the WEU including the WEU Platform document of 1987[5], negotiations went well and Greece was expected to become a full member by the end of 1992 or soon after. Also on the membership front, the WEU Council meeting in Petersberg in June 1992 defined the rights of associate members and observers so that Maastricht could be implemented. The Treaty had said that European members of NATO but not of the EC, i.e. Turkey and Norway, could become associates, while EC members not in the WEU (Ireland and Denmark) could be observers. Basically associates and observers were given significant rights of participation but not voting.[6] Associate and observer members could be excluded from some discussions (in the unlikely event that full members voted unanimously for that development).

[3] See The Petersberg Declaration of the WEU Ministerial Council in Bonn of 19 June 1992, published by Agence Europe, No. 1787, Atlantic Doc. No. 79, 23 June 1992. Among the other European cooperative progress noted in this document was the establishment of the WEU Satellite Centre at Torrejon, WEU cooperation on arms control verification arrangements and regular meetings of the WEU Chiefs of Staff. The meeting also produced agreement on regular meetings with the Baltic states, Poland, Czechoslovakia, Hungary, Rumania and Bulgaria for exchanges of views on security issues.

[4] See *Admiral Sir Benjamin Bathhurst,* Western European Union: A Military Perspective, in: Journal of the RUSI, October 1992, pp. 8 – 11.

[5] Petersberg Declaration, op. cit.

[6] Observers could be invited to speak and to attend meetings of WEU working groups. Associates would be associated with the Planning Cell through a permanent liaison arrangement, will have the right to speak but cannot block a consensus decision of the full members, and will be able to participate in WEU activities including military operations, see Petersberg Declaration, op. cit.

Difficulties

Away from the WEU, however, European cooperation ran into difficulties. Little progress was made in developing a common foreign and security policy (CFSP), France continued to find it hard to put its defence policy in a multilateral framework, cooperation on equipment was much disrupted, and the Maastricht Treaty was rejected in Denmark.

On the CFSP front, a list of four security topics was agreed at Maastricht where the European Union would aim initially at a common policy. The document concerned, however, did not appear in the Maastricht Treaty proper, perhaps as a result of an oversight. The four items (the CSCE process, disarmament and arms control in Europe, nuclear non-proliferation issues, and the economic aspects of security, in particular control of the transfer of military technology to third countries) were restored at the EC summit in Lisbon in June 1992[7], but the process meant that no progress was made on these topics during the first half of the year or more. Lisbon also brought agreement on a regional approach to a CFSP, with the regions identified, including the former Soviet Union and the Middle East, being of obvious security importance.

In practice, the EC was often dominated in 1992 by developments in Yugoslavia and, as the year progressed, more harmony was apparent in the Community's approach after the divisions at the end of 1991 on the recognition of new states in the former Yugoslavia. Yet one difficulty which the EC faced on Yugoslavia was the elusiveness of effective action. There was universal recognition that the separate but coordinated patrols in the Adriatic mounted by NATO and the WEU were ineffective. They highlighted the inability of the West to cooperate[8] and the Community seemed often to be acting too little and too late. By the autumn of 1992 several WEU members did commit themselves to supplying and paying for troops to protect UN humanitarian relief aid to be delivered to besieged Moslem areas of Bosnia. But no one knew how long these forces would need to stay or what casualties they might take. Britain, which had been always sceptical about military intervention in Yugoslav conflicts, nevertheless agreed to provide over 2 000 troops, the largest single contribution.

The separate WEU and NATO patrols existed primarily because France was reluctant to see NATO take on new tasks, even though West Europeans could have had the major voice in the implementation of those tasks. Whatever France had agreed to in NATO's New Strategic Concept, many in France were unhappy that NATO was so popular in Eastern Europe. Yet France seemed reluctant overall to place its defence unambiguously in a multilateral framework. In particular the Franco-German corps (or, as the French

7 See Annex of the Report to the European Council in Lisbon published in: Europe No. 5671 (new series), Atlantic News No. 2438, Monday/Tuesday, 29 – 30 June 1992, pp. 1 – 4.

8 To minimise offence, Germany contributed a ship to one force and patrol aircraft to another.

preferred, the Eurocorps) was not clearly related to the WEU. Since it was agreed at Maastricht that the WEU would be the focus for European defence cooperation, the British in particular felt that the continued planning of the Franco-German corps away from the WEU was a violation of what had been agreed. This issue can only be settled once France and Germany make the WEU clearly available to the WEU for planning purposes. By the autumn of 1992, planning for the corps did not appear to progress quickly, not least because Germany apparently envisaged the corps as comprising main defence forces involving only modest rates of readiness, while France viewed it as a potential reaction force to support European foreign policy.

West Europeans had long cooperated on the development and production of defence equipment but in 1992 these activities were much disrupted. Collaborative projects did not prosper, mainly because defence budgets were falling and collaborative projects were given different priorities in participating states. For a project to collapse, it needed only one player in a collaborative programme to decide that it no longer wanted that equipment sufficiently to be ready to provide the funds necessary. There was major uncertainty about France's role in the four-nation NH.90 helicopter and about Germany's readiness to stay with the Tiger anti-tank helicopter programme with France. The fate of the Trigat anti-tank missile programme rested at least partially on the Tiger's continuation. But far the most important project under threat was the European Fighter Aircraft. The unpopularity of this project in Germany provided an incentive for incoming German Defence Minister Volker Rühe to announce in the spring of 1992 Germany's refusal to proceed to the production planning stage of the project. Britain was keen that the project should continue. Spain and Italy hovered but seemed likely to be dominated by their financial difficulties. Unless the arguments are resolved so that the EFA airframe and engines can be retained with a lower specification being accepted for the avionics, and so that the German government can tell its population that EFA has been replaced by a de facto new aircraft, the issue could leave behind a residue of bitterness in industry and government about the exercise of German power.

Moreover the multilateral framework for equipment cooperation was paralysed in 1992. The Independent European Programme Group which had struggled since 1976 to promote systematic cooperation, was in a state of suspended animation while trying to turn itself into an undefined European Armaments Agency[9] and awaiting absorption into the WEU. In the EC itself, Maastricht left Article 223 in place and governments were reluctant to moderate their national control of procurement practices by defence ministries. A single European market was thought beneficial in every area except defence ministry spending.

A final negative development was the Danish rejection of Maastricht, which seemed to reflect in part worries about becoming involved in defence cooperation.

[9] Scheme for European Arms Agency Falters, in: Defense News, 12 – 18 October 1992.

Two American authors wrote in late 1991 that "Europe is in metamorphosis, reshaping itself and its role in the world".[10] By October 1992, on the security and defence front it would have been terser and more accurate to say that Europe was in a mess.

Causes of concern

Some were not at all dismayed by this situation, feeling that it left the field free for NATO. But relying on NATO alone has significant disadvantages and risks, other sources of concern can be identified.

It is not certain that, perhaps a decade from now, the US will want to maintain a troop presence in Europe or even a commitment to defend Europe. Moreover US-European relations will not be eased if West Europeans are incoherent and frequently squabbling among themselves, and a reasonable degree of West European cohesion has always been a precondition for the American effort in NATO. On the European side, Germany may well not want significant foreign forces on its soil unless there is some degree of reciprocity with German forces stationed elsewhere in Europe. That will require in itself a reliable foundation of West European security solidarity.

Moreover it should not be assumed that NATO ought to be the focus for security debates on the wider world, beyond what has traditionally been viewed as "the NATO area". This is because, historically Western Europe and the US have frequently disagreed on security beyond Europe and a mechanism which forced them to rely on consensus could prove very decisive. Would the US think that it needed European permission to act against Panama (or Libya)? The bombing of Libya, the invasion of Grenada and Panama, the Vietnam War and of course the Suez crisis caused significant US-European stress. To establish a system where such matters had to become central items on the NATO agenda would be to invite transatlantic friction. On the defence industrial front, West Europeans have been aware for years that, unless their industries can operate on a significant scale by producing for larger than their own national market, they will not be in a position either to be substantial collaborators with American firms or to compete with US business. This problem will become even larger if the US succeeds in its efforts to get ever better access to Japanese defence-related technology. Western European governments should have a major debate on the sort of defence industrial capabilities they want for the long term, as a guide for the many individual procurement decisions which must be addressed.

10 *W. Sandholtz* and *J. Zysman*, Europe's Emergence as a Global Protagonist, in: *W. Sandholtz* et al. (Eds.), The Highest Stakes: The Economic Foundations of the Next Security System, Oxford 1992, p. 81.

But recent setbacks to security and defence cooperation are worrying not just because reliance on the US and NATO brings its own problems. From a West European perspective, it is apparent that progress towards an ever-closer union overall cannot be achieved unless defence and security are also dealt with. The crises and problems of the 1990s – in the former Soviet Union, in Yugoslavia, in Iraq – have all demonstrated that trade and economic instruments cannot be divorced from security and that security policies frequently involve armed forces in one way or another, acquiring a defence dimension. If for a moment a more positive outlook is adopted, it is apparent that the designation of security and defence as European Council rather than Commission/Community business will be blurred by the growing role of the Commission in supporting industry, maintaining a single market and promoting competition in the civil area, since today civil and defence business often cannot be separated. To return to a pessimistic theme, cooperation failures in the security and defence fields will damage cooperation efforts in the civil sphere.

The summer and autumn of 1992 saw civilian cooperation in the Community take a battering with difficulties in the European Monetary System and with the French population voting for Maastricht only by the narrowest of margins. The European Community, and the security community it brings (where states do not use or threaten force in their relations with each other), suddenly appeared much more fragile.[11] British relations with the EC and more particularly with Germany were considerably damaged by the widespread British perception that the Bundesbank had happily seen the British pound driven from the Exchange Rate Mechanism because it felt the pound was overvalued. The feeling of the British Prime Minister that it was not, and the (at least initial) determination of the British Government to avoid devaluation, seemed to influence the Bundesbank as little as it impressed the currency speculators. All this meant that the humiliating nature of events for Finance Minister Lamont and even Prime Minister Major will not be forgotten for some time, not least because the currency crisis provided so much ammunition both for pro-European elements in the Labour Party (who argued that the Government mishandled the situation) and for Community sceptics in the Tory Party.

The misfortunes of the European movement in the monetary/economic field makes it all the more important for foreign, security and defence cooperation to work well to restore West Europe's image, both to itself and others. Moreover, even if a "two-speed" Western Europe of different groups of states is appealing in some ways in the political and economic spheres, it looks less impressive in the foreign, security and defence fields. As President Mitterrand must be aware, the EC has little chance of developing any significant military capability to intervene outside Europe without relying on American contributions unless the UK is also involved in the core European group.

11 See *Edward Mortimer,* The Dangers of Disorder, in: *The Financial Times,* 9 September 1992.

Linking the inseparability of foreign and defence issues from other aspects of Community business, and the consequences of incoherence in the economic field, is the massive challenge which Western Europe faces in the former Soviet empire. In the East the Western world is trying to promote economic progress, political tolerance and democracy, and peaceful relations among states. These ambitious targets, which include how to promote a stable and prospering Russia, cannot be met unless West Europeans themselves can set a clear example of cooperative behaviour and use their resources in a coordinated way. In any circumstances, managing change in Eastern Europe will be a difficult task, since it will require Denmark to worry about the Maghreb, Spain about Russia and Britain about Bulgaria and Rumania. A foundation of common security and defence policy in the West will be a necessary but not a sufficient condition for success.

This leads directly to a final consideration favouring common foreign and defence stances by West Europeans. This is that a united EC can be an influential force for good in the world. Divided among themselves West Europeans can contribute effectively to but a few problems. Differing national policies in Western Europe must be normally expected to offset each other in their consequences.

This point raises two difficulties. The first is that some European states, even societies, do not want to be influential. Historically they have no experience of being "great powers" and they are happy to avoid some of the difficult moral and practical dilemmas which an active foreign policy can generate. The other that the West European decision making structures do not make it easy for effective leadership to emerge. As perhaps some Germans felt after their urgings on the recognition of Croatia in 1991, initiative and leadership can easily be seen as assertiveness and unilateralism. The question of leadership and the sources of legitimate initiative in Europe need further attention, and it must be remembered that credible suggestions for action can come only from those with sufficient intelligence about, and understanding of, foreign policy situations.

Conclusion

The poor condition of West European security and defence cooperation is apparent and this is a source of grave concern. Patterns may be appearing in 1992 which in 30 years time lead to the end of the West European security community, which would be a massive tragedy. All West Europeans, including nationalists, need still to recall their history of warfare. We need also to look to the future and remind ourselves that we also will share a common security destiny.

The US is not going to abandon Europe tomorrow and obviously the Western European situation is not desperate. However, it is serious. In particular there is a need to push through the Maastricht Treaty and to implement it in a measured way while carefully explaining the value of cooperative steps to European publics. This author takes no joy in the divisions in the Conservative Party which are delaying ratification in the UK. But the Franco-British-German relationship needs particular highlevel, sustained attention in political and technical defence terms. There are after all some important items on the forthcoming agenda. What contributions should Western Europeans make to security in the east? France and Britain certainly need to think further about the future of nuclear weapons, but they should do so bearing in mind the views of their partners. All Western Europe will have to address the ballistic missile defence debate in the next few years. The bottom line of Western European security was, is and will be that security and defence must be maintained on a coalition basis, rather than on a national basis. We have today a warning that the coalition basis is in danger.

Zusammenfassung

Am Ende des Jahres 1991 trafen sich zunächst die NATO-Mitglieder und dann die Vertreter der EG-Staaten, um ihre Organisationen an die veränderten internationalen Bedingungen anzupassen. In den anläßlich der Treffen verabschiedeten Dokumenten, dem in Rom beschlossenen Neuen Strategischen Konzept der NATO und dem Vertrag von Maastricht, kamen die Staaten überein, eine stärkere europäische Sicherheits- und Verteidigungsidentität herzustellen und die transatlantische Allianz durch die westeuropäische Zusammenarbeit zu verstärken.

Im Jahre 1992 wurden in der Tat einige praktische Fortschritte erreicht. Dazu zählen die erforderlichen Abmachungen, um den Rat der Westeuropäischen Union nach Brüssel zu verlagern, wo effektive Verbindungen zur NATO und zur EG hergestellt werden können, um eine militärische Planungsgruppe der WEU zu bilden und um weitere europäische Staaten durch Beitritt, Assoziierung und Beobachterstatus Zugang zur WEU zu verschaffen.

Von der WEU abgesehen, dominierten indes die Schwierigkeiten bei der Umsetzung der Beschlüsse von Rom und Maastricht. Die Entwicklung einer gemeinsamen Außen- und Sicherheitspolitik (GASP) verlief wenig erfolgreich. Frankreich war nach wie vor nicht bereit, seine Verteidigungspolitik im multilateralen Rahmen zu betreiben, und der Vertrag von Maastricht wurde von Dänemark nicht ratifiziert.

Einige waren mit dieser Situation gar nicht unzufrieden, da sie glaubten, daß dies die Aktionsfähigkeit der NATO steigern würde und daß die Westeuropäer nur unter Anleitung der Vereinigten Staaten zusammenarbeiten könnten. Aber sich nur auf die NATO zu verlassen, hat entscheidende Nachteile und Risiken.

Der offensichtlich schlechte Zustand der westeuropäischen Sicherheits- und Verteidigungskooperation gibt Anlaß zu ernster Besorgnis. Vielleicht entstehen 1992 Verhaltensmuster, die in 30 Jahren zum Ende der westeuropäischen Sicherheitsgemeinschaft führen. Das wäre eine große Tragödie für uns alle.

Die Vereinigten Staaten werden Europa nicht morgen verlassen, und die westeuropäische Situation ist augenscheinlich nicht hoffnungslos. Aber sie ist ernst. Insbesondere besteht die Notwendigkeit, den Vertrag von Maastricht durchzusetzen und ihn in angemessener Weise mit Leben zu füllen, während gleichzeitig der europäischen Öffentlichkeit der Wert der kooperativen Schritte erläutert werden muß.

Es gibt darüber hinaus einige wichtige Punkte auf der Tagesordnung. Welchen Beitrag sollten die Westeuropäer zur Sicherheit im Osten des Kontinents leisten? Frankreich und Großbritannien müssen sich mit der Zukunft der Kernwaffen auseinandersetzen, aber sie sollten dabei die Ansichten ihrer Partner einbeziehen. Ganz Westeuropa wird sich auf eine Debatte über Kurz- und Mittelstreckenraketen in den nächsten Jahren vorbereiten müssen. Die Sicherheit Westeuropas muß auf der Grundlage eines Bündnisses und nicht auf nationaler Basis erhalten werden – dies ist der wichtigste Grundsatz, der für Vergangenheit, Gegenwart und Zukunft Gültigkeit beanspruchen kann. Heute ergeht die Warnung an uns, daß das Bündnis als Grundlage unserer Sicherheit Gefahren ausgesetzt ist.

Hermann Wentker

Zusammenfassung der Podiumsdiskussion

Die Konferenz wurde mit einer von *Professor Adolf M. Birke* geleiteten Podiumsdiskussion beendet, an der auf dem Podium *Dr. Angelika Volle,* (Bonn), *Dr. Anthony Glees* (London), *Professor Gordon Smith* (London) und *Professor Günter Gillessen* (Frankfurt/M.) teilnahmen.

I.

In der Diskussion ging es zunächst um die britische und deutsche Einschätzung des Föderalismus als Strukturprinzip eines vereinigten Europa. *Anthony Glees,* der sich auf die britische Seite beschränkte, konstatierte ein erhebliches Maß an Begriffsverwirrung in den Köpfen der englischen Politiker. Als Beispiel führte er die Rede von Premierminister Major vor dem Unterhaus am 20. Mai 1992 an. An die Aussage, daß der Vertrag von Maastricht die britischen nationalen Interessen schütze und ihnen förderlich sei, habe er folgende Bemerkungen angeschlossen: "There is no commitment to a federal Europe by which I mean a centralising Europe. The Rome Treaty was a problem for Britain in the European Community, Maastricht is the beginning of the reversal of the centralising trend." Einerseits vertrete Major also die Auffassung, daß europäischer Föderalismus, in den Verträgen von Rom festgelegt, gleichbedeutend mit Zentralismus sei, den die britische Regierung prinzipiell ablehne. Andererseits, so der Premierminister, sei die immer engere Union der Völker Europas ein wesentliches Anliegen Londons. Glees bemerkte dazu, daß auch eine solche Union letztlich nichts anderes als eine Föderation darstelle. Die Aussagen der Politiker seien folglich doppeldeutig und müßten gründlich geklärt werden. In diesem Zusammenhang hielt er auch eine Debatte über die britischen nationalen Interessen im Hinblick auf die supranationale Struktur der europäischen Gemeinschaft für erforderlich. Bisher sei die Meinung weit verbreitet, daß das supranationale Element der EG-Verträge den Interessen Londons entgegenstehe. Über diese Frage müsse angesichts des britischen Eintretens für eine immer engere Union Europas Klarheit geschaffen werden.

Günter Gillessens Meinung zufolge haben die bürokratische und die zentralistische Haltung der weitgehend von Frankreich beeinflußten Brüsseler Bürokratie wesentlich dazu beigetragen, die Idee des Föderalismus innerhalb Europas zu diskreditieren. Auch die deutsche Öffentlichkeit rebelliere gegen die Regulierungswut der Brüsseler Zentrale. Sowohl die deutsche als auch die britische Nation wollten aber ihre nationalen Eigenarten bewahren und als Nationen innerhalb einer künftigen, immer enger werdenden europäischen Gemeinschaft anerkannt werden. Um die Debatte über Föderalismus und Zentralismus in Europa zu entschärfen, schlug er vor, diese Begriffe durch andere, für die britische Öffentlichkeit verständlichere zu ersetzen. Dabei könne man durchaus an englische Institutionen anknüpfen: Die Universitäten von Oxford und Cambridge beispielsweise seien nichts anderes als eine Konföderation einzelner Colleges. Des weiteren verwies er auf die Tatsache, daß Regierung und Verwaltung auch in Großbritannien auf nationaler, regionaler und lokaler Ebene existierten. In Anknüpfung daran sei es vielleicht möglich, den Briten Aufbau und Funktion eines Bundesstaates näherzubringen. Außerdem regte er an, der künftigen europäischen Staatengemeinschaft einen Namen zu geben, der die Begriffe „Föderation" und „Union" nicht enthalte; man könne sie vielleicht als „Commonwealth" oder einfach als „Gemeinschaft" bezeichnen. Auch im Zusammenhang mit der Debatte um den „national interest" plädierte er für einen anderen Ausdruck. Denn die „nationalen Interessen" eines Staates seien nicht notwendigerweise mit denen seines Nachbarn vereinbar. Gillessen trat demgegenüber für die von Eisenhower geprägte Bezeichnung „enlightened self-interest" ein, da die solchermaßen beschriebenen Interessen der europäischen Nationen sich durchaus im Einklang miteinander befänden.

Nach *Gordon Smiths* Auffassung lehnt Großbritannien eine föderale Verfassung für Europa vor allem deswegen ab, weil es sich dabei um einen schriftlich fixierten Entwurf handle. Einen solchen Plan zu übernehmen, widerspreche der Tradition des britischen Regierungssystems, das sich in der Vergangenheit durch ein hohes Maß an Anpassungsfähigkeit ausgezeichnet habe. Die Annahme einer geschriebenen föderalen Verfassung überfordere aber die Flexibilität des britischen Systems. Da Großbritannien aufgrund seines wirtschaftlichen Niedergangs jedoch auf enge Zusammenarbeit mit seinen europäischen Nachbarn angewiesen sei, müsse es dennoch einen Schritt in Richtung eines föderalen Europa tun.

Günther Heydeman knüpfte an diese Überlegungen Smiths an und verwies auf die großen Unterschiede, die zwischen den politischen Systemen und Traditionen Deutschlands und Großbritanniens bestünden. Auf der einen Seite brächten die Deutschen und die Kontinentaleuropäer zu wenig Verständnis für die britische und amerikanische politische Kultur auf. Auf der anderen Seite verschärften insbesondere die britischen Medien die bestehenden Gegensätze, indem sie in den vergangenen Jahren Föderalismus als Zentralismus definiert hätten. In der britischen Öffentlichkeit existierten vor diesem Hintergrund zum einen das Bild eines von französischen Eurokraten beherrschten Europa und zum andern die Vorstellung, daß die Deutschen in Anknüpfung an die zentralistische Regierungspraxis des Nationalsozialismus nun Europa eine derartige Organisation aufzwingen und den Kontinent dominieren wollten.

Im Hinblick auf die deutsche Haltung zum Föderalismus in Europa warf *Gordon Smith* die Frage auf, ob die Deutschen bereit seien, ein föderales Modell zu akzeptieren, das von dem ihrigen abweiche. Denn der in Deutschland weitgehend praktizierte kooperative Föderalismus weise einen erheblichen Mangel auf: Die hier vorherrschende Politikverflechtung brächte es mit sich, daß Bürokraten und Experten weitreichende Entscheidungen träfen, auf diese Weise aber das demokratische System ausgehöhlt werde. Demgegenüber hielt Smith einen koordinierten demokratischen Föderalismus für ein sehr viel zukunftsträchtigeres Modell. *Günter Gillessen* und *Angelika Volle* waren ebenfalls der Meinung, daß der deutsche Föderalismus keineswegs ein Modell für ein vereintes Europa darstelle. Dies hängt nach Volles Ansicht zum einen mit einzelnen Fehlern des deutschen föderalen Systems zusammen, die nicht auf die europäische Ebene übertragen werden dürften: So sei es beispielsweise absurd, daß ein in Nordrhein-Westfalen tätiger Lehrer nur unter größten Mühen in Bayern angestellt werden könne. Zum andern gebe es eine Reihe von Unzulänglichkeiten des deutschen föderalen Systems, mit denen man in Deutschland leben könne, die im europäischen Rahmen jedoch als schwerwiegend, ja vielleicht sogar als unlösbar erschienen.

II.

Ein zweiter Schwerpunkt der Diskussion war die Frage, ob die Bundesbank als Modell für die europäische Zentralbank dienen könne. *Colin Munro* hob hervor, daß die Deutschen sehr deutlich gemacht hätten, daß sie eine europäische Währung nur dann akzeptieren würden, wenn sie mindestens so stabil wie die Deutsche Mark sei. Und dies, so die Auffassung der Bundesregierung, könne nur erreicht werden, wenn die europäische Zentralbank nach dem Muster der Bundesbank angelegt werde. Auch die Kriterien für die Konvergenz der europäischen Währungen seien vornehmlich nach den wirtschafts- und währungspolitischen Vorstellungen der Bundesbank festgelegt worden. Dies sei aufgrund der deutschen Erfahrungen mit zwei Inflationen durchaus verständlich. Die Bundesbank werde aber in Großbritannien für die Schwierigkeiten, in die die Regierung Major im Herbst 1992 geraten sei, verantwortlich gemacht, so daß die Briten sich daher in gewisser Weise von den Deutschen bedroht fühlten. Wenngleich diese Ängste irrational seien, trügen sie dazu bei, daß die Bundesbank nicht als Modell akzeptiert werden könne. Das entscheidende Problem in diesem Zusammenhang bestünde jedoch darin, daß Großbritannien eine anglo-amerikanische Unternehmens- und Wirtschaftsstruktur aufweise, aber durch seinen Handel mit dem kontinentaleuropäischen System verflochten sei.

Jörg-Detlef Kühne warnte davor, die Bundesbank diktatorischer Tendenzen zu beschuldigen. Ihr wichtigstes Organ sei der Zentralbankrat, dem auch die Präsidenten der Landeszentralbanken angehörten. Folglich werde auch in der Organisation der Bundesbank dem föderalistischen Prinzip Rechnung getragen. Entscheidend sei jedoch die relative Unabhängigkeit der Bundesbank von der Bundesregierung. Dies verhindere, daß die Staatsbank zu einem wirtschaftspolitischen Instrument in den Händen der Regierung werde, die in Krisenzeiten die Geldmenge vermehren wolle, um die Wirtschaft in Gang zu setzen. Gerade unter dem Gesichtspunkt der Gewaltenteilung sei dies ein sehr fruchtbarer Ansatz. *Birke* betonte in diesem Zusammenhang, daß sich die Orientierung der Bundesbank an der Geldwertstabilität in der Vergangenheit ausgezahlt habe, und vertrat die Meinung, daß dieses System auch für andere Staaten in Europa von großem Vorteil sei.

Von *Kenneth Morgan* wurde die Frage aufgeworfen, wem die europäische Zentralbank verantwortlich sei. Er zog eine Parallele zur Europäischen Kommission, die demokratischer Kontrolle weitgehend entzogen sei. Dieses Problem brenne vor allem der Öffentlichkeit in Großbritannien auf den Nägeln, die mehr und mehr nach der demokratischen Verantwortlichkeit auch der britischen Institutionen frage. Während jedoch eindeutig feststehe, daß der britische Schatzkanzler für die Bank of England geradestehen müsse, sei nicht geklärt, wer im europäischen Parlament diese Rolle im Hinblick auf die europäische Zentralbank übernehmen werde. *Glees* wandte dagegen ein, daß die Regierung in London in diesem Punkt nicht aufrichtig sei. Einerseits verhindere sie eine Erweiterung der Kompetenzen des Europäischen Parlaments; andererseits beklage sie die mangelnde demokratische Verantwortlichkeit der europäischen Institutionen.

Sehr viel grundsätzlichere Bedenken gegen die Überlegungen Morgans brachte *Gillessen* vor. Von den Gerichten würde man auch keine demokratische Verantwortlichkeit fordern – im Gegenteil, man setze ihre Unabhängigkeit voraus. Neben dem demokratischen Prinzip seien immer auch andere Elemente in den westeuropäischen Verfassungen verankert. Die autonomen Bestandteile hätten die Funktion, die demokratischen und egalitären Grundsätze einer modernen Demokratie abzumildern. Vor diesem Hintergrund plädierte Gillessen dafür, auch die Unabhängigkeit einer europäischen Zentralbank vertraglich festzulegen. Da Politiker in einer Demokratie sich nur schwer von öffentlichem Druck befreien könnten, würden sie oft das Falsche tun, um die nächsten Wahlen zu gewinnen. Daher müsse eine Zentralbank so unabhängig wie möglich sein.

Smith konstatierte, ähnlich wie Kühne, daß die Bundesbank keineswegs nur von einem Direktor, sondern vom Zentralbankrat und einem Direktorium geleitet werde. Daß diese Konstruktion Modellcharakter aufweise, könne kaum ernsthaft in Zweifel gezogen werden. Auch in Großbritannien gebe es Überlegungen, die in diese Richtung gingen. Das entscheidende Problem sei daher nicht, daß dieses Modell abgelehnt werde, sondern wie man es auf europäischer Ebene verwirklichen könne. Dem stünden vor allem die kaum überbrückbaren Entwicklungsunterschiede der Volkswirtschaften der EG-Länder entgegen. Ohne eine Annäherung der wirtschaftlichen Niveaus werde es unweigerlich mit Ländern wie Großbritannien und Italien Probleme geben, die mit den fortgeschritteneren Staaten nicht Schritt halten könnten. Vor diesem Hintergrund stelle sich die Frage, ob man in Zukunft mit einem Europa der zwei oder mehr Geschwindigkeiten rechnen müsse. Falls dies eintreten sollte, wären die langsameren Staaten nicht mehr in der Lage, die schnelleren einzuholen. Von zentraler Bedeutung für die Entwicklung der Europäischen Gemeinschaft sei daher nicht so sehr die Frage föderaler oder anderer politischer Strukturen, sondern die Lösung dieser wirtschaftlichen Probleme im Rahmen des europäischen Binnenmarktes. Der Regulierungsbedarf, den ein solcher Markt mit sich bringe, sei jedoch sehr groß, so daß ein politischer Rahmen, in dem die erforderlichen Entscheidungen getroffen werden könnten, unabdingbar sei. Man könne nicht, wie Margaret Thatcher glaube, bei dem Binnenmarkt stehenbleiben.

Hodges stellte die immer wieder angeführte Unabhängigkeit der Bundesbank in Frage. Die Praxis zeige, daß die Bundesbank keineswegs unabhängig von politischen Überlegungen der Bundesregierung handle: Hätte sie sonst beispielsweise einen Umtauschsatz von 1:1 im Zuge der Währungsunion zugelassen? Die britischen Politiker wären wahrscheinlich gelassener, wenn sie wüßten, daß die Bundesbank nicht nur verpflichtet sei, die Geldwertstabilität zu erhalten, sondern auch die Wirtschaftspolitik der Bundesregierung zu unterstützen.

Volle kam noch einmal auf den Ausgangspunkt zurück und erläuterte die Hintergründe der Diskussion um die europäische Zentralbank. An deren Anfang habe die aufgeregte Debatte in Deutschland angesichts des angeblichen „Ausverkaufs der Deutschen Mark" zehn Tage vor Unterzeichnung des Vertrags von Maastricht gestanden. Unter diesem Druck hätten die deutschen Politiker der Öffentlichkeit verdeutlicht, daß sie nur dann auf die Deutsche Mark verzichten würden, wenn die neue europäische Währung genauso stabil werde. Da die Unabhängigkeit der Bundesbank der Garant für die Stabilität der Deutschen Mark sei, müsse die europäische Zentralbank nach diesem Muster organisiert werden. An Selbstbewußtsein, das dem vereinigten Deutschland in der Außenpolitik noch fehle, sei auf wirtschaftlichem Gebiet wahrlich kein Mangel. Ein Beispiel dafür stelle das Beharren von Finanzminister Waigel auf Frankfurt als Sitz der europäischen Zentralbank dar. Dieses neue deutsche Selbstbewußtsein in Wirtschaftsfragen erfülle sie mit Sorge, da hierin auch eine Wurzel für Konflikte Deutschlands mit seinen europäischen Partnern liege.

III.

Im Anschluß an diese Bemerkungen gab *Glees* der Diskussion eine neue Wendung. Er sprach zum einen die durch die Vereinigung grundsätzlich gewandelte Rolle Deutschlands in Europa an. Deutschland habe ein größeres Gewicht bekommen und strebe demzufolge eine führende Stellung auf dem Kontinent an. Dieser Eindruck, der im Sommer 1990 in England zu dem von Margaret Thatcher einberufenen Seminar in Chequers und den bekannten Äußerungen Nicholas Ridleys im *Spectator* geführt habe, sei einer der Faktoren, die ein Zusammenwachsen Europas erschwerten. Zum andern dürfe Großbritannien sich nicht vom Kontinent abkoppeln: Dies widerspreche den Interessen der britischen Nation und werde zu einer Marginalisierung Großbritanniens führen. Zur Bewältigung dieser Schwierigkeiten sei es erforderlich, einen Konsens über den supranationalen Charakter der Europäischen Gemeinschaft herzustellen. Dann werde jedem Mitglied deutlich werden, daß man den gegenwärtigen Problemen – Währungsunion, Konvergenz der Wirtschaftsstrukturen, gemeinsame Außen- und Sicherheitspolitik – nicht den Rücken zukehren könne.

Volle stimmte zwar der Auffassung zu, daß die Bedeutung Deutschlands, gerade im Vergleich zu Großbritannien, gewachsen sei, widersprach jedoch der These, daß Deutschland in Europa nach der Hegemonie strebe. Im Gegenteil, Deutschland sei noch auf der Suche nach seiner Rolle auf dem Kontinent. Des weiteren hob sie hervor, daß die Deutschen den ihnen gesetzten Handlungsrahmen – die Europäische Gemeinschaft – akzeptierten und ihn bei der Bestimmung ihrer Interessen stets berücksichtigten. Großbritannien solle sich dieser Praxis anschließen; eine Alternative dazu gebe es nicht.

Gillessen erörterte das Problem von Gleichgewicht und Hegemonie zunächst aus historischer Perspektive. In der Vergangenheit habe Großbritannien stets auf die Erhaltung des Gleichgewichts in Europa geachtet und die Hegemonie einer Kontinentalmacht verhindert. Diese Politik sei den damaligen Verhältnissen angemessen gewesen, heute hingegen habe sich die Lage grundlegend verändert. Selbst die Vereinigten Staaten hätten erkannt, daß sie in der Weltpolitik keine einsamen Entscheidungen mehr treffen könnten. Um so weniger sei Deutschland in der Lage, in Europa einen Alleingang zu wagen, geschweige denn Europa zu dominieren. Darüber hinaus könnten die anderen europäischen Nationen gemeinsam Deutschland aufhalten, wenn sie dies für nötig hielten. In der westlichen Welt käme es heute jedoch darauf an, Abschied von diesen Ideen zu nehmen. Sehr viel wichtiger sei es, daß die Vereinigten Staaten, Großbritannien, Frankreich und Deutschland ihre Zusammenarbeit intensivierten, ihr Vertrauen zueinander aufrechterhielten und ihre Demokratien weiterentwickelten.

Auch *Smith* teilte die Auffassung, daß die Deutschen keine hegemonialen Ziele verfolgten. Da diese Furcht bei den Nachbarn Deutschlands indes weit verbreitet sei, sähen sie in der Europäischen Gemeinschaft vornehmlich ein Instrument zur Einbindung Deutschlands. Smith hielt diese Auffassung für verfehlt. Bei Deutschland handle es sich zwar um ein sehr mächtiges, aber in mancher Hinsicht auch um eines der weltläufigsten Länder Europas. Mit der wirtschaftlichen Macht Deutschlands müsse man leben, aber die Deutschen hätten in der Vergangenheit gezeigt, daß sie damit verantwortungsbewußt umgingen.

Zum Abschluß bemerkte *Birke*, daß Nationen noch immer Identitäten verkörperten, deren Behandlung viel Fingerspitzengefühl erfordere. Die Wiederherstellung eines rein nationalstaatlich organisierten Europa hielt er jedoch für einen Rückschritt. Alle europäischen Nationen sollten sich zwar in ein vereinigtes Europa einbringen, dabei jedoch in nationalen Erfahrungen kein Patentrezept für die Gestaltung der gemeinsamen Zukunft sehen.

Hermann Wentker

Summary of the Panel Discussion

The conference ended with a panel discussion, chaired by *Professor Adolf M. Birke*. On the panel were *Dr. Angelika Volle* (Bonn), *Dr. Anthony Glees* (London), *Professor Gordon Smith* (London), and *Professor Günter Gillessen* (Frankfurt/M.).

I.

The discussion began by looking at British and German views of federalism as a structural principle for a united Europe. *Anthony Glees*, who restricted his comments to the British side, noted a considerable degree of terminological confusion in the minds of British politicians. As an example, he referred to a speech given by the Prime Minister, Mr. Major, in the House of Commons on 20 May 1992. After stating that the Maastricht Treaty protected British national interests and was, indeed, advantageous to them, he went on to say that "there is no commitment to a federal Europe by which I mean a centralising Europe. The Rome Treaty was a problem for Britain in the European Community, Maastricht is the beginning of the reversal of the centralising trend." Thus on the one hand, Major holds the view that European federalism, anchored in the Treaty of Rome, is equivalent to centralism, which the British government rejects in principle. On the other hand, according to the Prime Minister, one of London's main aims is ever closer union between the peoples of Europe. Glees pointed out that in fact, such a union ultimately represents nothing but a federation. Statements by politicians, he pointed out, are ambiguous, and must be thoroughly examined. In this context, in view of the supra-national structure of the European community, he also regarded a debate about British national interests as necessary. At the moment it is commonly held that the supra-national element of the EC treaties conflicts with London's interests. Given Britain's support for closer European union, Glees suggested, this issue must be cleared up.

In *Günter Gillessen's* opinion, the bureaucratic and centralist attitudes of the Brussels bureaucracy, largely under the influence of France, have played an important part in discrediting the idea of federalism within Europe. The German public, too, is rebelling against the mania for regulation evinced by Brussels. Both the German and the British nations want to preserve their national characteristics, and to be recognized as nations within a future, increasingly close, European community. He suggested that in order to defuse the debate about federalism and centralism in Europe, these terms should be replaced by others which are more comprehensible to the British public. Analogies could be drawn with British institutions. The universities of Oxford and Cambridge, for example, are simply confederations of individual colleges. He also pointed out that government and administration exist at national, regional, and local level in Britain. By using such examples, Gillessen suggested, it might be possible to explain the structure and function of a federal state to a British public. In addition, he proposed giving the future European community of nations a different name – one which does not contain the words "federation" or "union". It could perhaps be called a "commonwealth", or simply a "community". In connection with the debate on "national interest", too, Gillessen pleaded for a different expression. The "national interests" of a state, he pointed out, are not necessarily compatible with those of its neighbours. Gillessen is in favour of the term coined by Eisenhower, "enlightened self-interest", as the interests of the European nations it describes are entirely compatible.

According to *Gordon Smith,* Britain opposes a federal constitution for Europe mainly because it would have to be put down in writing. Such a notion goes against the traditions of the British system of government, which in the past has displayed a high degree of adaptability. To accept a written federal constitution would place excessive strain on the flexibility of the British system. But Britain, because of its economic decline, is dependent on close co-operation with its European neighbours. It must therefore take a step in the direction of a federal Europe.

Referring to Smith's remarks, *Günther Heydemann* pointed to the large differences between the political systems and traditions of Germany and Britain. While the Germans and continental Europeans in general have little understanding of British and American political culture, the British media in particular have been guilty of exaggerating existing differences in the past by defining federalism as centralism. Against this background, the British public has an image of Europe dominated by French bureaucrats on the one hand. On the other, it believes that the Germans, building on the centralizing government practice of National Socialism, will impose this sort of organization on Europe, and that they want to dominate the Continent.

With regard to German attitudes to federalism in Europe, *Gordon Smith* raised the question of whether the Germans would be prepared to accept a federal model that was different from theirs. The co-operative federalism that is widely practised in Germany, he suggested, has a serious defect in that political interconnections allow bureaucrats and experts to make far-reaching decisions, thus undermining the democratic system. Smith believes that a co-ordinated democratic federalism is a much more promising modell. *Günter Gillessen* and *Angelika Volle* agreed that German federalism does not provide a suitable model for a united Europe. In Volle's view, there are two reasons for this. First, the German federal system has specific weaknesses which must not be transferred to the European level. For example, it is absurd that it is so difficult for a teacher trained in North-Rhine-Westphalia to be employed in Bavaria. Secondly, the German federal system has a number of inadequacies with which Germany can live.

In the European context, however, they would appear more serious, perhaps even insoluble.

II.

The second point on which the discussion focused was whether the Bundesbank could serve as a model for a European central bank. *Colin Munro* stressed that the Germans had made it very clear that they would accept a European currency only if it were at least as stable as the German Mark. And in the view of the German federal government, this could be achieved only if the European central bank were modelled on the Bundesbank. The criteria for convergence between the European currencies, too, had presumably been defined according to the Bundesbank's ideas on the economy and on currency policy. Given Germany's experience with two periods of inflation, he suggested, this is perfectly understandable. But in Britain, the Bundesbank is blamed for the Major government's difficulties in autumn 1992. The British therefore to some extent feel threatened by the Germans. Although these fears are irrational, they contribute to making the Bundesbank unacceptable as a model. In Munro's view, however, the crucial problem in this context is the fact that while Britain possesses an Anglo-American business and economic structure, it is locked into the continental European system by its trade.

Jörg-Detlef Kühne warned against accusing the Bundesbank of dictatorial tendencies. Its most important organ is the *Zentralbankrat* (central bank council), to which the presidents of the central banks of the *Länder* belong. Thus the Bundesbank is also organized along federal principles. The crucial point, however, is the Bundesbank's relative independence from the German federal government. This prevents the state bank from becoming an instrument for imposing government economic policy, for example, when in times of crisis the government wants to increase the money supply in order to stimulate the economy. From the point of view of the division of powers, this is a fruitful approach. Here *Birke* pointed out that the Bundesbank's policy of monetary stability had paid off in the past. He suggested that this system might have great advantages for other states and for Europe.

Kenneth Morgan raised the issue of the European central bank's accountability. He drew a comparison with the European Commission, which is hardly subject to democratic control. He said that this was a pressing problem for the British public in particular. The British people were increasingly questioning the democratic accountability of British institutions as well. While it was clear that the Chancellor had to answer for the Bank of England, it had not been established who in the European Parliament would take this role in relation to the European central bank. *Glees* objected that the British government was not completely sincere on this point. On the one hand it prevented the European Parliament being given greater powers; on the other, it complained about the lack of democratic accountability of European institutions.

Gillessen voiced much more fundamental doubts about Morgan's comments. He pointed out that law courts are not expected to be democratically accountable – on the contrary, they are required to be independent. In addition to the democratic principle, other elements are also anchored in Western European constitutions. The autonomous components have the task of tempering the democratic and egalitarian principles of modern democracy. Gillessen advocated contractually stipulating the independence of a European central bank. As politicians in a democracy found it difficult to ignore public pressure, they would often do the wrong thing simply in order to win the next election. A central bank should therefore be as independent as possible.

Smith, like Kühne, noted that the Bundesbank was led not simply by a director, but by the *Zentralbankrat* (central bank council) and a board of directors. It could not seriously be doubted, he said, that this structure was exemplary. In Britain, too, deliberations were going in this direction. The crucial problem was not accepting this model as such, but realizing it at European level. The insurmountable differences in development between the national economies of the EC states are an obstacle. Unless economic levels converge, there will inevitably be problems with countries such as Britain and Italy, which cannot keep up with the more advanced states. In this context the question arises as to whether there will be a two- or multi-speed Europe in future. If this is the case, the slower states will no longer be able to catch up with the quicker ones. Thus the main issue for the development of the European Community is not so much that of federal or other political structures, but the solution of these economic problems in the framework of the European internal market. However, such a market requires a high degree of regulation. Thus a political framework within which the necessary decisions can be made is indispensable. It is not possible to remain at the level of the internal market, as Margaret Thatcher believes.

Hodges cast doubt on the frequently cited independence of the Bundesbank. In practice, he said, it has been shown that the Bundesbank by no means acts independently of political considerations. Would it otherwise have allowed monetary unification at a rate of 1:1? British politicians would probably be less worried, he suggested, if they were aware that the Bundesbank was obliged not only to maintain monetary stability, but also to support the government's economic policy.

Returning to the point made at the beginning, *Volle* explained the background to the discussion about a European central bank. It had started with the excited debate in Germany, ten days before the signing of the Maastricht Treaty, about "selling off the German Mark". Under this pressure, German politicians had made it clear to the public that they would not give up the German Mark unless the new European currency were equally stable. As the independence of the Bundesbank guaranteed the stability of the German Mark, the European bank would have to be organized in the same way. While a unified Germany still lacks self-confidence in foreign policy, there is no lack of it at the economic level. An example is Finance Minister Waigel's insistence that Frankfurt should be the seat of the European central bank. Germany's new self-confidence on economic issues makes Volle anxious, as it is one root of Germany's conflicts with its European partners.

III.

Glees took the discussion in a new direction, addressing the fundamental change in Germany's role in Europe as a result of unification. Germany had become more important, and therefore aspired to a leading position on the Continent. This impression, which had produced the Chequers seminar convened by Margaret Thatcher in the summer of 1990 and Nicholas Ridley's outburst in the *Spectator*, was one of the factors making it more difficult for Europe to grow together. On the other hand, Britain must not isolate itself from the Continent. This would go against the interests of the British nation, and would result in Britain being marginalized. He suggested that in order to overcome these difficulties it is necessary to establish a consensus about the supra-national character of the European Community. Then it would become clear to each member that it cannot turn its back on present problems – currency union, the convergence of economic structures, and a common foreign and security policy.

While *Volle* agreed that Germany's importance, especially in comparison to Britain, had grown, she rejected the argument that it was striving for hegemony in Europe. On the contrary, Germany was still seeking its role on the Continent. She also emphasized that the Germans accepted the framework within which they had to act – the European Community – and always took it into account when defining their interests. Britain should follow their example. There was no other alternative.

Gillessen discussed the problem of balance and hegemony from a historical perspective. In the past, Britain had always been careful to maintain a balance in Europe, and had prevented any continental power from establishing hegemony. This policy had been appropriate to conditions at the time; today, he said, the situation had fundamentally changed. Even the USA had recognized that it could no longer make decisions on world policy alone. Germany was even less in a position to risk going it alone in Europe, let alone to dominate Europe. In any case, the other European nations, working together, could stop Germany if they regarded this as necessary. In the West, however, such ideas must be abandoned today. It is much more important, he argued, for the USA, Britain, France and Germany to co-operate more closely, to maintain their trust in each other, and to continue developing their democracies.

Smith agreed that the Germans are not pursuing hegemonial aims. But as many of Germany's neighbours share this fear, they see the European Community primarily as an instrument for binding Germany more closely into a wider community. Smith regards this view as inappropriate. He pointed out that Germany, although very powerful, is also in a number of respects one of Europe's most cosmopolitan countries. Europe has to live with Germany's economic power, but in the past the Germans have shown that they can handle it responsibly.

In conclusion, *Birke* remarked that nations still have identities which must be handled with a great deal of sensitivity. However, he would regard the restoration of a Europe of nation-states as a retrograde step. All European nations should be part of a united Europe, but national experiences must not be regarded as a prescription for shaping a common future.

Autorenverzeichnis / List of Contributors

Staatssekretär Dr. Günther Beckstein, Bayerisches Staatsministerium des Innern, Odeonsplatz 3, 80539 München

Professor Dr. Adolf M. Birke, Direktor, German Historical Institute, 17 Bloomsbury Square, GB-London WC1A 2LP

Professor Dr. Hans Boldt, Universität Düsseldorf, Lehrstuhl für Politikwissenschaft II, Universitätsstraße 1, 40225 Düsseldorf

Professor Murray Forsyth, Director, University of Leicester, Centre for Federal Studies, Department of Politics, GB-Leicester LE1 7RH

Professor Dr. Peter Haungs, Universität Trier, Politikwissenschaft, Postfach 3825, 54286 Trier

Professor Dr. Michael Hodges, Senior Lecturer in International Relations, London School of Economics, Houghton Street, GB-London WC2A 2AE

Professor Dr. Jörg-Detlef Kühne, Universität Hannover, Fachbereich Rechtswissenschaften, Hanomagstraße 8, 30449 Hannover

Dr. Peter Lyon Esq., Institute of Commonwealth Studies, University of London, 28 Russell Square, GB-London WC1B 5DS

Professor Kenneth O. Morgan, Principal, University College of Wales, DLitt (Oxon), FBA, GB-Aberystwyth, SY23 2AX

Professor Trevor Taylor, Head, International Security Programme, Chatham House, 10 St. James's Square, GB-London SW1Y 4LE

Dr. Bernhard Vogel, Ministerpräsident des Landes Thüringen, Staatskanzlei, Joh.-Seb.-Bach-Str. 1, 99096 Erfurt

Dr. Hermann Wentker, Universität Bayreuth, Lehrstuhl für Neuere und Neueste Geschichte, Geschwister-Scholl-Platz 3, 95440 Bayreuth

Prinz-Albert-Studien / Prince Albert Studies

Edited by the *Prinz-Albert Gesellschaft*

Volume 1:
Viktorianisches England in deutscher Perspektive
Edited by Adolf M. Birke and Kurt Kluxen
1983. 154 pages, 16 illus. Linson
DM 68.00. ISBN 3-598-21401-4

Volume 3:
Deutscher und Britischer Parlamentarismus / British and German Parliamentarism
Edited by Adolf M. Birke and Kurt Kluxen
1985. 192 pages. Linson. DM 68.00
ISBN 3-598-21403-0

Volume 4:
England und Hannover / England and Hannover
Edited by Adolf M. Birke and Kurt Kluxen
1986. 194 pages. Linson. DM 68.00
ISBN 3-598-21404-9

Volume 5:
Die europäische Herausforderung / The European Challenge
England und Deutschland in Europa / Britain and Germany in Europe
Edited by Adolf M. Birke and Kurt Kluxen
with the assistance of Manfred Hanisch
1987. 160 pages. Linson. DM 68.00
ISBN 3-598-21405-7

Volume 6:
Wettlauf in die Moderne. England und Deutschland seit der industriellen Revolution / The Race for Modernisation. Britain and Germany since the Industrial Revolution
Edited by Adolf M. Birke and Lothar Kettenacker,
with the assistance of Manfred Hanisch
1988. 151 pages. Linson. DM 68.00
ISBN 3-598-21406-5

K·G·Saur München·New Providence·London·Paris
A Reed Reference Publishing Company
Postfach 701620 · D-81316 München · Tel. (089) 76902-0

Prinz-Albert-Studien / Prince Albert Studies

Edited by the *Prinz-Albert Gesellschaft*

Volume 7:
Bürgertum, Adel und Monarchie / Middle Classes, Aristocracy and Monarchy
Wandel der Lebensformen im Zeitalter des bürgerlichen Nationalismus / Patterns of Change and Adaption in the Age of Modern Nationalism
Edited by Adolf M. Birke and Lothar Kettenacker, with the assistance of Helmut Reifeld
1989. 159 pages. Linson. DM 68.00
ISBN 3-598-21407-3

Volume 8:
Das gestörte Gleichgewicht / Upsetting the balance
Deutschland als Problem britischer Sicherheit im neunzehnten und zwanzigsten Jahrhundert / German and British Security Interests in the Nineteenth and Twentieth Century
Edited by Adolf M. Birke and Marie L. Recker
1990. 189 pages. Linson. DM 78.00
ISBN 3-598-21408-1

Volume 9:
Großbritannien und Ostdeutschland seit 1918 / Britain and East Germany since 1918
Edited by Adolf M. Birke and Günther Heydeman, with the assistance of Hermann Wentker
1992. 151 pages. Linson. DM 78.00
ISBN 3-598-21409-X

Volume 10:
Föderalismus im deutsch-britischen Meinungsstreit / The Federalism Debate in Britain and Germany
Historische Dimension und politische Aktualität / A Historical and Political Controversy
Edited by Adolf M. Birke, with the assistance of Hermann Wentker
1993. 177 pages. Linson. DM 78.00
ISBN 3-598-21410-3

K·G·Saur München·New Providence·London·Paris
A Reed Reference Publishing Company
Postfach 701620 · D-81316 München · Tel. (089) 76902-0

Bei Fragen zur Produktsicherheit wenden Sie sich bitte an:
If you have any questions regarding product safety,
please contact:

Walter de Gruyter GmbH
Genthiner Straße 13
10785 Berlin
productsafety@degruyterbrill.com